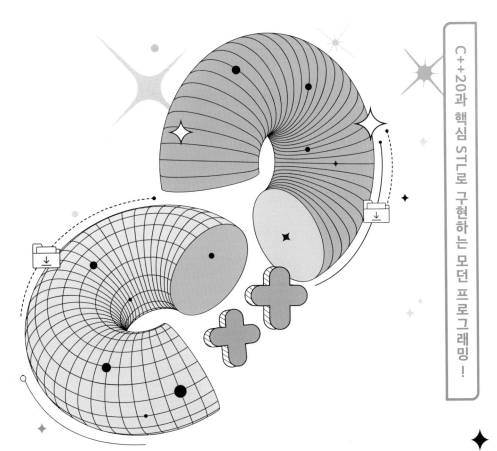

C++20과 핵심 STL로 구현하는 모던 프로그래밍!

예제로 배우는
C++ STL

YoungJin.com Y.
영진닷컴

예제로 배우는
C++ STL

C++20 STL COOKBOOK: Leverage the latest features of the STL to solve real-world problems by Bill Weinman
Copyright © 2022 Packt Publishing
First published in the English language under the title 'C++20 STL COOKBOOK – (9781803248714)'
All rights reserved.
This Korean edition was published by Youngjin.com, Inc. in 2025 by arrangement with Packt Publishing Ltd c/o Media Solutions through KCC(Korea Copyright Center Inc.), Seoul.

ISBN 978-89-314-7940-9

독자님의 의견을 받습니다

이 책을 구입한 독자님은 영진닷컴의 가장 중요한 비평가이자 조언가입니다. 저희 책의 장점과 문제점이 무엇인지, 어떤 책이 출판되기를 바라는지, 책을 더욱 알차게 꾸밀 수 있는 아이디어가 있으면 이메일, 또는 우편으로 연락주시기 바랍니다. 의견을 주실 때에는 책 제목 및 독자님의 성함과 연락처(전화번호나 이메일)를 꼭 남겨 주시기 바랍니다. 독자님의 의견에 대해 바로 답변을 드리고, 또 독자님의 의견을 다음 책에 충분히 반영하도록 늘 노력하겠습니다.

주 소 (우)08510 서울특별시 금천구 디지털로9길 32 갑을그레이트밸리 B동 1001호
등 록 2007. 4. 27. 제16-4189호
이메일 support@youngjin.com

저자 빌 와인먼 | **역자** 유동환 | **총괄** 김태경 | **기획** 박지원
표지 디자인 김유진 | **내지 디자인 · 편집** 이경숙
영업 박준용, 임용수, 김도현, 이윤철 | **마케팅** 이승희, 김근주, 조민영, 김민지, 김진희, 이현아
제작 황장협 | **인쇄** 제이엠

이 책에 관하여

예제로 배우는 C++ STL은 C++ STL(Standard Template Library; 표준 템플릿 라이브러리)을 최대한 활용할 수 있도록 돕는 다양한 레시피를 제공합니다. 또한 C++20에서 도입된 새로운 기능들도 포함하고 있습니다.

C++은 풍부하고 강력한 언어입니다. 그리고 C 언어를 기반으로 타입 안전성, 제네릭 프로그래밍, 객체 지향 프로그래밍과 같은 문법적 확장을 갖춘 C++은 본질적으로 저수준(low level) 언어입니다. STL은 프로그래밍 작업을 더 쉽고 효과적으로 만들어주며 오류 발생 가능성을 줄이기 위해 다양한 고수준 클래스와 함수 그리고 알고리즘을 제공합니다.

필자는 종종 C++를 다섯 개의 언어가 하나로 묶인 것이라고 말하곤 합니다. 공식 명세에는 다음이 포함됩니다.

1 전체 C 언어

2 C의 암호 같지만 강력한 매크로 전처리기

3 기능이 풍부한 클래스/객체 모델

4 템플릿이라고 불리는 제네릭 프로그래밍 모델

5 C++ 클래스와 템플릿 위에 구축된 STL

사전 지식

이 책은 C++의 기본적인 이해를 전제로 합니다. 여기에는 문법, 구조, 자료 타입, 클래스와 객체, 템플릿, 그리고 STL이 포함됩니다.

이 책의 예제는 라이브러리 함수를 사용하기 위해 특정 헤더를 #include해야 한다는 점을 알고 있다고 가정합니다. 따라서, 예제에서는 모든 필요한 헤더를 나열하지 않고 핵심적인 기법에 집중합니다. 필요하다면, #include 지시문과 기타 기본 사항이 포함된 예제 코드를 다운로드하여 참고할 것을 권장합니다.

예제 코드는 다음 깃허브에서 다운로드할 수 있습니다.

• https://github.com/Youngjin-com/CPP-STL

이러한 가정을 바탕으로, 아래 코드를 보겠습니다:

```
cout << "hello, world\n";
```

이 코드를 main() 함수 안에 넣어야 하고, 〈iostream〉 헤더를 #include해야 하며, cout이 std:: 네임스페이스에 속한 객체라는 것을 이미 알고 있어야 합니다:

```
#include <iostream>
int main() {
    std::cout << "hello, world\n";
}
```

STL의 힘은 템플릿으로부터 (간단한 입문서)

템플릿은 C++에서 제네릭 프로그래밍을 수행하는 방식으로, 타입에 독립적이면서도 타입 안전성을 유지하는 코드를 작성할 수 있게 해줍니다. C++ 템플릿을 사용하면 토큰을 타입과 클래스의 플레이스홀더로 사용할 수 있습니다. 예를 들어 다음과 같습니다:

```
template<typename T>
T add_em_up(T& lhs, T& rhs) {
    return lhs + rhs;
}
```

템플릿은 클래스와 함수에 모두 사용할 수 있습니다. 이 템플릿 함수에서 T는 제네릭 타입을 나타내며, 이를 통해 해당 코드를 호환 가능한 모든 클래스나 타입과 함께 사용할 수 있습니다:

```
int a{ 72 }; // 아래에서 중괄호 초기화 참고
int b{ 47 };
cout << add_em_up<int>(a, b) << "\n";
```

이는 int 타입으로 템플릿 함수를 호출합니다. + 연산자를 지원하는 모든 타입과 클래스도 동일한 코드가 사용될 수 있습니다.

컴파일러가 add_em_up〈int〉(a, b)와 같은 템플릿 호출을 발견하면, 이를 기반으로

특수화(specialization)를 생성합니다. 이것이 코드의 타입 안전성을 보장하는 요소입니다. 만약 int 타입으로 add_em_up() 함수를 호출하면 특수화는 다음과 같습니다:

```
int add_em_up(int& lhs, int& rhs) {
    return lhs + rhs;
}
```

특수화는 템플릿을 받아서 T 플레이스홀더의 모든 인스턴스를 호출한 타입(이 경우 int)으로 교체합니다. 컴파일러는 다른 타입으로 호출될 때마다 개별적인 템플릿 특수화를 생성합니다.

STL 컨테이너(vector, stack, map 등)는 반복자(iterators) 및 기타 지원 함수와 알고리즘과 함께 템플릿을 사용하여 구현됩니다. 이를 통해 제네릭하게 사용할 수 있으면서도 타입 안전성을 유지할 수 있습니다. 이것이 STL이 매우 유연한 이유입니다. STL의 T는 템플릿을 의미합니다.

이 책에 사용된 C++20 표준

C++은 국제 표준기구(ISO)에 의해 대략 3년마다 표준화됩니다. 최신 표준은 C++20[1]이며, 이전에는 C++17, C++14, C++11이 있습니다. C++20은 2020년 9월에 승인되었습니다.

C++20에는 언어와 STL에 중요한 기능들이 추가되었습니다. 포맷(format), 모듈(modules), 레인지(ranges) 등의 새로운 기능은 STL 사용 방식에 상당한 영향을 미칠 것입니다.

또한 편의성에 관한 내용도 있습니다. 예를 들어 vector에서 매칭되는 모든 요소를 제거하려면 기존에는 erase-remove 기법을 사용하였습니다:

```
auto it = std::remove(vec1.begin(), vec1.end(), value);
vec1.erase(it, vec1.end());
```

---

1 **(역자 주)** 2025년 현재 최신 C++ 명세는 C++23 입니다.

C++20부터는 새로운 std::erase 함수를 사용하여 이 모든 것을 하나의 단순하고 최적화된 함수 호출로 대체할 수 있습니다:

```
std::erase(vec1, value);
```

C++20에는 크고 작은 여러 가지 개선 사항이 포함되어 있습니다. 이 책에서는 특히 STL과 관련된 내용을 중심으로 C++20의 주요 기능을 다룰 것입니다.

중괄호 초기화

이 책의 레시피에서는 여러분에게 익숙한 복사 초기화(copy initialization)보다는 중괄호 초기화(braced initialization)를 자주 사용한다는 점을 주목하세요:

```
std::string name{ "Jimi Hendrix" }; // 중괄호 초기화
std::string name = "Jimi Hendrix";  // 복사 초기화
```

= 연산자는 할당과 복사 연산자를 모두 수행합니다. 이는 일반적이고 익숙한 방식이며 잘 동작하기 때문에 오랫동안 사용되어 왔습니다.
= 연산자의 단점은 복사 생성자이기 때문에 암시적 축소 형변환(implicit narrowing conversion)을 초래할 수 있습니다. 이는 비효율적이고 의도하지 않은 형변환을 유발할 수 있으며, 디버깅을 어렵게 만듭니다.
중괄호 초기화는 리스트 초기화 연산자인 {} (C++11에 도입됨)를 사용하여 이러한 부작용을 피합니다. 이것에 익숙해지는 것이 좋은 습관이며 책에서 많이 보게 될 것입니다.
T {}의 특수화는 반드시 0으로 초기화된다는 점도 주목할 만합니다:

```
int x;       // 초기화 되지 않음
int x = 0;  // 0으로 초기화 (복사 생성자)
int x{};    // 0 (0으로 초기화)
```

빈 중괄호 {}를 이용한 0 초기화는 새로운 변수를 초기화하는 데 유용한 단축 방법을 제공합니다.

std:: 네임스페이스 숨김

대부분의 경우 이 책의 실습에서는 std:: 네임스페이스를 숨깁니다. 페이지 공간을 절약하고 가독성을 높이기 위함입니다. 대부분의 STL 구별자가 std:: 네임스페이스라는 것을 알고 계실 겁니다. 필자는 using 선언을 사용하여 반복되는 접두사로 인해 예제가 복잡해지는 것을 막고자 합니다. 예를 들어 cout을 사용하여 다음과 같이 using 선언하는 경우를 가정해 보겠습니다:

```
using std::cout; // 이제 cout을 접두사 없이 사용 가능
cout << "Hello, Jimi!\n";
```

필자는 최대한 소스 코드에는 using 선언을 표시하지 않을 것입니다. 이를 통해 예제의 본래 목적에 더욱 집중할 수 있습니다.

std:: 네임스페이스 전체를 임포트하는 것은 좋지 않습니다. 다음과 같이 using namespace 선언은 피해야 합니다:

```
using namespace std; // 좋지 않음. 사용하지 마세요.
cout << "Hello, Jimi!\n";
```

std:: 네임스페이스에는 수천 개의 식별자가 포함되어 있으며, 이들을 네임스페이스에 무분별하게 추가하는 것은 좋지 않습니다. 이름 충돌 가능성은 결코 사소하지 않으며, 이를 추적하기도 어렵습니다. std:: 접두사 없이 특정 이름을 사용하고 싶다면, 앞서 보인 것처럼 하나의 이름만 개별적으로 가져오는 것이 바람직한 방법입니다.

네임스페이스 충돌을 더욱 방지하기 위해, 필자는 종종 재사용될 수 있는 클래스를 위한 별도의 네임스페이스를 생성합니다. 개인적으로 bw[2] 네임스페이스를 사용하는데, 여러분은 자신에게 적절한 다른 네임스페이스를 사용할 수도 있습니다.

---

2 bw는 저자의 이름의 약자입니다.

using으로 타입 별칭

이 책은 typedef 대신에 타입 별칭을 위해 using 지시문을 사용합니다.

STL 클래스와 타입은 때때로 장황합니다. 예를 들어 템플릿의 반복자 클래스는 다음과 같습니다:

```
std::vector<std::pair<int,std::string>>::iterator
```

긴 타입은 타이핑하기 어렵고 실수하기도 쉽습니다.

한 가지 일반적인 기법은 typedef를 사용하여 긴 타입을 축약하는 것입니다:

```
typedef std::vector<std::pair<int,std::string>>::iterator vecit_t
```

다루기 어려운 반복자 타입에 대한 별칭을 선언하였습니다. typedef는 C로부터 상속되었으며 문법도 동일합니다.

C++11부터 타입 별칭을 생성하기 위해 using 키워드가 도입되었습니다:

```
using vecit_t = std::vector<std::pair<int,std::string>>::iterator;
```

대부분의 경우 using 별칭은 typedef와 동일합니다. 가장 큰 차이점은 using 별칭은 템플릿에서 쓰일 수 있다는 점입니다:

```
template<typename T>
using v = std::vector<T>;
v<int> x{};
```

이러한 이유로 명확성을 위해 이 책에서는 using 지시문으로 타입 별칭을 선언하는 것을 선호합니다.

축약된 함수 템플릿

C++20부터는 템플릿 헤더가 없는 **축약된 함수 템플릿**(abbreviated function template)을 사용할 수 있습니다. 예를 들어 다음과 같습니다:

```
void printc(const auto& c) {
    for (auto i : c) {
        std::cout << i << '\n';
    }
}
```

인자 목록에 있는 auto 타입은 익명 템플릿 typename처럼 동작합니다. 이는 다음과 같습니다:

```
template<typename C>
void printc(const C& c) {
    for (auto i : c) {
        std::cout << i << '\n';
    }
}
```

C++20에 새로 도입되었지만 이미 주요 컴파일러에서 축약된 함수 템플릿을 지원하고 있습니다. 이 책은 많은 예제에서 축약된 함수 템플릿을 사용합니다.

C++20 format() 함수

C++20 이전에는 텍스트를 서식화할 때 레거시 printf() 또는 STL의 cout을 사용해야 했습니다. 두 방식 모두 단점이 있지만 동작에는 문제가 없기 때문에 그동안 사용해왔습니다. C++20부터는 python3의 formatter에서 영감을 받은 format() 함수를 통해 텍스트를 서식화할 수 있습니다. 이 책에서는 새로운 STL format() 함수를 자유롭게 사용합니다. 1장 C++20의 새로운 기능에서 자세한 내용을 참고하세요.

STL을 사용하여 실제 문제를 해결하기

이 책은 STL을 사용하여 다양한 문제들에 대한 해결 방법을 제시합니다. 외부 라이브러리 없이 오직 STL과 C++ 표준 라이브러리를 사용하여 서드 파티 코드를 설치하지 않고도 쉽게 실험하고 배울 수 있습니다.

이제 STL과 함께 즐겁게 놀아봅시다. 분명히 재미있는 여정이 될 것입니다!

이 책은

이 책은 C++20 표준 템플릿 라이브러리를 더욱 깊이 활용하기 원하는 중급에서 고급 C++ 프로그래머를 대상으로 합니다. 이 책을 최대한 활용하려면 기본적인 코딩 능력과 C++ 개념에 대한 이해가 필요합니다.

이 책의 내용

1장, C++20의 새로운 기능은 C++20에서 도입된 STL의 새로운 기능을 소개합니다. 이 장의 목표는 새로운 언어 기능을 익혀서 STL과 함께 사용할 수 있도록 하는 것입니다.

2장, 일반적인 STL 기능은 최신 C++ 버전에 추가된 현대적인 STL 기능을 학습합니다.

3장, STL 컨테이너는 STL에서 제공하는 컨테이너의 광범위한 라이브러리를 다룹니다.

4장, 호환성있는 반복자는 STL과 호환되는 반복자를 어떻게 사용하고 생성하는지 보여줍니다.

5장, 람다 표현식은 람다 표현식을 STL 함수 및 알고리즘과 어떻게 사용하는지 다룹니다.

6장, STL 알고리즘은 STL과 호환되는 알고리즘을 사용하고 생성하는 레시피를 제공합니다.

7장, 문자열, 스트림과 서식화는 STL 문자열과 서식화 클래스를 배웁니다.

8장, 유틸리티 클래스는 날짜와 시간, 스마트 포인터, optional 등과 같은 STL 유틸리티를 다룹니다.

9장, 동시성과 병렬성은 스레드, async, 원자적 타입과 같은 동시성 지원 사항에 대해 배웁니다.

10장, 파일 시스템 사용하기는 std::filesystem 클래스를 다루며 C++20에 도입된 최신 개선 사항을 어떻게 적용하는지 다룹니다.

11장, 생각해볼 주제들은 트라이(trie) 클래스, 문자열 분할 등 실제 문제를 해결하기 위해 STL을 활용하는 고급 예제를 제공합니다.

이 책의 레시피는 GCC 컴파일러를 사용

별도로 언급하지 않는 한 대부분의 레시피는 집필 당시의 최신 버전인 GCC 13.1 버전으로 개발하고 시험하였습니다.

이 책을 집필하는 시점에서 C++20은 여전히 새로운 표준으로, 사용 가능한 어떤 컴파일러에서도 완전히 구현되지 않은 상태입니다. GCC(GNU), MSVC(마이크로소프트) 그리고 Clang(애플)의 3대 주요 컴파일러 중에 MSVC 컴파일러가 새로운 표준을 구현하는 데 가장 앞서갔습니다. 때때로 MSVC와 다른 컴파일러에는 구현되었지만 GCC에는 미구현된 기능을 시험한 적이 있으며 이 경우는, 사용한 컴파일러를 명시하였습니다. 만약 구현된 컴파일러가 존재하지 않는 경우 시험할 수 없었다고 명시하였습니다.

가능하면 코드는 아래의 하나 이상의 컴파일러에서 시험됐습니다.

GCC 13.1	우분투 22.04 LTS
LLVM/Clang 18.1.0	맥OS 12.13/Darwin 21.4
마이크로소프트 C++ Visual Studio 2022 Community Edition / CL 19.40.33811	윈도우 10

필자는 GCC 컴파일러를 설치하여 이 책의 레시피를 실습할 것을 강력하게 추천합니다. GCC는 GNU GPL 라이선스에 따라 무료로 이용할 수 있습니다. 최신 GCC를 사용하는 가장 쉬운 방법은 데비안 리눅스(역시 GPL)를 설치하여 testing 저장소로 apt 명령을 사용하는 것입니다.

예제 코드 다운로드하기

이 책의 예제 코드는 아래 깃허브에서 다운로드할 수 있습니다. 변경 사항이나 정오표는 깃허브 저장소에 업데이트될 것입니다.

• https://github.com/Youngjin-com/CPP-STL

사용된 규칙

이 책 전반에 걸쳐 사용되는 여러 텍스트 규칙이 있습니다.

코드 텍스트: 텍스트에서 코드 단어, 데이터베이스 테이블 이름, 폴더 이름, 파일 이름, 파일 확장자, 경로 이름, 더미 URL, 사용자 입력 및 X(구 트위터) 핸들을 나타냅니다.

예시는 다음과 같습니다:

"insert( )는 initializer_list를 받아서 private 함수 _insert( )를 호출합니다."

코드 블록은 다음과 같이 표시됩니다:

```
int main() {
    Frac f{ 5, 3 };
    cout << format("Frac: {}\n", f);
}
```

코드 블록의 특정 부분을 강조하는 경우 다음과 같이 볼드체로 표시하였습니다:

```
for(uint64_t i{ 2 }; i < n / 2; ++i) {
    if(n % i == 0) return false;
}
```

명령행 입력과 출력은 다음과 같습니다:

```
$ ./producer-consumer
Got 0 from the queue
Got 1 from the queue
Got 2 from the queue
finished!
```

볼드체: 새로운 용어, 중요한 단어, 화면에 표시되는 단어를 나타냅니다. 예를 들어 메뉴나 대화 상자에 나타나는 단어는 다음과 같이 표시됩니다:

"**관리** 창으로부터 **시스템 정보**를 선택합니다."

 Note 팁 혹은 중요한 노트
내용 표시.

섹션

이 책에서는 자주 등장하는 공통된 제목을 찾을 수 있습니다. (How to do it..., How it works..., There's more..., See also...)
레시피를 완성하는 방법에 대한 명확한 지침을 제공하기 위해, 각 섹션은 다음과 같이 사용되었습니다.

- How to do it...
  레시피를 수행하기 위해 필요한 단계를 설명합니다.
- How it works...
  이전 섹션에서 진행된 내용을 자세히 설명합니다.
- There's more...
  레시피에 대한 추가 정보를 제공하여 더 깊은 이해를 돕습니다.
- See also...
  레시피와 관련된 유용한 정보를 얻을 수 있는 참고 링크를 제공합니다.

역자 후기

저는 자바 개발자였습니다. 하지만 지금은 C++ 개발자입니다. 2021년 부서 이동을 하면서 안드로이드 애플리케이션 개발자가 아닌 Chromium 기반 웹 엔진 개발자가 되었습니다. 개발 언어도 자바에서 C++로 변경되었습니다.

2023년 11월, 대표적인 오픈소스 프로젝트인 Chromium이 C++20 사용을 공식적으로 발표했습니다. 이제 제가 다루는 코드 기반에서 C++20 코드를 자유롭게 활용할 수 있게 되었습니다.

이 책의 번역은 그즈음부터 시작되었습니다. C++20을 대비하기 위해 팀 내에서 자체적으로 스터디를 조직해 공부하던 중, 출판사로부터 번역 의뢰를 받았습니다. 저에게는 실무와 학습을 동시에 진행할 수 있는 좋은 기회였습니다.

C++은 배우면 배울수록 더 어렵게 느껴지는 언어입니다. 현대적 C++이라 불리는 C++11이 도입된 지 10년이 지난 지금, C++20에서도 여전히 익혀야 할 개념과 문법이 많습니다. 이 책은 총 11개 장으로 구성되어 있으며, 91개의 독립적인 레시피를 통해 C++20 STL의 다양한 측면을 익히고 실무에 적용할 수 있도록 도와줍니다.

저는 우분투 22.04 LTS 기반의 GCC 13.1 컴파일러와 Visual Studio 2022 Community Edition(MSVC CL 19.40.33811) 환경에서 예제를 실행하였습니다. 원서가 출간되었을 당시에는 C++20에 대한 컴파일러 지원이 실험적이었지만, 현재는 대부분의 메이저 컴파일러가 C++20을 완벽하게 지원합니다. 단, --std=c++20 플래그는 반드시 설정해야 합니다.

간단한 예제는 Compiler Explorer(https://godbolt.org/)에서도 실행할 수 있습니다.

마지막으로, 사랑하는 아내 지영과 두 돌이 지난 딸 채연에게 감사의 마음을 전합니다. 그 둘(?)의 배려가 없었다면 이 책이 나오기 어려웠을 것입니다. 또한, 처음 함께 작업한 영진닷컴의 현진영, 박지원 편집자 그리고 C++20 학습에 큰 힘이 되어준 사내 'C++20 스터디' 멤버에게도 깊은 감사를 전합니다.

2025년 3월

유동환 드림(책쓰는 프로그래머)

1장

C++20의
새로운 기능

C++

이 장에서는 STL에 추가된 C++20의 강력한 기능들에 대해 집중합니다. 일부는 즉시 사용할 수 있지만 다른 일부는 여러분이 선호하는 컴파일러에서 구현될 때까지 기다려야 할 수도 있습니다. 하지만 장기적인 관점에서 이러한 기능 대부분에 대해 알아두는 것이 유익합니다.

C++20 표준에는 새로운 기능들이 많이 추가되었으며, 여기에서 모두 다룰 수는 없습니다. 그러나 이 중 장기적으로 큰 영향을 미칠 것이라고 생각되는 몇 가지를 소개하겠습니다.

이 장에서는 다음과 같은 레시피를 다룹니다.

- 새로운 format 라이브러리로 텍스트 서식화하기
- constexpr로 컴파일 타임에 벡터와 문자열 사용하기
- 서로 다른 타입의 정수 안전하게 비교하기
- 삼중 비교를 위해 우주선 연산자⟨=⟩ 사용하기
- ⟨version⟩ 헤더를 사용하여 기능 시험 매크로 쉽게 찾기
- 컨셉과 제약조건을 통해 더 안전한 템플릿 만들기
- 모듈을 사용하여 템플릿 라이브러리의 재컴파일 피하기
- 레인지를 사용하여 컨테이너에 뷰 생성하기

이 장에서는 C++20의 새로운 기능을 익혀서 직접 프로젝트에서 활용하고, 이를 접했을 때 이해할 수 있도록 하는 것을 목표로 합니다.

예제 코드

이 장의 코드는 아래 깃허브 사이트에서 찾을 수 있습니다.

- https://github.com/Youngjin-com/CPP-STL/tree/main/chap01

새로운 format 라이브러리로 텍스트 서식화하기

지금까지 텍스트를 서식화하려면 레거시 방식인 printf 함수 혹은 STL의 iostream 라이브러리를 사용해야 했습니다. 두 방법에는 모두 장단점이 있습니다.

printf 기반의 함수들은 C에서 파생되었으며 성능과 유연성 그리고 편리함이 50년 넘게 증명

되었습니다. 서식화 문법들은 다소 암호처럼 보이지만 단순하여 익숙해지는 데 오래 걸리지 않습니다:

```
printf("Hello, %s\n", c_string);
```

printf 함수의 주요한 단점은 타입 안전성입니다. 공통적으로 printf() 함수(및 관련 함수들)는 C의 **가변인자**(variadic arguments) 모델을 사용하여 인자를 포맷터에게 넘깁니다. 정상적으로 동작할 때는 문제가 없지만, 인자의 타입이 해당 서식 지정자와 일치하지 않을 경우 심각한 문제가 발생할 수 있습니다. 현대 컴파일러는 가능한 한 많은 타입 검사를 수행하지만, 이 모델 자체가 근본적으로 결함이 있기 때문에 보호 수준에는 한계가 있습니다.

STL의 iostream 라이브러리는 타입 안전성을 제공하지만, 가독성과 런타임 성능이 저하되는 단점이 있습니다. iostream의 문법은 다소 독특하지만 익숙한 부분도 있습니다. **좌측 비트 연산자**(≪)를 오버로딩하여 객체, 피연산자, **서식화 조작자**를 연쇄적으로 적용할 수 있습니다:

```
cout << "Hello, " << str << endl;
```

iostream의 약점은 문법과 구현 모두에서 복잡하다는 점입니다. 서식화된 문자열을 만드는 과정이 장황하고 이해하기 어려울 수 있습니다. 많은 서식 조정자는 사용 후 재설정해야 하며, 그렇지 않으면 연쇄적인 서식 오류가 발생하여 디버깅이 어려워질 수 있습니다. 또한, 이 라이브러리는 방대하고 복잡하여 printf에 비해 코드 크기가 커지고 실행 속도가 느려지는 단점이 있습니다.

이러한 문제로 인해 C++ 프로그래머들은 오랫동안 두 가지 결함이 있는 시스템 중 하나를 선택할 수밖에 없었지만, 이제는 새로운 대안이 등장했습니다.

How to do it...

새로운 format 라이브러리는 ⟨format⟩ 헤더에 있습니다. 이 글을 쓰는 시점에 format은 오직 MSVC(마이크로소프트) 컴파일러에만 구현되어 있습니다.[1] 여러분이 읽는 시점에는 더 많은 시스템에서 사용 가능할 것입니다. 만약 그렇지 않다면 fmt.dev(j.bw.org/fmt) 사이트로부터 서드 파티 라이브러리로 제공되는 참조 구현을 사용할 수 있습니다.

format 라이브러리는 파이썬 3의 str.format() 메서드를 기반으로 설계되었습니다. Format

---

1   **(역자 주)** 현재 MSVC 및 GCC 13, Clang 14 버전에서 지원합니다.

문자열은 상당히 파이썬의 것과 유사하며 대부분 상호 교환 가능합니다. 간단한 예제들을 살펴보겠습니다.

- 가장 단순한 형태의 format() 함수는 문자열 서식을 의미하는 string_view 객체와 가변 파라미터 팩(variadic parameter pack)을 인자로 받습니다. 반환형은 string 입니다. 함수의 시그니처는 다음과 같습니다:

```
template<typename ... Args>
string format(string_view fmt, const Args& ... args);
```

- format() 함수는 사실상 거의 모든 타입 또는 값의 string 표현식을 반환합니다. 예를 들어 다음 코드를 봅시다:

```
string who{ "everyone" };
int ival{ 42 };
double pi{ std::numbers::pi };

format("Hello, {}!\n ", who);      // Hello, everyone!
format("Integer: {}\n ", ival);    // Integer: 42
format("π: {}\n", pi);             // π: 3.141592653589793
```

서식 문자열은 중괄호 { }를 플레이스홀더(placeholder)로 사용합니다. 서식 지정자가 없으면 중괄호는 효과적인 타입 안전한 플레이스홀더가 되며, 호환 가능한 모든 타입의 값을 적절한 문자열 표현식으로 변환합니다.

- 다음과 같이 다수의 플레이스홀더를 포함할 수 있습니다:

```
format("Hello {} {}", ival, who); // Hello 42 everyone
```

- 위치 순서를 지정할 수 있으며, 이는 국제화에 유용합니다:

```
format("Hello {1} {0}", ival, who); // Hello everyone 42
format("Hola {0} {1}", ival, who);  // Hola 42 everyone
```

- 값을 왼쪽(<), 오른쪽(>), 또는 가운데(^)로 정렬할 수 있으며, 채우기 문자를 사용할 수도 있고

생략할 수도 있습니다:

```
format("{:.<10}", ival); // 42........
format("{:.>10}", ival); // ........42
format("{:.^10}", ival); // ....42....
```

• 십진수의 정밀도를 설정할 수 있습니다:

```
format("π: {:.5}", pi); // π: 3.1416
```

• 그 외에도 훨씬 다양한 기능을 제공합니다.

이 라이브러리는 풍부하고 완전한 서식화 명세로 iostream의 타입 안정성과 printf의 단순함 그리고 성능을 모두 만족합니다.

How it works...

format 라이브러리는 아직 print() 함수를 포함하지 않았으며, 이는 C++23에 제공될 예정입니다. format() 함수 자체는 string 객체를 반환합니다. 따라서 문자열을 출력할 때는 iostream 혹은 cstdio를 사용해야 합니다.

iostream으로 문자열을 출력합니다:

```
cout << format("Hello, {}", who) << "\n";
```

혹은 cstdio를 사용합니다:

```
puts(format("Hello, {}", who).c_str());
```

어느 쪽도 이상적이지 않지만, 간단한 print() 함수를 작성하는 것은 그리 어렵지 않습니다. 또한, format 라이브러리 내부 동작을 이해하는 차원에서 시도해 보는 것도 좋겠습니다. 다음은 format 라이브러리를 사용한 단순한 print() 함수[2] 구현입니다:

---

2 **(역자 주)** std::cout 기반의 println() 함수 구현은 https://en.cppreference.com/w/cpp/utility/format/vformat을 참고하세요.

```
#include <format>
#include <string_view>
#include <cstdio>

template<typename ... Args>
void print(const string_view fmt_str, Args && ... args) {
    auto fmt_args{ make_format_args(args ... ) };
    string outstr{ vformat(fmt_str, fmt_args) };
    fputs(outstr.c_str(), stdout);
}
```

이것은 format( ) 함수와 동일한 인수를 사용합니다. 첫 번째 인수는 문자열 서식을 위한
string_view 객체이고 다음은 인수를 위한 가변 파라미터 팩입니다.

make_format_args( ) 함수는 파라미터 팩을 받습니다. 그리고 서식화에 적합한 타입이 소
거된(type-erased) 값을 포함하는 객체를 반환합니다. 그리고 이 객체는 vformat( ) 함수로
전달되어 출력에 적합한 문자열을 반환합니다. 우리는 cout보다 훨씬 효율적인 fputs( )를 사
용하여 이 값을 콘솔에 출력합니다.

이제 cout << format( ) 대신 print( ) 함수를 사용할 수 있습니다:

```
print("Hello, {}!\n", who);
print("π: {}\n", pi);
print("Hello {1} {0}\n", ival, who);
print("{:.^10}\n", ival);
print("{:.5}\n", pi);
```

출력

```
Hello, everyone!
π: 3.141592653589793
Hello everyone 42
....42....
3.1416
```

C++23에 print( ) 함수가 지원되는 컴파일러가 나오면 위의 print( ) 템플릿 함수를 단순히
using std::print;로 대체하면 됩니다.

문자열과 기본 타입을 서식화하는 기능은 멋지지만 format 라이브러리가 완전히 동작하기 위해서는 사용자 정의 타입에 대해 커스터마이징이 필요합니다.

예를 들어 두 멤버 numerator(분자)와 denominator(분모)를 가진 단순한 구조체가 있습니다. 이것을 출력해 봅시다:

```cpp
struct Frac {
    long n;
    long d;
};

int main() {
    Frac f{ 5, 3 };
    print("Frac: {}\n", f);
}
```

컴파일하면 "사용자 정의 변환 연산자가 없다"라는 수많은 오류 메시지가 나옵니다.

좋아요. 이제 고쳐봅시다!

format 시스템은 변환이 필요한 객체를 만나면 해당 타입으로 formatter 객체의 특수화를 찾습니다. 문자열과 숫자 같은 공통적인 객체의 경우 표준에서 특수화를 제공합니다.

사용자 정의 구조체인 Frac 타입을 위한 특수화를 만드는 것은 매우 간단합니다:

```cpp
template<>
struct formatter<Frac> {
    template<typename ParseContext>
    constexpr auto parse(ParseContext& ctx) {
        return ctx.begin();
    }

    template<typename FormatContext>
    auto format(const Frac& f, FormatContext& ctx) {
        return format_to(ctx.out(), "{0:d}/{1:d}", f.n, f.d);
    }
};
```

이 formatter 특수화는 한 클래스에 두 개의 짧은 템플릿 함수를 포함합니다.

- parse( ) 함수는 콜론 뒤부터 (콜론이 없으면 여는 중괄호 이후) 닫는 중괄호 직전까지 서식 문자열을 파싱합니다. (즉, 객체의 타입을 지정하는 부분입니다) 이 함수는 ParseContext 객체를 인자로 받아 반복자를 반환합니다. 우리의 경우, 새로운 문법이 필요하지 않으므로 begin( ) 반복자를 반환하면 충분합니다. 대부분의 경우, 이 함수에서 추가적인 작업을 수행할 필요는 거의 없습니다.
- format( ) 함수는 Frac 객체와 FormatContext 객체를 받아 end 반복자를 반환합니다. format_to( ) 함수는 이를 간편하게 처리해 줍니다. format_to( ) 함수는 반복자, 포맷 문자열, 파라미터 팩을 받습니다. 이 경우 파라미터 팩은 Frac 클래스의 두 속성인 numerator(분자)와 denominator(분모) 입니다.

여기에 우리에게 필요한 모든 것은 단순한 서식 문자열인 '{0}/{1}'과 분자와 분모 값입니다. (0과 1은 인자의 위치를 의미하며 반드시 필요한 것은 아니지만 나중에 유용합니다.)

이제 Frac 타입을 위한 특수화를 사용하여 print( ) 함수를 호출하면 읽기 쉬운 결과를 얻을 수 있습니다:

```cpp
int main() {
    Frac f{ 5, 3 };
    print("Frac: {}\n", f);
}
```

출력

```
Frac: 5/3
```

C++20 format 라이브러리는 효율적이고 편리하며 타입 안전성을 제공하여 오래된 문제를 해결합니다.

constexpr로 컴파일 타임에 벡터와 문자열 사용하기

C++20은 여러 새로운 컨텍스트에서 constexpr 키워드를 사용할 수 있습니다. 이를 통해 런타임 대신 컴파일 타임에 평가될 수 있어 효율성이 향상됩니다.

How to do it...

명세에 따르면 string과 vector 객체는 constexpr 컨텍스트에서 사용할 수 있습니다. 이늘 자체가 constexpr로 선언되지는 않았지만 컴파일 타임에 사용할 수 있다는 점을 기억하는 것이

중요합니다:

```
constexpr auto use_string() {
    string str{"string"};
    return str.size();
}
```

또한 constexpr 컨텍스트에서 알고리즘을 사용할 수 있습니다:

```
constexpr auto use_vector() {
    vector<int> vec{ 1, 2, 3, 4, 5};
    return accumulate(begin(vec), end(vec), 0);
}
```

accumulate 알고리즘의 결과는 컴파일 타임과 constexpr 컨텍스트에서 사용 가능합니다.

How it works...

constexpr 지정자는 변수나 함수를 컴파일 타임에 평가할 수 있도록 합니다. C++20 이전에는 리터럴 값으로 초기화된 객체나 제한된 제약 조건을 가진 함수에 한정되었으나 C++ 17에서 그 범위가 확장되었고 C++20에서 더욱 늘어났습니다.

C++20에 와서 STL의 string과 vector 클래스도 이제 constexpr로 한정된 생성자 혹은 소멸자를 가지게 되어 컴파일 타임에 호출될 수 있습니다. 이는 또한 string 혹은 vector 객체로 할당된 메모리도 컴파일 타임에 해제되어야 함을 의미합니다.

예를 들어 vector를 반환하는 constexpr 함수는 오류 없이 컴파일됩니다:

```
constexpr auto use_vector() {
    vector<int> vec{ 1, 2, 3, 4, 5};
    return vec;
}
```

하지만 그 결과를 런타임에 사용하려고 하면, 상수적 평가로 할당된 메모리와 관련된 오류가 발생합니다:

```
int main() {
    constexpr auto vec = use_vector();
    return vec[0];
}
```

이것은 vector 객체가 컴파일하는 동안 할당 및 해제가 일어났기 때문입니다. 따라서 해당 객체는 더 이상 런타임에 사용할 수 없습니다.

반면, 벡터 객체의 size() 같은 constexpr로 한정된 메서드는 런타임에서 사용할 수 있습니다:

```
int main() {
    constexpr auto value = use_vector().size();
    return value;
}
```

size() 메서드가 constexpr로 한정되어 있기 때문에, 이 표현식은 컴파일 타임에 평가될 수 있습니다.

서로 다른 타입의 정수 안전하게 비교하기

서로 다른 타입의 정수를 비교하는 것이 항상 기대한 결과를 내는 것은 아닙니다. 예를 들어 다음 코드를 봅시다:

```
int x{ -3 };
unsigned y{ 7 };
if(x < y) puts("true");
else puts("false");
```

여러분은 true가 출력될 것으로 기대할 것입니다. -3은 보통 7보다 작습니다. 하지만 false가 출력됩니다.

여기서 문제는 x는 부호가 있고 y는 부호가 없다는 점입니다. 표준화된 동작은 비교 시 부호가 있는 타입을 부호 없는 타입으로 변환합니다. 직관에 반하는 것 같지 않나요? 실제로, 같은 크기의 부호 없는 값을 부호 있는 값으로 신뢰성 있게 변환할 수 없습니다. 이유는 부호 있는 정수가 2의 보수 표현(two's complement)을 사용하기 때문입니다. 이 표현에서는 가장 높은 비트를 부호 비트로 사용합니다. 동일한 크기의 정수라면 부호 있는 최댓값은 부호 없는 값의 절반입니다. 예를 들어 정수가 32비트라면 −3(부호 있음)은 FFFF FFFD (16진수) 또는 4,294,967,293 (부호 없는 10진수)로 해석됩니다. 이는 7보다 작지 않습니다.

어떤 컴파일러는 부호 있는 값과 부호 없는 값을 비교할 때 경고를 발생하지만 대부분은 그렇지 않습니다.

C++20 표준은 〈utility〉 헤더에 안전한 정수 비교 함수들을 제공합니다.

How to do it...

새로운 정수 비교 함수들은 〈utility〉 헤더에 있고 각각은 연산자 좌변과 우변에 해당하는 두 개의 인수를 받습니다:

```cpp
#include <utility>
int main() {
    int x{ -3 };
    unsigned y{ 7 };
    if(cmp_less(x, y)) puts("true");
    else puts("false");
}
```

cmp_less() 함수는 우리가 기대한 결과를 반환합니다. −3은 7보다 작기 때문에 예제를 실행하면 true를 출력합니다.

〈utility〉 헤더는 정수 비교 함수의 완전한 집합을 제공합니다. 예를 들어 x와 y에 대해 다음과 같이 비교할 수 있습니다:

```cpp
cmp_equal(x, y)          // x == y is false
cmp_not_equal(x, y)      // x ≠ y is true
cmp_less(x, y)           // x < y is true
cmp_less_equal(x, y)     // x ≤ y is true
cmp_greater(x, y)        // x > y is false
cmp_greater_equal(x, y)  // x ≥ y is false
```

How it works...

다음은 C++20 표준에 있는 cmp_less() 함수의 샘플 구현입니다. 이 구현을 통해 함수가 어떻게 동작하는지 보다 깊이 이해할 수 있습니다:

```
template< class T, class U >
constexpr bool cmp_less( T t, U u ) noexcept
{
    using UT = make_unsigned_t<T>;
    using UU = make_unsigned_t<U>;
    if constexpr (is_signed_v<T> == is_signed_v<U>)
        return t < u;
    else if constexpr (is_signed_v<T>)
        return t < 0 ? true : UT(t) < u;
    else
        return u < 0 ? false : t < UU(u);
}
```

UT와 UU 별칭은 C++17에서 도입된 유용한 헬퍼 타입인 make_unsigned_t로 선언됩니다. 이로 인해 부호 있는 타입을 안전하게 부호 없는 타입으로 변환할 수 있습니다.

함수는 먼저 두 인수가 모두 부호가 있거나 혹은 모두 부호가 없는지 확인합니다. 이 조건을 만족하면 단순 비교를 수행하여 결과를 반환합니다.

그다음 한쪽만 부호가 있는지 확인합니다. 부호 있는 값이 0보다 작은 경우, 계산을 수행하지 않고 바로 true 또는 false를 반환합니다. 그렇지 않다면, 부호 있는 값을 부호 없는 값으로 변환한 후 비교 연산을 수행하여 결과를 반환합니다.

이와 유사한 논리가 다른 비교 함수에도 적용됩니다.

삼중 비교를 위해 우주선 연산자<=> 사용하기

삼중 비교 연산자 <=>는 보통 비행접시 모양 때문에 우주선 연산자로 불립니다. C++20에 처음 도입되었습니다. 기존의 여섯 개의 비교 연산자에 무슨 문제가 있느냐고 생각할 수도 있지만, 사실 아무런 문제가 없습니다. 기존 연산자들은 계속해서 사용할 수 있습니다. 우주선 연산자의 목적은 객체에 대해 통합된 비교 연산자를 제공하는 데 있습니다.

보통의 비교 연산자는 비교 결과를 true 또는 false로 반환합니다. 예를 들어 다음 코드를 봅시다:

```
const int a = 7;
const int b = 42;
static_assert(a < b);
```

a < b 표현식은 작다(<) 비교 연산자이고 a가 b보다 작은지 검사합니다. 만약 조건이 참이면 true를 반환하고 그렇지 않으면 false를 반환합니다. 이 경우 7은 42보다 작기 때문에 false가 됩니다.

삼중 비교 연산자는 조금 다릅니다. 세 가지의 상태 중 한 개를 반환합니다. 우주선 연산자는 피 연산자가 같으면 0, 좌변이 우변보다 작으면 음수(negative), 좌변이 우변보다 크다면 양수(positive)를 반환합니다:

```
const int a = 7;
const int b = 42;
static_assert((a <=> b) < 0);
```

반환된 값은 정수가 아닙니다. 이는 ⟨compare⟩ 헤더의 객체로, 0과 비교할 수 있는 값입니다. 피연산자가 정수형 타입일 경우, 연산자는 ⟨compare⟩ 라이브러리의 strong_ordering 객체를 반환합니다:

```
strong_ordering::equal      // 피 연산자들이 같음
strong_ordering::less       // 좌변이 우변보다 작음
strong_ordering::greater    // 좌변이 우변보다 큼
```

만약 피연산자가 부동 소수점 타입이라면 연산자는 partial_ordering 객체를 반환합니다:

```
partial_ordering::equivalent // 피 연산자들이 동등함
partial_ordering::less       // 좌변이 우변보다 작음
partial_ordering::greater    // 좌변이 우변보다 큼
partial_ordering::unordered  // 피 연산자의 순서가 없음
```

이들 객체들은 전통적인 비교 연산자를 사용하여 리터럴 영(0)과 비교할 수 있도록 설계되어 있습니다(예: (a <=> b) < 0). 따라서 삼중 비교의 결과가 전통적인 비교보다 더욱 정밀해졌

습니다.

이 모든 것이 조금은 복잡해 보일 수 있지만 괜찮습니다. 대부분의 경우, 우주선 연산자를 직접 사용할 일은 거의 없습니다. 이 연산자의 진정한 강점은 객체에 대한 통합 비교 연산자로서 활용에 있습니다. 이제 조금 더 깊이 들어가 보겠습니다.

How to do it...

다음은 정수와 비교 연산자를 포함하는 단순한 클래스입니다:

```
struct Num {
    int a;
    constexpr bool operator==(const Num& rhs) const
        { return a == rhs.a; }
    constexpr bool operator≠(const Num& rhs) const
        { return !(a == rhs.a); }
    constexpr bool operator<(const Num& rhs) const
        { return a < rhs.a; }
    constexpr bool operator>(const Num& rhs) const
        { return rhs.a < a; }
    constexpr bool operator≤(const Num& rhs) const
        { return !(rhs.a < a); }
    constexpr bool operator≥(const Num& rhs) const
        { return !(a < rhs.a); }
};
```

이와 같은 일련의 비교 연산자 오버로딩을 보는 것은 흔한 일입니다. 사실은 연산자 한 쪽에 있는 객체들과 동작하는 비 멤버 프렌드들(non-members friends)을 포함하면 더욱 복잡해질 수 있습니다.

새로운 우주선 연산자를 사용하면, 이 모든 게 하나의 오버로딩으로 해결됩니다:

```
#include <compare>
struct Num {
    int a;
    constexpr Num(int a) : a{a} {}
    auto operator⟺(const Num&) const = default;
};
```

삼중 연산자가 타입을 반환하기 위해서는 〈compare〉 헤더를 포함해야 함을 잊지 마세요. 이제 우리는 몇몇 변수들을 선언하여 다양한 비교를 할 수 있습니다:

```cpp
constexpr Num a{ 7 };
constexpr Num b{ 7 };
constexpr Num c{ 42 };

int main() {
    static_assert(a < c);
    static_assert(c > a);
    static_assert(a == b);
    static_assert(a <= b);
    static_assert(a <= c);
    static_assert(c >= a);
    static_assert(a != c);
    puts("done.");[3]
}
```

컴파일러는 각 비교에 대해 자동으로 〈=〉 연산자를 적용합니다.

기본적인 〈=〉 연산자는 이미 constexpr 안전하기 때문에 멤버 함수를 constexpr로 선언할 필요는 없습니다.

How it works...

연산자 〈=〉 오버로드는 새로운 C++ 20의 개념인 표현식 재작성(rewritten expressions)을 활용합니다. 오버로드 결정 과정에서 컴파일러는 특정 규칙에 따라 표현식을 재작성합니다. 예를 들어 a < b 라는 코드를 작성하면 컴파일러는 이를 (a <= b < 0)으로 변환하여 멤버 연산자들과 함께 작동하도록 만듭니다. 컴파일러는 모든 연관된 비교 표현식을 〈=〉 연산자로 재작성하며 우리는 더 세부적인 연산자들은 포함하지 않아도 됩니다.

사실 이제는 좌변의 호환 가능한 타입들과 비교하는 비 멤버 함수가 필요하지 않습니다. 컴파일러는 멤버 연산자와 동작하는 표현식을 합성하기 때문입니다. 예를 들어 42 > a 라는 코드가 있다면 컴파일러는 역으로 (a <= 42 < 0) 라는 표현식을 생성하여 멤버 연산자와 동작하게 합니다.

---

3 **(역자 주)** puts( ) 함수는 〈cstdio〉 헤더에 있습니다.

〈=〉 연산자의 우선순위는 다른 비교 연산자보다 높기 때문에 항상 가장 먼저 평가됩니다.
모든 비교 연산자는 좌에서 우로 평가됩니다.

There's more...

서로 다른 타입의 수치형 멤버를 가진 클래스의 경우 기본 연산자로도 잘 동작합니다:

```cpp
struct Nums {
    int i;
    char c;
    float f;
    double d;
    auto operator⟺(const Nums&) const = default;
};
```

하지만 좀 더 복잡한 타입은 어떨까요? 다음은 단순한 분수 클래스의 예제입니다:

```cpp
struct Frac {
    long n;
    long d;
    constexpr Frac(int a, int b) : n{a}, d{b} {}
    constexpr double dbl() const {
        return static_cast<double>(n) / static_cast<double>(d);
    }
    constexpr auto operator⟺(const Frac& rhs) const {
        return dbl() ⟺ rhs.dbl();
    };
    constexpr auto operator═(const Frac& rhs) const {
        return dbl() ⟺ rhs.dbl() ═ 0;
    };
};
```

이 경우 우리는 〈=〉 연산자 오버로딩을 정의해야 합니다. 왜냐하면 데이터 멤버가 독립적인 스칼라 값이 아니기 때문입니다.[4] 새로 정의한 함수는 여전히 간단하며 잘 동작합니다.

---

4 (역자 주) 객체들을 비교하려면 dbl() 함수를 호출해야 합니다.

우리는 또한 operator== 연산자도 오버로딩해야 합니다. 왜냐하면 표현식을 재작성하는 법칙에 따르면 사용자 정의 operator<=> 오버로드에 대해서는 ==과 != 연산자를 재작성하지 않기 때문입니다. 여러분은 operator==만 정의하면 되며 != 표현식은 필요할 때 컴파일러에 의해 재작성됩니다.

이제 몇 개의 객체를 정의할 수 있습니다:

```
constexpr Frac a(10,15); // 2/3과 같은지 비교합니다
constexpr Frac b(2,3);
constexpr Frac c(5,3);
```

다음과 같이 보통의 비교 연산자를 사용하여 시험합니다:

```
int main() {
    static_assert(a < c);
    static_assert(c > a);
    static_assert(a == b);
    static_assert(a <= b);
    static_assert(a <= c);
    static_assert(c >= a);
    static_assert(a != c);
}
```

우주선 연산자의 강점은 여러분의 클래스에서 비교 오버로딩이 간소화될 수 있다는 점입니다. 각 비교 연산자를 독립적으로 오버로딩하는 것과 비교하면 단순성과 효율성 모두 개선되었습니다.

<version> 헤더를 사용하여 기능 시험 매크로 쉽게 찾기

C++은 새로운 기능이 추가되면 이들을 확인할 수 있는 기능 시험 매크로를 제공합니다. C++20이 시작되면서 그 절차가 표준화되었고 모든 라이브러리 기능 시험 매크로가 <version> 헤더에 추가되었습니다. 이제 여러분의 코드에서 새로운 기능을 시험하는 것이 훨씬 쉬워졌습니다.

이것은 유용한 기능이고 사용하기도 쉽습니다.

How to do it...

모든 기능 시험 매크로는 __cpp_ 접두어로 시작합니다.

라이브러리 기능들은 __cpp_lib_로 시작합니다. 언어 기능 시험 매크로는 일반적으로 컴파일러에 의해 정의됩니다. 라이브러리 기능 시험 매크로는 새로운 〈version〉 헤더에 정의됩니다. 이를 다른 전처리기 매크로들처럼 사용하면 됩니다:

```
#include <version>
#ifdef __cpp_lib_three_way_comparison
#  include <compare>
#else
#  error Spaceship has not yet landed
#endif
```

일부 경우에는 __has_include 전처리기 연산자(C++17에 도입됨)를 사용하여 어떤 인클루드 파일이 존재하는지 확인할 수 있습니다:

```
#if __has_include(<compare>)
#  include <compare>
#else
#  error Spaceship has not yet landed
#endif
```

__has_include는 헤더 파일이 존재하는지를 검사합니다. 이 연산자는 전처리기 지시문입니다. 따라서 자체적으로 동작하기 위해 별도의 헤더 파일을 요구하지 않습니다.

How it works...

일반적으로 기능 시험 매크로는 #ifdef 또는 #if defined를 사용하여 0이 아닌 값인지 확인할 수 있습니다. 각 기능 시험 매크로는 표준 위원회에서 승인된 연도와 월에 해당하는 0이 아닌 값을 가집니다. 예를 들어 __cpp_lib_three_way_comparison 매크로의 값은 201907입니다. 이는 해당 기능이 2019년 7월에 승인되었음을 의미합니다.

```
#include <version>
#ifdef __cpp_lib_three_way_comparison
```

```
    cout << "value is " << __cpp_lib_three_way_comparison << "\n"
#endif
```

```
$ ./working
value is 201907
```

매크로의 값은 특정 기능이 변경되었고 해당 변경 사항에 의존하는 경우와 같은 일부 특수한 상황에서 유용할 수 있습니다. 하지만 대부분의 경우, 값을 신경 쓰지 않고 #ifdef를 사용하여 0이 아닌지만 확인하면 충분합니다.

기능 시험 매크로의 전체 목록을 보유한 사이트가 여럿 있습니다. 저자는 cppreference (https://j.bw.org/cppfeature)를 선호하지만 다른 사이트도 있습니다.

컨셉과 제약조건을 통해 더 안전한 템플릿 만들기

템플릿은 다양한 타입과 함께 동작하는 코드를 작성하는 데 매우 유용합니다. 예를 들어 이 함수는 어떤 수치형 타입과도 동작합니다:

```
template <typename T>
T arg42(const T & arg) {
    return arg + 42;
}
```

하지만 수치형이 아닌 타입을 넣어 호출하면 어떨까요?

```
const char * n = "7";
cout << "result is " << arg42(n) << "\n";
```

Result is ion

컴파일 오류 없이 실행은 됩니다. 하지만 결과는 예측 불가합니다. 사실 이러한 호출은 위험하며 쉽게 크래시가 발생하거나 보안 취약점이 되기도 합니다. 따라서 컴파일러가 오류 메시지를 생성해 줘서 프로그래머가 코드를 고칠 수 있어야 합니다.

이제 C++20의 컨셉(concepts)을 사용하면 다음과 같이 작성할 수 있습니다:

```
template <typename T>
requires Numeric<T>
T arg42(const T & arg) {
    return arg + 42;
}
```

requires 키워드는 C++20에서 새롭게 도입되었으며 템플릿에 제약 조건을 적용합니다.
Numeric은 오직 정수와 부동 소수점 타입만을 허용하는 컨셉의 이름입니다. 이제 비수치형
타입의 인자를 넣어 컴파일하면 적절한 컴파일 오류가 발생합니다:

```
error: 'arg42': no matching overloaded function found
error: 'arg42': the associated constraints are not satisfied
```

이와 같은 오류 메시지는 대부분의 컴파일러 오류보다 훨씬 유용합니다.[5]
이제 컨셉과 제약 조건을 코드에 적용하는 방법을 자세히 알아봅시다.

How to do it...

컨셉은 단순히 이름을 가진 제약 조건입니다. 앞의 Numeric 컨셉의 내용은 다음과 같습니다:

```
#include <concepts>
template <typename T>
concept Numeric = integral<T> || floating_point<T>;
```

이 컨셉은 어떤 타입 T가 미리 정의된 std::integral 혹은 std::floating_point 컨셉을 만
족해야 함을 의미합니다. 이러한 컨셉들은 〈concepts〉 헤더에 정의되어 있습니다.
컨셉과 제약 조건은 클래스 템플릿, 함수 템플릿 혹은 변수 템플릿에 사용됩니다. 제약 조건이
있는 함수 템플릿은 보았고 이제 제약 조건이 있는 클래스 템플릿을 살펴봅시다:

```
template<typename T>
requires Numeric<T>
struct Num {
```

---

5 (역자 주) C++에서 템플릿에 관한 컴파일러 오류 메시지는 읽기 어렵기로 유명합니다.

```
    T n;
    Num(T n) : n{n} {}
};
```

다음은 변수 템플릿 예제입니다:

```
template<typename T>
requires floating_point<T>
T pi{3.1415926535897932385L};
```

컨셉과 제약 조건은 모든 템플릿에서 사용할 수 있습니다. 몇 가지 추가 예제를 살펴보겠습니다. 다음 예제에서는 단순성을 위해 함수 템플릿을 사용합니다.

- 제약 조건은 컨셉이나 타입 특성(type traits)을 사용하여 타입의 성격을 평가합니다. 타입 특성은 〈type_traits〉 헤더에 있고 bool을 반환합니다. 예를 들어 다음 코드를 봅시다:

```
template<typename T>
requires is_integral<T>::value // 값은 bool
constexpr double avg(vector<T> const& vec) {
    double sum{ accumulate(vec.begin(), vec.end(), 0.0) };
    return sum / vec.size();
}
```

- requires 키워드는 C++20에 새로 도입되었으며 템플릿 인수에 제약 조건을 넣습니다. 이 예제에서는 타입 특성인 is_integral으로 템플릿 인수를 시험합니다.

- 〈type_traits〉 헤더에 있는 미리 정의된 특성들을 사용하거나 단지 템플릿 변수처럼 사용자 정의 제약 조건을 정의할 수 있습니다. 제약 조건으로 동작하려면 변수는 반드시 constexpr bool 타입을 반환해야 합니다. 예를 들어 다음 코드를 봅시다:

```
template<typename T>
constexpr bool is_gt_byte{ sizeof(T) > 1 };
```

이것은 is_gt_byte 라는 타입 특성을 정의하고 sizeof 연산자를 사용하여 타입 T가 1바이트보다 큰지 검사합니다.

- 컨셉은 단순히 제약 조건들의 이름이 부여된 집합입니다. 예를 들어 다음 코드를 봅시다:

```
template<typename T>
concept Numeric = is_gt_byte<T> &&
    (integral<T> || floating_point<T>);
```

이는 Numeric이라는 컨셉을 정의합니다. 이 컨셉은 'is_gt_byte' 제약 조건과 〈concepts〉 헤더에서 제공되는 floating_point 및 integral 컨셉을 사용합니다. 이를 통해 템플릿이 1바이트보다 큰 숫자 타입만을 허용하도록 제약할 수 있습니다.

```
template<Numeric T>
T arg42(const T & arg) {
    return arg + 42;
}
```

제약 조건을 requires 표현식에서 별도의 줄로 작성하는 대신, 템플릿 선언에 직접 적용했음을 알 수 있습니다. 컨셉을 적용하는 방법에는 몇 가지가 있으며, 이제 그 동작 방식을 살펴보겠습니다.

How it works...

컨셉이나 제약 조건을 적용하는 방법에는 여러 가지가 있습니다.

- requires 키워드를 사용하여 적용하기:

```
template<typename T>
requires Numeric<T>
T arg42(const T & arg) {
    return arg + 42;
}
```

- 템플릿 선언에 컨셉을 적용하기:

```
template<Numeric T>
T arg42(const T & arg) {
    return arg + 42;
}
```

- 함수 시그니처에 requires 키워드 적용하기:

```
template<typename T>
T arg42(const T & arg) requires Numeric<T> {
    return arg + 42;
}
```

- 축약된 함수 템플릿을 위한 인자 목록에 컨셉을 적용하기:

```
auto arg42(Numeric auto & arg) {
    return arg + 42;
}
```

각 목적에 따라 적절한 형식을 선택하면 됩니다. 상황에 따라 적합한 형식은 달라질 수 있습니다.

There's more...

표준에서는 결합(conjunction), 분리(disjunction), 원자적(atomic)이라는 용어로 제약 조건을 생성하는 데 사용된 표현식을 기술합니다. 이 용어들을 정의해 봅시다.

컨셉이나 제약 조건은 &&와 || 연산자를 사용하여 결합할 수 있습니다. 이들의 조합을 각각 결합과 분리라고 부르며, 논리적 AND와 OR로 생각할 수 있습니다.

제약 조건의 결합은 두 제약 조건과 && 연산자로 구성됩니다:

```
Template <typename T>
concept Integral_s = Integral<T> && is_signed<T>::value;
```

결합은 오직 && 연산자의 양변이 모두 만족되었을 때만 성립되며, 좌에서 우로 평가됩니다.

결합의 피연산자는 단축(short-circuited)이 적용되며 좌변의 제약 조건이 만족되지 않으면 우변의 제약 조건은 평가하지 않습니다.

제약 조건 분리는 두 제약 조건과 || 연산자로 구성됩니다:

```
Template <typename T>
concept Numeric = integral<T> || floating_point<T>;
```

분리는 || 연산자의 한 변만 만족되어도 성립하며 좌에서 우로 평가합니다. 분리의 피연산자도 단축이 적용되며, 좌변의 제약 조건이 만족되면 우변은 평가하지 않습니다.

원자적 제약 조건은 bool 타입을 반환하는 표현식으로, 더 이상 분해될 수 없는 제약 조건을 말합니다. 다른 말로 결합하거나 분리할 수 없습니다.

```
template<typename T>
concept is_gt_byte = sizeof(T) > 1;
```

원자적 제약 조건에는 논리적 !(NOT) 연산자를 사용할 수 있습니다:

```
template<typename T>
concept is_byte = !is_gt_byte<T>;
```

예상한 대로 ! 연산자는 ! 오른쪽에 있는 bool 표현식을 반전시킵니다.

물론 이 모든 타입을 합하여 더 큰 표현식으로 만들 수 있습니다. 다음은 이러한 제약 조건의 표현식에 대한 예입니다:

```
template<typename T>
concept Numeric = is_gt_byte<T> & (integral<T> || floating_point<T>);
```

이 표현식을 분해해 보겠습니다. 하위 표현식인 (integral⟨T⟩ || floating_point⟨T⟩)은 **분리**입니다. 하위 표현식인 is_gt_byte⟨T⟩ && (…)은 **결합**입니다. 하위 표현식인 integral⟨T⟩, floating_point⟨T⟩, is_gt_byte⟨T⟩ 각각은 **원자적**입니다.

이러한 구분은 설명을 위한 것이며, 상세 내용을 이해하는 것은 유용하지만, 코드를 작성할 때는 이를 단순한 논리 연산자인 ||, &&, !로 간단히 생각해도 충분합니다.

긴셉과 제약 조긴은 C++ 표준에서 환영받을 새로운 기능이며 여러분의 프로젝트에서도 사용하기를 바랍니다.

모듈을 사용하여 템플릿 라이브러리의 재컴파일 피하기

헤더 파일은 C 언어 초창기부터 함께 해왔습니다. 원래는 주로 텍스트 치환 매크로로 사용되었고 번역 단위 사이에 외부 심볼을 링킹하는 목적으로 사용되었습니다. 템플릿이 등장하면서 C++은 헤더 파일에 실제 코드를 넣었습니다. 템플릿은 특수화 변경을 위해 재컴파일 되어야 하기 때문에, 우리는 템플릿을 헤더 파일에 포함시켜 사용해왔습니다. 그러나 시간이 지나면서 STL이 성장함에 따라, 이러한 헤더 파일도 점점 커지게 되었습니다. 상황은 통제하기 어려운 상태가 되었고 더 이상 미래를 위한 확장성이 어렵게 되었습니다.

헤더 파일은 보통 템플릿 외에 더 많은 것들을 포함하며 설정 매크로들과 시스템의 목적에 필요하지만 응용 프로그램에는 그다지 유용하지 않는 다른 심볼들도 종종 포함합니다. 헤더 파일의 숫자가 늘어나면서 심볼 충돌의 가능성도 커집니다. 특히 매크로가 풍부하게 사용되는 상황에서는 이 문제가 더욱 심각해집니다. 매크로는 네임스페이스 제한을 받지 않으며, 어떤 형태의 타입 안전성도 제공하지 않기 때문입니다.

C++20은 모듈(module)로 이 문제를 해결합니다.

How to do it...

다음 헤더 파일을 봅시다:

```
#ifndef BW_MATH
#define BW_MATH
namespace bw {
    template<typename T>
    T add(T lhs, T rhs) {
        return lhs + rhs;
    }
}
#endif // BW_MATH
```

이 간단한 예제는 모듈이 해결할 수 있는 여러 문제를 보여줍니다. BW_MATH 심볼은 인클루드 가드(include guard)로 사용됩니다. 이 심볼의 유일한 목적은 헤더 파일이 여러 번 포함되는 것을 막는 용도지만 이 심볼은 번역 단위 내내 전달됩니다. 다음은 이 헤더 파일을 포함한 예입니다:

```
#include "bw-math.h"
#include <format>
#include <string>
#include <iostream>
```

이제 BW_MATH 심볼은 여러분이 인클루드한 다른 모든 헤더에서도 사용 가능하고, 그 다른 헤더가 포함된 나머지 모든 헤더에서도 사용 가능합니다. 이로 인해 심볼 충돌의 가능성이 높아졌습니다. 또한 컴파일러는 이러한 충돌을 확인할 수 없다는 점을 기억해야 합니다. 매크로는 전처리기에서 번역되며, 컴파일러가 이를 처리하기 전에 이미 완료되기 때문입니다.

다음은 헤더의 실제 코드인 템플릿 함수입니다:

```
template<typename T>
T add(T lhs, T rhs) {
    return lhs + rhs;
}
```

이것이 템플릿이기 때문에 매번 여러분이 add() 함수를 사용하면 컴파일러는 별도의 특수화를 생성해야 합니다. 즉, 템플릿 함수는 호출될 때마다 파싱하고 특수화되어야 한다는 의미입니다. 이러한 이유로 템플릿은 헤더 파일에 포함되어야 하며, 소스 코드를 컴파일 시간에 사용할 수 있어야 합니다. 그러나 STL이 점점 더 커지고 많은 대형 템플릿 클래스와 함수가 추가됨에 따라, 이는 심각한 확장성 문제로 이어집니다.

모듈은 이러한 문제를 포함하여, 더 많은 것들을 해결합니다.

모듈에서 bw-math.h는 bw-math.ixx (MSVC의 명명 규칙에서) 파일이 되고 내용은 다음과 같습니다:

```
export module bw_math;
export template<typename T>
T add(T lhs, T rhs) {
    return lhs + rhs;
}
```

익스포트(export)된 것은 bw_math라는 모듈 이름과 add() 함수입니다. 이를 통해 네임스페이스를 깔끔하게 유지할 수 있습니다.

사용 방법도 더 간단해집니다. module-test.cpp 파일에서 이것을 사용한 예는 다음과 같습니다:

```
import bw_math;
import std.core;

int main() {
    double f = add(1.23, 4.56);
    int i = add(7, 42);
    string s = add<string>("one ", "two");
    cout <<
        "double: " << f << "\n" <<
        "int: " << i << "\n" <<
        "string: " << s << "\n";
}
```

import 선언은 전처리기 명령어로 사용되는 #include처럼 사용할 수 있으며 링킹 단계에서 모듈에 있는 심볼 테이블을 임포트 합니다.

예제의 실행 결과는 다음과 같습니다:

```
$ ./module-test
double: 5.79
int: 49
string: one two
```

모듈 버전은 헤더 파일에서 작동했던 방식과 동일하게 작동하지만, 더 깔끔하고 효율적으로 동작합니다.

> **Note**
>
> 컴파일된 모듈은 별도의 메타데이터 파일 (MSVC 컴파일러 네이밍 규칙에 따라 module-name.ifc)을 포함하며 모듈의 인터페이스를 기술합니다. 이 메타데이터를 통해 모듈은 템플릿을 지원합니다. 메타데이터에는 컴파일러가 템플릿 특수화를 생성하는 데 필요한 정보들을 포함합니다.

How it works...

import와 export 선언은 모듈 구현의 핵심입니다. bw-math.ixx 모듈을 다시 봅시다:

```
export module bw_math;
export template<typename T>
T add(T lhs, T rhs) {
    return lhs + rhs;
}
```

두 개의 export 선언이 있습니다. 첫 번째는 export module bw_math로 모듈 자체를 익스포트하며 번역 단위를 모듈로 선언합니다. 모든 모듈 파일의 최상단에는 모듈 선언이 있어야 하며 다른 문장들 앞에 있어야 합니다. 두 번째 export는 add() 함수를 모듈 소비자(module consumer)에게 공개합니다.

모듈이 #include 지시문이나 다른 전역 조각을 필요로 한다면, 먼저 다음과 같은 간단한 모듈 선언을 사용하여 모듈을 선언해야 합니다:

```
module;
#define SOME_MACRO 42
#include <stdlib.h>
export module bw_math;
...
```

module; 선언은 파일의 최상단에 위치하며 전역 모듈 조각(global module fragment)을 도입합니다. 오직 전처리기 지시문만이 전역 모듈 조각에 있어야 합니다. 그다음 표준 모듈 선언 (export module bw_math;)과 나머지 모듈 내용이 뒤따라야 합니다. 이것의 동작 원리를 좀 더 구체적으로 살펴봅시다:

• export 선언은 모듈 소비자, 즉 모듈을 임포트한 코드에 심볼을 공개합니다. 심볼의 기본은 private 입니다:

```
export int a{7};  // 모듈 소비자에 공개
int b{42};         // 비공개
```

- 블록 익스포트 가능:

```
export {
    int a() { return 7; };  // 공개
    int b() { return 42; }; // 또한 공개
}
```

- 네임스페이스도 익스포트 가능:

```
export namespace bw {        // 모든 bw 네임스페이스는 공개
    template<typename T>
    T add(T lhs, T rhs) {    // bw::add()로 공개
        return lhs + rhs;
    }
}
```

- 혹은 네임스페이스에 있는 개별 심볼들도 익스포트 가능:

```
namespace bw { // 모든 bw 네임스페이스가 공개
    export template<typename T>
    T add(T lhs, T rhs) { // bw::add()로 공개
        return lhs + rhs;
    }
}
```

- import 선언으로 소비자가 특정 모듈을 임포트:

```
import bw_math;
int main() {
    double f = bw::add(1.23, 4.56);
    int i = bw::add(7, 42);
    string s = bw::add<string>("one ", "two");
}
```

• 모듈을 임포트하여 소비자에게 전달하는 익스포트도 가능:

```
export module bw_math;
export import std.core;
```

export 키워드는 반드시 import 앞에 와야 합니다.
std.core 모듈은 이제 소비자가 사용할 수 있습니다:

```
import bw_math;
using std::cout, std::string, std::format;

int main() {
    double f = bw::add(1.23, 4.56);
    int i = bw::add(7, 42);
    string s = bw::add<string>("one ", "two");

    cout <<
        format("double {} \n", f) <<
        format("int {} \n", i) <<
        format("string {} \n", s);
}
```

여러분이 보았듯이 모듈은 헤더 파일에 대한 단순하고 직관적인 대안입니다. 앞으로 모듈의 사용성이 더 넓어지고 헤더 파일에 대한 의존성이 낮아지기를 기대합니다.

> **Note**
>
> 이 글을 쓰는 시점에 모듈에 대한 완벽한 구현을 제공하는 것은 오직 MSVC의 프리뷰 릴리즈(preview release) 였습니다. 모듈 파일 이름 확장(.ixx)은 컴파일러에 따라 달라질 수 있습니다. 또한 결합된 std.core 모듈은 MSVC에서 구현한 STL의 부분 모듈입니다. 다른 컴파일러에서는 이 규칙을 사용하지 않을 수 있습니다. 일부 세부 사항은 완전히 호환되는 구현이 배포될 때 달라질 수 있습니다.

예제 파일에는 필자의 format 기반 print() 함수의 모듈 버전이 포함되어 있으며 현재 MSVC 프리뷰 릴리즈에서 동작합니다. 다른 시스템에서 이를 작동시키기 위해서는 모듈 사양의 지원 수준에 따라 약간의 수정이 필요할 수 있습니다.

레인지를 사용하여 컨테이너에 뷰 생성하기

예제 파일: chap01/ranges.cpp

새로운 레인지(ranges) 라이브러리는 C++20에 추가된 가장 중요한 기능 중 하나입니다. 컨테이너를 필터링하고 처리하는 새로운 패러다임을 제시합니다. 레인지는 더 효과적이고 가독성 좋은 코드를 만드는 깔끔하고 직관적인 구성 요소입니다.

몇 가지 용어들을 정의합니다.

- 레인지(Range)는 반복할 수 있는 객체들의 집합입니다. 즉, begin( )과 end( ) 반복자를 제공하는 모든 구조는 레인지에 해당합니다. 이는 대부분의 STL 컨테이너에 해당합니다.

- 뷰(View)는 다른 하위 레인지를 변환하는 레인지입니다. 뷰는 지연(lazy) 방식을 사용하므로, 레인지를 순회할 때만 동작합니다. 뷰는 하위에 있는 레인지로부터 데이터를 반환하며 그 자체로 데이터를 소유하지 않습니다. 뷰는 O(1) 상수시간으로 동작합니다.

- 뷰 어댑터(View Adapter)는 레인지를 받아서 뷰 객체를 반환하는 객체입니다. 뷰 어댑터는 파이프(|) 연산자를 통해 다른 뷰 어댑터와 연결될 수 있습니다.

> **Note**
>
> ⟨ranges⟩ 라이브러리는 std::ranges와 std::ranges::views 네임스페이스를 사용합니다. 표준에서는 std::ranges::views에 대한 간소화된 별칭으로 std::views를 제공합니다. 필자는 이것도 번거롭게 느껴집니다. 이 레시피에서는 공간을 절약하고 코드가 더 우아해 보이도록 다음과 같은 별칭을 사용하겠습니다:
>
> ```
> namespace ranges = std::ranges; // 손가락을 아낍시다!
> namespace views = std::ranges::views;
> ```
>
> 이 별칭은 이 레시피의 모든 코드에 적용됩니다.

How to do it...

레인지와 뷰 클래스는 ⟨ranges⟩ 헤더에 있습니다. 어떻게 사용하는지 살펴보겠습니다.

- 뷰는 다음과 같이 레인지처럼 사용할 수 있습니다:

```
const vector<int> nums{ 1, 2, 3, 4, 5, 6, 7, 8, 9, 10 };
```

```
auto result = ranges::take_view(nums, 5);
for (auto v: result) cout << v << " ";
```

1 2 3 4 5

ranges::take_view(range, n)는 첫 번째 n개의 요소를 반환하는 뷰이며 다음과 같이
take_view()의 뷰 어댑터 버전을 사용해도 됩니다:

```
auto result = nums | views::take(5);
for (auto v: result) cout << v << " ";
```

1 2 3 4 5

뷰 어댑터는 std::ranges::views 네임스페이스에 속합니다. 뷰 어댑터는 | 연산자 좌변에서
레인지 피연산자를 받으며, 이는 iostream의 << 연산자 사용법과 유사합니다. | 연산자의 피
연산자는 왼쪽에서 오른쪽으로 평가됩니다.

• 뷰 어댑터는 반복 가능하기 때문에, 이것 역시 레인지의 자격을 갖습니다. 이를 통해 다음과 같이
  연속적으로 적용할 수 있습니다:

```
const vector<int> nums{ 1, 2, 3, 4, 5, 6, 7, 8, 9, 10 };
auto result = nums | views::take(5) | views::reverse;
```

5 4 3 2 1

• filter() 뷰는 서술(predicate) 함수를 사용합니다:

```
auto result = nums | views::filter([](int i){ return 0 == i % 2; });
```

2 4 6 8 10

• transform() 뷰는 변형 함수를 사용합니다:

```
auto result = nums | views::transform([](int i){ return i * i; });
```

1 4 9 16 25 36 49 64 81 100

• 물론 뷰와 어댑터는 모든 타입의 레인지로 동작합니다:

```
const vector<string>
words{ "one", "two", "three", "four", "five" };
auto result = words | views::reverse;
```

five four three two one

• 레인지 라이브러리는 몇 개의 레인지 팩토리(range factories)를 포함합니다. iota 팩토리는 증가하는 일련의 값들을 생성합니다:

```
auto rnums = views::iota(1, 10);
```

1 2 3 4 5 6 7 8 9

iota(value, bound) 함수는 value 인수로 시작하여 bound 직전까지의 수열을 생성합니다. bound 인수가 없으면 수열은 무한대입니다:

```
auto rnums = views::iota(1) | views::take(200);
```

1 2 3 4 5 6 7 8 9 10 11 12 [...] 196 197 198 199 200

레인지, 뷰, 뷰 어댑터는 놀랍도록 유연하고 유용합니다. 더 나은 이해를 위해 좀 더 깊게 들어가봅시다.

How it works...

레인지가 되기 위해서 객체는 최소한 두 개의 반복자 begin()과 end()를 가져야 하며, 여기서 end() 반복자는 레인지의 중단점을 결정하는 데 사용되는 센티널(sentinel)입니다.

대부분의 STL 컨테이너는 string, vector, array, map 등과 같이 레인지의 조건을 만족하지만 stack과 queue의 경우 begin과 end 반복자가 없기 때문에 제외됩니다.

뷰는 레인지에 대해 동작하는 객체로 수정된 레인지를 반환합니다. 뷰는 지연 동작하고 그 자체로는 데이터를 갖지 않습니다. 하위 데이터의 복사본을 유지하는 대신 뷰는 필요할 경우 하위 요소를 가리키는 반복자를 반환합니다. 다음 코드 조각들을 보시죠:

```
vector<int> vi { 0, 1, 2, 3, 4, 5 };
ranges::take_view tv{vi, 2};
for(int i : tv) {
    cout << i << " ";
}
cout << "\n";
```

```
0 1
```

이 예제에서 take_view 객체는 두 개의 인자로 레인지(여기서는 vector〈int〉 객체)와 count를 받습니다. 결과는 벡터에 있는 처음 count개의 객체를 의미하는 뷰입니다. 평가 시점에서, for 반복문을 돌면서 take_view 객체는 필요에 따라 벡터 객체의 요소를 가리키는 반복자를 반환하기만 합니다. 이 과정에서 벡터 객체는 변경되지 않습니다.

ranges 네임스페이스에 있는 많은 뷰들은 views 네임스페이스에 대응되는 레인지 어댑터를 가집니다. 이들 어댑터는 파이프처럼 다음과 같이 비트 OR(|) 연산자와 사용됩니다:

```
vector<int> vi { 0, 1, 2, 3, 4, 5 };
auto tview = vi | views::take(2);
for(int i : tview) {
    cout << i << " ";
}
cout << "\n";
```

```
0 1
```

예상대로 | 연산자는 좌에서 우 방향으로 평가됩니다. 또한, 레인지 어댑터의 결과는 또 다른 레인지이므로 이러한 어댑터 표현식은 연쇄적으로 사용할 수 있습니다:

```
vector<int> vi { 0, 1, 2, 3, 4, 5, 6, 7, 8, 9 };
auto tview = vi | views::reverse | views::take(5);
for(int i : tview) {
    cout << i << " ";
}
cout << "\n";
```

```
9 8 7 6 5
```

라이브러리에는 filter 뷰가 있으며 이것은 서술과 함께 사용되는 단순한 필터를 정의합니다:

```
vector<int> vi { 0, 1, 2, 3, 4, 5, 6, 7, 8, 9 };
auto even = [](long i) { return 0 == i % 2; };
auto tview = vi | views::filter(even);
```

```
0 2 4 6 8
```

또한 transform 뷰는 결과를 변형하는 변형 함수와 함께 사용됩니다:

```
vector<int> vi { 0, 1, 2, 3, 4, 5, 6, 7, 8, 9 };
auto even = [](int i) { return 0 == i % 2; };
auto x2 = [](auto i) { return i * 2; };
auto tview = vi | views::filter(even) | views::transform(x2);
```

```
0 4 8 12 16
```

라이브러리는 상당히 유용한 뷰와 뷰 어댑터들을 제공합니다. 선호하는 참고 사이트를 방문하거나 (https://j.bw.org/ranges)에서 전체 목록을 참조하세요.

There's more...

C++20부터 〈algorithms〉 헤더에 있는 대부분의 알고리즘은 레인지를 사용한 버전들을 포함합니다. 이러한 버전들은 여전히 〈algorithm〉 헤더에 있지만, 네임스페이스는 std::ranges이며, 이를 통해 기존 알고리즘과 구별됩니다.

예를 들어 두 반복자를 인자로 받는 알고리즘을 호출하는 아래의 코드를 봅시다:

```
sort(v.begin(), v.end());
```

이제 레인지로 동일한 알고리즘을 호출할 수 있습니다:

```
ranges::sort(v);
```

이것이 확실히 더 편리하지만, 실제로 어떤 도움이 될까요?

여러분이 벡터 일부를 정렬하는 경우 옛날 방식의 코드는 다음과 같습니다:

```
sort(v.begin() + 5, v.end());
```

이렇게 하면 벡터의 요소가 처음 5번째 이후부터 정렬됩니다. 레인지 버전에서 뷰를 사용하면 처음 5개의 요소를 건너뛸 수 있습니다:

```
ranges::sort(views::drop(v, 5));
```

다음은 뷰들을 결합하는 예제입니다:

```
ranges::sort(views::drop(views::reverse(v), 5));
```

실제로 레인지 어댑터들을 ranges::sort에 대한 인수로 사용할 수도 있습니다:

```
ranges::sort(v | views::reverse | views::drop(5));
```

반대로 전통적인 sort 알고리즘과 벡터 반복자로 구현하면 다음과 같습니다:

```
sort(v.rbegin() + 5, v.rend());
```

이는 더 짧고, 이해할 수 없는 것도 아니지만 필자는 레인지 어댑터 버전이 훨씬 더 직관적이라고 생각합니다.

레인지로 제약 조건을 걸 수 있는 알고리즘의 전체 목록은 cppreference 사이트(https://j.bw.org/algoranges)에서 찾을 수 있습니다.

이 레시피에서 우리는 레인지와 뷰에 대해 겉핥기 정도만 다루었습니다. 이 기능은 여러 팀이 10년이 넘는 기간 동안 작업한 결과물이며, 필자는 이것이 STL에서 컨테이너를 사용하는 방식에 근본적인 변화를 가져올 것으로 기대합니다.

2장

일반적인 STL 기능

C++

이 장에서는 STL 기능과 기법에 대한 일반적인 내용을 소개합니다. 대부분 최근 도입된 새로운 기능으로 아직 널리 사용되지는 않은 듯하지만, 여러분의 코드의 단순성과 가독성을 향상시켜줄 유용한 기술들입니다.

이 장에서는 다음과 같은 레시피를 다룹니다.

- 새로운 span 클래스를 사용하여 C 배열을 안전하게 만들기
- 구조적 바인딩을 사용하여 다수의 값 반환하기
- if와 switch문 안에서 변수 초기화하기
- 템플릿 인수 추론을 사용하여 단순성과 명확성 높이기
- if constexpr 문을 사용하여 컴파일 타임 결정 단순화하기

예제 코드

이 장의 코드는 아래 깃허브 사이트에서 찾을 수 있습니다.

- https://github.com/Youngjin-com/CPP-STL/tree/main/chap02

새로운 span 클래스를 사용하여 C 배열을 안전하게 만들기

예제 파일: chap02/span.cpp

C++20에 새로 도입된 std::span 클래스는 연속적인 객체의 뷰를 생성하는 단순한 래퍼입니다. span은 그 자체로 데이터를 가지지 않으며 하위 데이터를 참조합니다. C 배열을 위한 string_view처럼 생각하면 됩니다. 하위 자료 구조는 C 배열, 벡터 혹은 STL array를 지원합니다.

How to do it...

여러분은 호환되는 연속된 메모리 공간을 갖는 구조로부터 span을 생성할 수 있습니다. 가장 일반적인 사용 사례는 C 배열에 관한 것입니다. 예를 들어 C 배열을 어떤 함수에 직접 넘기면

그 배열은 포인터로 강등되고 함수에서 배열의 크기를 쉽게 알 방법이 없습니다:

```
void parray(int * a);   // 크기 정보를 상실
```

만약 span 인자로 함수를 정의하는 경우 동일하게 C 배열을 넘기면 span으로 승격됩니다. 다음은 span을 받아 요소의 크기와 바이트 수를 출력하는 템플릿 함수입니다:

```
template<typename T>
void pspan(span<T> s) {
    cout << format("number of elements: {}\n", s.size());
    cout << format("size of span: {}\n", s.size_bytes());
    for(auto e : s) cout << format("{} ", e);
    cout << "\n";
}
```

C 배열을 이 함수에 넘기면 자동적으로 span으로 승격됩니다:

```
int main() {
    int carray[] { 1, 2, 3, 4, 5, 6, 7, 8, 9, 10 };
    pspan<int>(carray);
}
```

```
number of elements: 10
number of bytes: 40
1 2 3 4 5 6 7 8 9 10
```

span의 목적은 원시 데이터를 캡슐화하여 최소한의 오버헤드로 안전함과 편리함을 제공하는 것입니다.

How it works...

span 클래스는 그 자체로 데이터를 소유하지 않으며 하위 자료 구조를 사용합니다. span은 본질적으로 하위 데이터에 대한 뷰입니다. 또한 유용한 멤버 함수도 제공합니다.

〈span〉 헤더에 정의되어 있으며 span 클래스의 내부는 다음과 같습니다:

```
template<typename T, size_t Extent = std::dynamic_extent>
class span {
    T * data;
    size_t count;
public:
    ...
};
```

Extent 인자는 constexpr size_t 타입의 상수로 컴파일 타임에 계산됩니다. 하위 데이터 요소의 개수나 가변적인 크기를 나타내는 std::dynamic_extent[1] 상수입니다. 이를 통해 span은 항상 동일한 크기가 아닌, 벡터와 같은 자료 구조를 사용할 수 있습니다.

모든 멤버 함수는 constexpr과 const로 한정됩니다. 멤버 함수는 다음과 같습니다.

퍼블릭 멤버 함수	반환 값
T& front()	첫 번째 요소
T& back()	마지막 요소
T& operator[]	인덱스 요소
T* data()	배열의 시작을 가리키는 포인터
iterator begin()	첫 번째 요소에 대한 반복자
iterator end()	마지막 요소 다음의 반복자
iterator rbegin()	첫 번째 요소에 대한 역순 반복자
iterator rend()	마지막 요소 다음의 역순 반복자
size_t size()	배열의 요소 개수
size_t size_bytes()	배열의 바이트 크기
bool empty()	비어있으면 true
span⟨T⟩ first⟨count⟩() span⟨T⟩ first(count)	배열의 첫 count개의 요소를 포함하는 하위 span
span⟨T⟩ last⟨count⟩() span⟨T⟩ last(count)	배열의 마지막 count개의 요소를 포함하는 하위 span을 반환
span⟨T⟩ subspan(offset, count)	offset으로 시작하는 count개의 요소를 포함하는 하위 span을 반환

---

1 **(역자 주)** cppreference 사이트에 따르면 그 값은 −1 입니다.

구조적 바인딩을 사용하여 다수의 값 반환하기

예제 파일: chap02/structured-binding.cpp

구조적 바인딩(structured binding)은 구조에 있는 값을 별도의 변수로 쉽게 언팩 해주어 코드의 가독성을 개선합니다.

구조적 바인딩을 사용하면 다음과 같이 멤버 값을 변수에 직접 할당할 수 있습니다:

```
things_pair<int,int> { 47, 9 };
auto [this, that] = things_pair;
cout << format("{} {}\n", this, that);
```

47 9

How to do it...

• 구조적 바인딩은 pair, tuple, array, struct를 지원하며 C++20부터 bit 필드도 포함합니다. 다음은 C 배열을 사용하는 예입니다:

```
int nums[] { 1, 2, 3, 4, 5 };
auto [ a, b, c, d, e ] = nums;
cout << format("{} {} {} {} {}\n", a, b, c, d, e);
```

1 2 3 4 5

구조적 바인딩이 자동 타입 추론(automatic type deduction)을 사용하기 때문에 타입은 반드시 auto가 되어야 합니다. 개별 변수들의 이름은 [a, b, c, d, e]와 같이 대괄호 안에 넣습니다. 이 예에서 int 형의 C 배열인 nums는 다섯 개의 값을 포함합니다. 다섯 값은 구조적 바인딩을 통해 a, b, c, d, e 변수에 할당되었습니다.

- 이는 STL array 객체에서도 작동합니다:

```
array<int,5> nums { 1, 2, 3, 4, 5 };
auto [ a, b, c, d, e ] = nums;
cout << format("{} {} {} {} {}\n", a, b, c, d, e);
```

```
1 2 3 4 5
```

- 혹은 tuple로 사용할 수 있습니다:

```
tuple<int, double, string> nums{ 1, 2.7, "three" };
auto [ a, b, c ] = nums;
cout << format("{} {} {}\n", a, b, c);
```

```
1 2.7 three
```

- struct의 경우 구조체에 변수가 정의된 순서대로 할당됩니다:

```
struct Things { int i{}; double d{}; string s{}; };
Things nums{ 1, 2.7, "three" };
auto [ a, b, c ] = nums;
cout << format("{} {} {}\n", a, b, c);
```

```
1 2.7 three
```

- 구조적 바인딩을 참조로도 사용할 수 있습니다. 이를 통해 연결된 컨테이너에 있는 값을 수정하고 데이터 중복을 피할 수 있습니다:

```
array<int,5> nums { 1, 2, 3, 4, 5 };
auto& [ a, b, c, d, e ] = nums;
cout << format("{} {}\n", nums[2], c);
c = 47;
cout << format("{} {}\n", nums[2], c);
```

출력

```
3 3
47 47
```

변수들이 참조로 연결되어 있기 때문에 변수 c에 값을 할당하면 배열에 있는 값(nums[2]) 까지 함께 변경됩니다.

• 배열에 const를 선언하면 값의 변경을 막을 수 있습니다:

```
const array<int,5> nums { 1, 2, 3, 4, 5 };
auto& [ a, b, c, d, e ] = nums;
c = 47; // 이것은 오류
```

또는 동일한 효과를 위해 바인딩을 const로 선언할 수 있으며, 배열이 다른 곳에서 변경되도록 허용하면서도 데이터 복사를 피할 수 있습니다:

```
array<int,5> nums { 1, 2, 3, 4, 5 };
const auto& [ a, b, c, d, e ] = nums;
c = 47; // 이것 또한 오류
```

How it works...

구조적 바인딩은 자동 타입 추론을 사용하여 자료 구조의 값을 변수들에 언팩 합니다. 각 값의 타입을 독립적으로 결정하며 대응되는 타입에 변수별로 할당합니다.

• 구조적 바인딩이 자동 타입 추론을 사용하기 때문에 바인딩을 위한 타입을 지정할 수는 없으며 반드시 auto를 사용해야 합니다. 만약 바인딩에 타입 지정을 시도하면, 적절한 오류 메시지가 발생하게 됩니다:

```
array<int,5> nums { 1, 2, 3, 4, 5 };
int [ a, b, c, d, e ] = nums;
```

출력

```
error: structured binding declaration cannot have type
'int'
note: type must be cv-qualified 'auto' or reference to
cv-qualified 'auto'
```

해당 오류는 GCC 컴파일러에서 나왔으며 구조적 바인딩에 int 타입을 사용하면 발생합니다.

- 구조적 바인딩은 함수의 반환 타입에 사용하는 것이 일반적입니다:

```cpp
struct div_result {
    long quo;
    long rem;
};

div_result int_div(const long & num, const long & denom)
{
    struct div_result r{};
    r.quo = num / denom;
    r.rem = num % denom;
    return r;
}

int main() {
    auto [quo, rem] = int_div(47, 5);
    cout << format("quotient: {}, remainder {}\n", quo, rem);
}
```

출력

```
quotient: 9, remainder 2
```

- map 컨테이너 클래스는 각 요소의 쌍을 반환하기 때문에 구조적 바인딩을 사용하면 키/값 쌍을 편리하게 가져올 수 있습니다:

```cpp
map<string, uint64_t> inhabitants {
    { "humans", 7000000000 },
    { "pokemon", 17863376 },
    { "klingons", 24246291 },
    { "cats", 1086881528 }
};

// 콤마 추가
string make_commas(const uint64_t num) {
    string s{ std::to_string(num) };
    for(int l = s.length() - 3; l > 0; l -= 3) {
```

```
            s.insert(l, ",");
        }
        return s;
    }

    int main() {
        for(const auto & [creature, pop] : inhabitants) {
            cout << format("there are {} {}\n", make_commas(pop), creature);
        }
    }
```

```
there are 1,086,881,528 cats
there are 7,000,000,000 humans
there are 24,246,291 klingons
there are 17,863,376 pokemon
```

구조적 바인딩을 사용하여 자료 구조의 값을 언팩하면 코드가 깨끗해지고 유지 보수성이 좋아집니다.

if와 switch문 안에서 변수 초기화하기

C++17을 시작으로 if와 switch문은 C언어 C99의 for문처럼 변수 초기화 문법이 추가되었습니다. 이를 통해 조건 안에서 사용된 변수의 범위(scope)를 제한할 수 있습니다.

How to do it...

여러분은 아마 다음과 같은 코드에 익숙할 것입니다:

```
const string artist{ "Jimi Hendrix" };
size_t pos{ artist.find("Jimi") };
if(pos ≠ string::npos) {
    cout << "found\n";
} else {
```

```
    cout << "not found\n";
}
```

여기에는 pos 변수가 조건문 범위 밖으로 노출되어 관리가 필요하며, 동일한 심볼을 사용하게 되면 충돌이 발생합니다.

이제 if 조건 안으로 초기화 표현식을 넣을 수 있습니다:

```
if(size_t pos{ artist.find("Jimi") }; pos ≠ string::npos) {
    cout << "found\n";
} else {
    cout << "not found\n";
}
```

이제 pos 변수의 범위는 조건문 안으로 한정되어 여러분의 네임스페이스가 깨끗해지고 유지 보수성이 높아집니다.

How it works...

초기화 표현식은 if 혹은 switch문에서 사용될 수 있으며 예제는 다음과 같습니다.

- if문에서 사용된 초기화 표현식:

```
if(auto var{ init_value }; condition) {
    // var 변수 사용 가능
} else {
    // var 변수 사용 가능
}
    // var 변수 사용 불가
```

초기화 표현식에서 정의된 변수는 if문 전체에서 사용될 수 있으며 else 절을 포함합니다. if문의 범위를 벗어나면 변수는 더 이상 사용할 수 없으며 관련된 소멸자가 호출됩니다.

- switch문에서 사용된 초기화 표현식:

```
switch(auto var{ init_value }; var) {
case 1: ...
```

```
    case 2: ...
    case 3: ...
    ...
    Default: ...
    }
    // var 변수 사용 불가
```

초기화 표현식에서 정의된 변수는 switch문 전체에서 사용될 수 있으며 모든 case절과 default절을 포함합니다. switch문의 범위를 벗어나면 해당 변수는 더 이상 사용할 수 없으며 관련 소멸자가 호출됩니다.

There's more...

한 가지 흥미로운 사용 예시는 뮤텍스(mutex)를 잠그는 lock_guard의 범위를 제한하는 것입니다. 초기화 표현식을 사용하여 단순하게 만들 수 있습니다:

```
if (lock_guard<mutex> lg{ my_mutex }; condition) {
    // 여기서 흥미로운 일들이 일어납니다.
}
```

lock_guard는 생성자에서 뮤텍스를 잠그고 소멸자에서 잠금을 해제합니다. 이제 lock_guard는 if문의 범위를 벗어날 때 자동으로 해제될 것입니다. 과거에는 직접 delete 하거나 별도의 중괄호 블록을 감싸서 닫아 주었습니다.

또 다른 예시는 SQLite 같이 출력 인자를 사용하는 레거시 인터페이스를 사용하는 것입니다:

```
if(
    sqlite3_stmt** stmt,
    auto rc = sqlite3_prepare_v2(db, sql, -1, &_stmt, nullptr);
    !rc) {
        // SQL 작업 수행
} else {
    // 오류 처리하기
    // 오류 코드 사용
  return 0;
}
```

여기서 SQL문 핸들과 오류 코드를 if문 범위 안으로 지역화할 수 있습니다. 그렇지 않으면 이 객체들을 전역으로 관리해야 합니다.

초기화 표현식을 사용하면 코드가 더욱 간결하고 읽기 쉬워집니다. 코드 리팩터링 및 관리도 더 쉬워질 것입니다.

템플릿 인수 추론을 사용하여 단순성과 명확성 높이기

예제 파일: chap02/template-deduction.cpp

템플릿 인수 추론은 템플릿 함수나 클래스 템플릿 생성자(C++17 부터 도입)의 인수의 타입이 충분히 명확하여 템플릿 인수를 사용하지 않고도 컴파일러가 이를 이해할 수 있을 때 발생합니다. 이 기능에는 몇 가지 규칙이 있지만, 대부분 직관적입니다.

How to do it...

일반적으로 템플릿 인수 추론은 템플릿을 명확하게 호환되는 인수와 함께 사용할 때 자동으로 발생합니다. 몇 가지 예제를 살펴보겠습니다.

• 함수 템플릿에서 인수 추론은 보통 다음과 같은 형태입니다:

```
template<typename T>
const char * f(const T a) {
    return typeid(T).name();
}
int main() {
    cout << format("T is {}\n", f(47));
    cout << format("T is {}\n", f(47L));
    cout << format("T is {}\n", f(47.0));
    cout << format("T is {}\n", f("47"));
    cout << format("T is {}\n", f("47"s));
}
```

출력

```
T is int
T is long
```

```
T is double
T is char const *
T is class std::basic_string<char...
```

타입이 쉽게 구분될 수 있으므로 함수 호출에서 f⟨int⟩(47) 같이 명시적으로 템플릿 인자를 지정할 필요가 없습니다. 컴파일러는 인수로부터 ⟨int⟩ 타입을 추론할 수 있습니다.

> **Note** 위 출력은 컴파일러에 따라 의미 있는 약어로 출력되기도 합니다. 예를 들면 int는 i로, const char* 를 PKc 등으로 표현합니다.

• 다수의 템플릿 인자들에 대해서도 잘 동작합니다:

```
template<typename T1, typename T2>
string f(const T1 a, const T2 b) {
    return format("{} {}", typeid(T1).name(),
        typeid(T2).name());
}

int main() {
cout << format("T1 T2: {}\n", f(47, 47L));
cout << format("T1 T2: {}\n", f(47L, 47.0));
cout << format("T1 T2: {}\n", f(47.0, "47"));
}
```

출력
```
T1 T2: int long
T1 T2: long double
T1 T2: double char const *
```

여기에서 컴파일러는 T1과 T2의 타입을 모두 추론하였습니다.

• 타입들은 템플릿과 호환되어야 합니다. 예를 들어 리터럴을 참조로 추론할 수는 없습니다:

```
template<typename T>
const char * f(const T& a) {
    return typeid(T).name();
}
```

```cpp
int main() {
    int x{47};
    f(47); // 컴파일 오류 발생
    f(x);  // 추론 가능
}
```

- C++17부터 클래스에 대한 템플릿 인자 추론이 가능하며, 다음과 같이 활용할 수 있습니다:

```cpp
pair p(47, 47.0);     // pair<int, double>로 추론됨
tuple t(9, 17, 2.5); // tuple<int, int, double>로 추론됨
```

이제 이러한 클래스를 명시적인 템플릿 인자 없이 직접 초기화할 수 있으므로 std::make_pair() 및 std::make_tuple()의 필요성이 사라집니다. std::make_* 헬퍼 함수들은 이전 버전과의 하위 호환성을 위해 계속 제공됩니다.

How it works...

작동 방식을 확인할 수 있도록 클래스를 정의해 봅시다:

```cpp
template<typename T1, typename T2, typename T3>
class Thing {
    T1 v1{};
    T2 v2{};
    T3 v3{};
public:
    explicit Thing(T1 p1, T2 p2, T3 p3)
    : v1{p1}, v2{p2}, v3{p3} {}

    string print() {
        return format("{}, {}, {}\n",
            typeid(v1).name(),
            typeid(v2).name(),
            typeid(v3).name()
        );
    }
};
```

이것은 세 가지 타입과 이에 대응하는 세 개의 데이터 멤버를 가진 템플릿 클래스입니다. print() 함수는 세 타입의 이름을 서식화한 문자열로 반환합니다.

템플릿 인자 추론이 없다면 타입 객체의 인스턴스를 만들 때 다음과 같이 작성해야 합니다:

```
Things<int, double, string> thing1{1, 47.0, "three" }
```

이제 이렇게 할 수 있습니다:

```
Things thing1{1, 47.0, "three" }
```

이 방식이 더 단순하고 오류 발생 가능성이 적습니다.

thing1 객체에서 print() 함수를 호출하면 다음과 같은 결과가 출력됩니다:

```
cout << thing1.print();
```

```
int, double, char const *
```

물론 컴파일러에 따라 일부 다른 결과가 출력될 수도 있습니다.

C++17 이전에는 템플릿 인자 추론이 클래스에 적용되지 않았습니다. 따라서 헬퍼 함수를 만들면 내용은 다음과 비슷할 것입니다:

```
template<typename T1, typename T2, typename T3>
Things<T1, T2, T3> make_things(T1 p1, T2 p2, T3 p3) {
    return Things<T1, T2, T3>(p1, p2, p3);
}
...
auto thing1(make_things(1, 47.0, "three"));
cout << thing1.print();
```

```
int, double, char const *
```

STL은 make_pair()와 make_tuple() 같은 몇 가지 헬퍼 함수가 포함되어 있습니다. 이러한 함수들은 이제 구식이 되었고 레거시 코드를 위한 호환성 차원에서만 유지될 것입니다.

There's more...

파라미터 팩이 포함된 생성자의 사례를 봅시다:

```
template <typename T>
class Sum {
    T v{};
public:
    template <typename ... Ts>
    Sum(Ts&& ... values) : v{ (values + ...) } {}
    const T& value() const { return v; }
};
```

생성자에 있는 폴드 표현식(fold expression)인 (values + ...)을 주목하세요. 이것은 C++17 기능으로 파라미터 팩의 모든 멤버에 이 연산자를 적용합니다. 이 경우 파라미터 팩의 모든 값을 합하여 v 변수를 초기화합니다.

이 클래스의 생성자는 임의의 개수의 인자를 받으며, 각 인자는 서로 다른 클래스일 수 있습니다. 예를 들어 다음과 같이 호출합니다:

```
Sum s1 { 1u, 2.0, 3, 4.0f }; // unsigned, double, int, float
Sum s2 { "abc"s, "def" };    // std::sring, C 문자열
```

물론 이것은 컴파일 되지 않습니다. 템플릿 인수 추론이 서로 다른 매개변수에 대해 공통 타입을 찾는 데 실패합니다. 그 결과 다음과 같은 오류가 발생합니다:

```
cannot deduce template arguments for 'Sum'
```

이것을 해결하려면 템플릿 추론 가이드(template deduction guide)가 있어야 합니다. 추론 가이드는 컴파일러가 복잡한 추론을 할 때, 도움을 주는 헬퍼 패턴입니다. 생성자를 위한 가이드는 다음과 같습니다:

```
template <typename ... Ts>
Sum(Ts&& ... ts) → Sum<std::common_type_t<Ts ... >>;
```

이제 컴파일러에게 std::commont_type_t라는 특성(trait)을 사용하도록 지시하였고, 컴파일러는 팩에 있는 모든 인자들에 대한 공통 타입을 찾으려고 시도합니다. 이제 인수 추론이 작동하며, 선택된 타입을 확인할 수 있습니다:

```cpp
Sum s1 { 1u, 2.0, 3, 4.0f }; // unsigned, double, int, float
Sum s2 { "abc"s, "def" };    // std::string, C 문자열
auto v1 = s1.value();
auto v2 = s2.value();
cout << format("s1 is {} {}, s2 is {} {}",
        typeid(v1).name(), v1, typeid(v2).name(), v2);
```

출력

```
s1 is double 10, s2 is class std::string abcdef
```

if constexpr 문을 사용하여 컴파일 타임 결정 단순화하기

예제 파일: chap02/constexpr-if.cpp

if constexpr (조건) 문은 컴파일 타임 조건에 따라 코드가 실행될 필요가 있을 때 사용됩니다. 조건은 bool 타입의 임의의 constexpr 표현식이 될 수 있습니다.

How to do it...

템플릿 인자의 타입에 따라 서로 다르게 동작할 필요가 있는 템플릿 함수를 가정합니다:

```cpp
template<typename T>
auto value_of(const T v) {
    if constexpr (std::is_pointer_v<T>) {
        return *v; // 포인터를 역참조
    } else {
        return v;  // 값을 반환
    }
}
```

```
int main() {
    int x{47};
    int* y{&x};
    cout << format("value is {}\n", value_of(x)); // 값
    cout << format("value is {}\n", value_of(y)); // 포인터
    return 0;
}
```

```
value is 47
value is 47
```

템플릿 인자 T의 타입은 컴파일 타임에 사용 가능합니다. if constexpr 문을 사용하면 코드에서 포인터와 값을 쉽게 구별할 수 있습니다.

How it works...

if constexpr 문은 정상적인 if문처럼 동작하지만 **컴파일 타임**에 평가된다는 차이가 있습니다. **런타임 코드**에는 if constexpr 문에서 발생하는 분기문이 포함되지 않습니다. 위에서 언급한 분기문을 살펴보겠습니다:

```
if constexpr (std::is_pointer_v<T>) {
    return *v; // 포인터 역참조
} else {
    return v;  // 값을 반환
}
```

조건 is_pointer_v<T>는 런타임에서 사용 불가한 템플릿 인자를 검사합니다. constexpr 키워드는 템플릿 인자 <T>가 사용 가능하다면 컴파일러에게 if문이 컴파일 타임에 평가되어야 함을 알립니다.

이 기능은 많은 메타 프로그래밍 상황을 훨씬 쉽게 만듭니다. if constexpr 문은 C++17 이후 버전부터 사용할 수 있습니다.

3장

STL 컨테이너

C++

이 장에서는 STL의 컨테이너 클래스에 집중합니다. 간단히 말해, 컨테이너는 다른 객체 혹은 요소의 모음을 포함하는 객체입니다. STL은 STL 자체의 기반을 형성하는 다양한 컨테이너 타입들을 제공합니다.

STL 컨테이너 타입에 대한 빠른 개요

STL은 순차 컨테이너(sequential containers), 연관 컨테이너(associative containers), 컨테이너 어댑터(container adapters)를 포함하는 컨테이너 타입에 대한 포괄적인 세트를 제공합니다.

순차 컨테이너

순차 컨테이너는 요소들이 순차적으로 배열된 인터페이스를 제공합니다. 요소들을 순차적으로 사용할 수 있지만, 일부 컨테이너는 연속된 공간(contiguous storage)을 사용하고, 일부는 그렇지 않습니다. STL에 포함된 순차 컨테이너는 다음과 같습니다.

- array는 고정 크기의 컨테이너로 특정한 개수의 요소들이 연속된 공간에 저장됩니다. 한번 할당되면 크기를 변경할 수 없습니다. 가장 단순하고 빠른 연속된 공간 컨테이너입니다.
- vector는 크기를 줄이고 늘릴 수 있는 배열과 같습니다. 요소들은 연속된 공간에 저장되며, 크기를 변경하면 메모리 할당과 데이터 이동에 따른 비용이 발생할 수 있습니다. 벡터는 이러한 비용을 최소화하기 위해 여분의 공간을 확보합니다. 벡터의 마지막이 아닌 다른 위치에 데이터를 넣거나 제거하면 연속된 공간을 유지하기 위해 요소들의 재배열이 발생합니다.
- list는 요소를 상수 시간(O(1)) 안에 삽입하고 삭제할 수 있는 이중 연결 리스트 구조입니다. 그러나 리스트를 순회할 때는 선형 시간(O(n))이 듭니다. forward_list라는 단일 연결 리스트 변형도 제공되며, 이는 오직 앞으로만 반복자를 순회할 수 있습니다. forward_list는 더 적은 공간을 사용하며 이중 연결 리스트보다 약간 더 효율적이지만, 일부 기능은 제공하지 않습니다.
- deque(덱으로 발음함)은 양방향 큐(queue)로 양쪽 끝에서 확장 및 축소가 가능한 이중 끝(double-ended) 큐입니다. 덱은 벡터처럼 임의 접근을 허용하지만 연속된 공간을 보장하지 않습니다.

연관 컨테이너

연관 컨테이너는 각 요소에 키를 가지고 있습니다. 요소는 컨테이너에서 위치가 아닌, 키로 참조됩니다. STL 연관 컨테이너는 다음과 같습니다.

- set은 각 요소가 스스로 키 역할을 하는 연관 컨테이너입니다. 요소들은 일종의 이진 트리로 정렬됩니다. set에 있는 요소들은 불변(immutable)으로 변경할 수 없지만 삽입하거나 제거할 수 있습니다. set의 요소는 고유하며 중복은 허용되지 않습니다. set은 정렬 연산자에 따라 순서대로 반복됩니다.
- multiset은 중복을 허용하는 set과 같습니다.
- unordered_set은 순서대로 반복하지 않는 set과 같습니다. 요소들은 특정 순서로 정렬되지 않고, 빠른 접근을 위해 해시 값으로 정렬됩니다.
- unordered_multiset은 중복 키를 허용하는 unordered_set과 같습니다.
- map은 키-값 쌍으로 이루어진 연관 컨테이너로 각 키는 특정 값(혹은 페이로드)에 매핑됩니다. 키와 값의 타입은 서로 다를 수 있으며 키는 고유하지만 값은 그렇지 않습니다. 맵의 반복자는 키의 정렬 연산자에 따라 순서대로 반복됩니다.
- multimap은 중복 키를 허용하는 map과 같습니다.
- unordered_map은 반복자가 순서를 따르지 않는 map과 같습니다.
- unordered_multimap은 중복 키를 허용하는 unordered_map과 같습니다.

컨테이너 어댑터

컨테이너 어댑터는 하위 컨테이너를 캡슐화하는 클래스입니다. 컨테이너 클래스는 하위 컨테이너의 요소에 접근하는 특정 멤버 함수들의 집합을 제공합니다. STL이 제공하는 컨테이너 어댑터는 다음과 같습니다.

- stack은 LIFO(Last-In, First-Out) 인터페이스를 제공하며, 컨테이너의 한쪽 끝에서만 요소를 추가하거나 제거할 수 있습니다. 하위 컨테이너는 vector, deque, list 중에 하나를 특정할 수 있으며, 기본값은 deque입니다.
- queue는 FIFO(First-In, First-Out) 인터페이스를 제공하며, 컨테이너의 한쪽 끝에서 요소를 추가하고 다른 쪽 끝에서 요소를 제거할 수 있습니다. 하위 컨테이너는 deque 또는 list이며, 하위 컨테이너를 특정하지 않으면 기본값은 deque입니다.

- priority_queue는 strict weak ordering[1]에 따라 가장 큰 요소를 맨 위에 유지합니다. 가장 큰 요소에 대해 상수 시간 조회를 제공하며, 삽입과 제거는 로그 시간에 수행됩니다. 하위 컨테이너는 vector 또는 deque 이며 기본값은 vector입니다.

이 장에서는 다음과 같은 레시피를 다룹니다.

- 단일 제거 함수를 사용하여 컨테이너의 값 제거하기
- 정렬되지 않은 벡터에서 상수 시간으로 값 제거하기
- 벡터의 요소에 직접적이고 안전하게 접근하기
- 벡터의 요소 정렬 유지하기
- 맵에 요소를 효율적으로 삽입하기
- 맵 항목의 키를 효율적으로 변경하기
- unordered_map에 사용자 정의 타입의 키 사용하기
- set으로 사용자 입력을 정렬하고 필터링하기
- deque으로 단순한 RPN 계산기 만들기
- map으로 단어 빈도수 계산기 만들기
- 벡터의 벡터로 긴 문장 찾기
- multimap으로 작업 목록 만들기

예제 코드

이 장의 코드는 아래 깃허브 사이트에서 찾을 수 있습니다.

- https://github.com/Youngjin-com/CPP-STL/tree/main/chap03

---

1   **(역자 주)** strict weak ordering은 수학의 순서론에서 어떤 값들에 대해 대소 관계를 규정할 때 모순이 발생할 수 있는 상황과 그런 상황을 방지하기 위해 지켜야 하는 규칙을 다룹니다.

단일 제거 함수를 사용하여 컨테이너의 값 제거하기

예제 파일: chap03/uniform-erasure.cpp

C++20 이전에는 STL 컨테이너에서 효율적인 요소의 삭제를 위해 erase-remove 관용구가 일반적으로 사용되었습니다. 다소 번거롭지만 큰 부담은 아니어서 다음 예제와 같이 하나의 함수로 만들어 쓰곤 했습니다:

```
template<typename Tc, typename Tv>
void remove_value(Tc & c, const Tv v) {
    auto remove_it = std::remove(c.begin(), c.end(), v);
    c.erase(remove_it, c.end());
}
```

std::remove() 함수는 〈algorithms〉 헤더에 있으며 컨테이너에서 특정 값을 찾아 제거하고 그 뒤 요소들을 하나씩 당깁니다. 이때 컨테이너 크기는 변경되지 않습니다. 이 함수는 이동된 범위의 끝을 가리키는 반복자를 반환합니다. 그다음 컨테이너의 erase() 함수를 호출하여 남은 값들을 제거합니다.

이제 새로운 단일 삭제 함수를 사용하면 이 두 단계 과정이 한 단계로 줄어듭니다:

```
std::erase(c, 5);  // remove_value() 함수와 같은 기능
```

이 한 번의 함수 호출로, 앞서 작성한 remove_value() 함수와 동일한 작업을 수행합니다. 또한 서술 함수 버전도 있습니다. 예를 들어 수치가 저장된 컨테이너에서 모든 짝수를 제거하려면 다음과 같이 사용할 수 있습니다:

```
std::erase_if(c, [](auto x) { return x % 2 == 0; });
```

이제 단일 제거 함수를 좀 더 자세히 살펴봅시다.

How to do it...

단일 제거 함수는 두 가지 형태가 있습니다. 첫 번째 형태인 erase()는 컨테이너와 값을 매개변수로 받습니다:

```
erase(container, value);
```

컨테이너는 array를 제외한 모든 순차 컨테이너(vector, list, forward_list, deque)가 될 수 있습니다. array는 크기를 변경할 수 없기 때문입니다.

두 번째 형태는 erase_if()로 인자는 컨테이너와 서술 함수입니다:

```
erase_if(container, predicate);
```

이 형태는 erase() 함수를 호출할 수 있는 모든 컨테이너뿐만 아니라, 연관 컨테이너(set, map) 및 그들의 다중 키(multi-key)와 비정렬(unordered) 변형에서도 작동합니다.

erase()와 erase_if() 함수는 특정 컨테이너 클래스의 멤버 함수로 정의되지 않았기 때문에 다른 헤더를 추가할 필요가 없습니다. 예제들을 봅시다.

• 먼저 순차 컨테이너의 크기와 요소를 출력하는 단순한 함수를 정의합니다:

```
void printc(auto & r) {
    cout << format("size: {}: ", r.size());
    for( auto & e : r ) cout << format("{} ", e);
    cout << "\n";
}
```

printc() 함수는 C++20 format() 함수를 사용하여 문자열을 서식화하고 cout을 호출합니다.

• 10개의 정수 요소를 갖는 vector가 있으며 printc() 함수를 호출합니다:

```
vector v{ 0, 1, 2, 3, 4, 5, 6, 7, 8, 9 };
printc(v);
```

`출력`

```
size: 10: 0 1 2 3 4 5 6 7 8 9
```

벡터에는 10개의 요소가 있습니다. 이제 erase() 함수를 호출하여 5라는 값을 가진 모든 요소를 제거합니다:

```
erase(v, 5);
printc(v);
```

```
size: 9: 0 1 2 3 4 6 7 8 9
```

std::erase() 함수의 vector 버전은 〈vector〉 헤더에 정의되어 있습니다. erase()가 호출되면 값이 5인 요소가 제거되고 벡터의 크기는 9가 됩니다.

• 이것은 list 컨테이너에서도 잘 동작합니다:

```
list l{ 0, 1, 2, 3, 4, 5, 6, 7, 8, 9 };
printc(l);
erase(l, 5);
printc(l);
```

```
size: 10: 0 1 2 3 4 5 6 7 8 9
size: 9: 0 1 2 3 4 6 7 8 9
```

std::erase() 함수의 list 버전은 〈list〉 헤더에 정의되어 있습니다. erase()가 호출되면 값이 5인 요소가 제거되고 리스트의 크기는 9가 됩니다.

• erase_if() 함수를 호출하면 간단한 서술 함수를 통해 모든 짝수 값들을 제거할 수 있습니다:

```
vector v{ 0, 1, 2, 3, 4, 5, 6, 7, 8, 9 };
printc(v);
erase_if(v, [](auto x) { return x % 2 == 0; });
printc(v);
```

```
size: 10: 0 1 2 3 4 5 6 7 8 9
size: 5: 1 3 5 7 9
```

• erase_if() 함수는 map과 같은 연관 컨테이너에서도 잘 동작합니다:

```
void print_assoc(auto& r) {
```

```
        cout << format("size: {}: ", r.size());
        for( auto& [k, v] : r ) cout << format("{}:{} ", k, v);
        cout << "\n";
}

int main() {
    map<int, string> m{ {1, "uno"}, {2, "dos"},
        {3, "tres"}, {4, "quatro"}, {5, "cinco"} };
    print_assoc(m);
    erase_if(m,
        [](auto& p) { auto& [k, v] = p;
        return k % 2 == 0; }
    );
    print_assoc(m);
}
```

```
size: 5: 1:uno 2:dos 3:tres 4:quatro 5:cinco
size: 3: 1:uno 3:tres 5:cinco
```

map의 각 요소가 쌍으로 반환되기 때문에, 이를 출력하기 위해 새로운 함수가 필요합니다. print_assoc() 함수는 쌍 요소를 for 반복문 안에서 구조적 바인딩을 사용하여 언팩합니다. erase_if()의 서술 함수에서도 구조적 바인딩을 통해 키값을 추출한 후, 짝수를 키로 갖는 값들을 필터링합니다.

How it works...

erase()와 erase_if() 함수는 erase-remove 관용구를 한 단계로 수행하는 간단한 래퍼입니다. 이 함수들은 다음의 함수가 수행하는 작업과 동일한 작업을 수행합니다:

```
template<typename Tc, typename Tv>
void remove_value(Tc & c, const Tv v) {
    auto remove_it = std::remove(c.begin(), c.end(), v);
    c.erase(remove_it, c.end());
}
```

int 타입의 간단한 벡터 vec에 다음과 같은 값이 있다고 가정해 봅시다:

```
vector vec{ 0, 1, 2, 3, 4, 5, 6, 7, 8, 9 };
```

vec는 int 값들의 한 줄 테이블로 시각화할 수 있습니다.

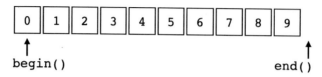

그림 3.1 begin( )과 end( ) 반복자

begin( ) 반복자는 첫 번째 요소를 가리키고 end( ) 반복자는 마지막 요소의 다음을 가리킵니다. 이러한 설정은 모든 STL 순차 컨테이너의 표준입니다.

remove(c.begin( ), c.end( ), 5)를 호출하면 알고리즘은 begin( ) 반복자부터 일치하는 요소들을 찾습니다. 매칭되는 요소가 나오면 다음 요소를 그 자리로 이동시킵니다. 이 과정을 end( ) 반복자에 도달할 때까지 계속합니다. 결과적으로 삭제된 요소가 제거되고 남은 요소들이 원래 순서를 유지한 채 컨테이너의 앞부분에 배치됩니다. end( ) 반복자는 변하지 않고 남은 요소들은 **미정의** 상태로 남습니다. 이러한 동작을 시각화하면 다음과 같습니다.

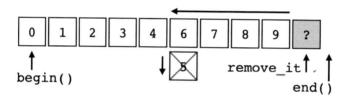

그림 3.2 한 요소를 지우기

remove( ) 함수는 이동된 요소들 바로 뒤의 첫 번째 요소를 가리키는 반복자(remove_it)를 반환합니다. end( ) 반복자는 remove( ) 작업 전과 동일하게 유지됩니다. 이를 더 명확히 설명하기 위해, remove_if( )를 사용하여 모든 짝수 요소를 제거한다면 결과는 다음과 같습니다.

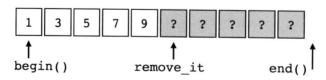

그림 3.3 모든 짝수를 제거한 후

이 경우, 남아 있는 값은 다섯 개의 홀수이며, 그다음 다섯 개의 요소는 미정의 값입니다.
컨테이너의 erase() 함수는 남은 값들을 모두 제거합니다:

```
c.erase(remove_it, c.end());
```

컨테이너의 erase() 함수가 호출될 때, remove_it과 end() 반복자를 인수로 받아 모든 미정의 요소를 삭제합니다.
C++20의 erase()와 erase_if() 함수는 remove() 함수와 컨테이너의 erase() 함수를 호출하여 한 번에 erase-remove 관용구를 수행합니다.

정렬되지 않은 벡터에서 상수 시간으로 값 제거하기

예제 파일: chap03/quick-delete.cpp

단일 제거 함수들(혹은 erase-remove 관용구)를 사용하여 벡터 중간에 있는 요소들을 제거하면 선형 시간(O(n))이 소요됩니다. 이는 삭제된 항목의 공백을 메우기 위해 벡터 끝에서부터 요소들을 이동해야 하기 때문입니다. 하지만 벡터에 있는 요소들의 순서가 중요하지 않다면 이절차를 상수 시간(O(1))으로 최적화할 수 있습니다. 어떻게 할 수 있는지 보시죠.

How to do it...

이 레시피는 벡터의 끝에서 요소를 제거하는 것이 빠르고 간단하다는 점을 활용합니다.

- 벡터의 내용을 출력하는 함수를 정의합니다:

```
void printc(auto & r) {
    cout << format("size({}) ", r.size());
    for( auto & e : r ) cout << format("{} ", e);
    cout << '\n';
}
```

- main() 함수에서는 int 타입의 벡터를 정의하고 printc() 함수를 호출하여 출력합니다:

```
int main() {
    vector v{ 0, 1, 2, 3, 4, 5, 6, 7, 8, 9 };
    printc(v);
}
```

```
size(10) 0 1 2 3 4 5 6 7 8 9
```

- 이제 벡터에서 하나의 요소를 제거하는 함수를 작성합니다:

```
template<typename T>
void quick_delete(T& v, size_t idx) {
    if (idx < v.size()) {
        v[idx] = move(v.back());
        v.pop_back();
    }
}
```

quick_delete() 함수는 두 개의 인수를 받습니다. 벡터 v와 인덱스 idx입니다. 먼저 인덱스가 경계 안에 있는지 확인합니다. 그리고 〈algorithms〉 헤더에 있는 move() 함수를 호출하여 벡터의 마지막 요소를 해당 인덱스 위치로 이동시킵니다. 마지막으로 v.pop_back() 함수를 호출하여 끝에서 벡터의 크기를 줄입니다.

- 인덱스 대신 반복자를 사용하는 버전의 quick_delete() 함수를 만들어봅시다:

```
template<typename T>
void quick_delete(T& v, typename T::iterator it) {
    if (it < v.end()) {
        *it = move(v.back());
        v.pop_back();
    }
}
```

이 버전의 quick_delete() 함수는 인덱스 대신 반복자를 받습니다. 그 외에는 인덱스 버전과 동일하게 동작합니다.

- 이제 main() 함수에서 호출할 수 있습니다:

```cpp
int main() {
    vector v{ 12, 196, 47, 38, 19 };
    printc(v);
    auto it = std::ranges::find(v, 47);
    quick_delete(v, it);
    printc(v);
    quick_delete(v, 1);
    printc(v);
}
```

그 결과는 다음과 같습니다:

```
size(5) 12 196 47 38 19
size(4) 12 196 19 38
size(3) 12 38 19
```

첫 번째 quick_delete() 호출은 std::ranges::find() 알고리즘에서 반환된 반복자를 사용합니다. 이는 벡터에서 값 47을 제거합니다. 벡터의 마지막 값인 19가 그 자리를 대신하였다는 것에 주목하세요. 두 번째 quick_delete() 함수 호출은 인덱스 1을 사용하여 벡터 두 번째 요소(196)를 제거합니다. 다시 한번, 벡터의 마지막 값이 삭제된 위치를 대신하게 됩니다.

How it works...

quick_delete() 함수는 간단한 기법을 사용하여 벡터에서 요소를 빠르고 효율적으로 삭제합니다. 벡터의 마지막 요소는 제거될 요소가 있던 자리로 이동(복사가 아니라)됩니다. 제거된 요소는 이 과정에서 버려집니다. 그다음 pop_back() 함수가 호출되어 벡터의 끝에서 하나의 요소를 줄입니다.

이 과정은 벡터 끝에서 요소를 제거하는 비용이 특히 낮다는 점을 이용합니다. pop_back() 함수는 end() 반복자만 변경하면 되므로 상수 복잡도(O(1))로 동작합니다.

다음 도표는 quick_delete() 함수 호출 전후의 벡터의 상태를 보여줍니다.

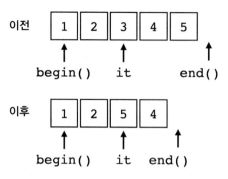

그림 3.4 quick_delete( ) 함수 호출 전후

quick_delete( ) 동작은 벡터의 끝에 있는 요소를 반복자 it가 가리키는 위치로 이동시키고 벡터를 한 요소만큼 줄입니다. 요소를 이동하기 위해 할당을 사용하는 것이 아니라 std::move()를 사용하는 것이 중요합니다. 큰 객체의 경우 move 동작은 copy 할당에 비해 훨씬 빠릅니다.

만약 요소의 순서를 유지하는 것이 필수적이지 않다면 이것은 극도로 효율적인 기법입니다. 상수 시간(O(1))에 실행되고 나머지 요소들은 전혀 손대지 않습니다.

벡터의 요소에 직접적이고 안전하게 접근하기

예제 파일: chap03/vector-access.cpp

벡터 클래스는 STL에서 가장 널리 사용되는 컨테이너 중 하나이며 그만한 이유가 있습니다. array 만큼 편리하면서도 훨씬 더 강력하고 유연합니다.

일반적으로 벡터의 요소에 접근할 때 [ ] 연산자를 다음과 같이 사용하는 것이 일반적입니다:

```
vector v{ 19, 71, 47, 192, 4004 };
auto & i = v[2];
```

또한 vector 클래스는 동일한 목적의 멤버 함수도 제공합니다:

```
auto & i = v.at(2);
```

결과는 같지만 중요한 차이가 있습니다. at( ) 함수는 경계 검사를 하고 [ ] 연산자는 경계 검사를 하지 않습니다. 이것은 의도적으로 원래의 C 배열과 호환성을 유지하기 위함입니다. 이를 좀 더 자세히 알아보겠습니다.

How to do it...

벡터에서 인덱스를 사용하여 요소에 접근하는 방법은 두 가지입니다. at() 멤버 함수는 경계 검사를 하고 [ ] 연산자는 그렇지 않습니다.

• 다음의 main() 함수는 벡터를 초기화하고 한 요소에 접근합니다:

```
int main() {
    vector v{ 19, 71, 47, 192, 4004 };
    auto & i = v[2];
    cout << format("element is {}\n", i);
}
```

```
element is 47
```

여기서는 [ ] 연산자를 사용하여 직접 벡터의 세 번째 요소에 접근하였습니다. C++에서 대부분의 순차 객체들의 인덱스는 0부터 시작하기 때문에 세 번째 요소의 인덱스는 2입니다.

• 벡터는 5개의 요소를 가지고 있고 인덱스는 0부터 4입니다. 만약 인덱스가 5인 요소에 접근하려고 하면 벡터의 경계를 벗어나게 됩니다:

```
vector v{ 19, 71, 47, 192, 4004 };
auto & i = v[5];
cout << format("element is {}\n", i);
element is 0
```

이 결과는 매우 혼란스럽습니다. 인간은 보통 1부터 숫자를 세는 경향이 있기 때문에 흔히 발생하는 오류입니다. 하지만 벡터의 끝을 넘는 위치의 요소에 대해 특정 값이 보장되지 않습니다.

• 더욱 심각한 점은 [] 연산자는 벡터의 끝을 넘는 위치에 대해 아무 경고 없이 데이터를 저장(write)할 수 있습니다:

```
vector v{ 19, 71, 47, 192, 4004 };
```

```
v[5] = 2001;
auto & i = v[5];
cout << format("element is {}\n", i);
element is 2001
```

통제되지 않는 메모리에 값을 썼는데도 컴파일러는 어떤 오류 메시지나 크래시도 없이 조용히 실행되었습니다. 그러나 이는 매우 위험한 코드이며, 언젠가는 문제를 일으킬 것입니다. 경계를 벗어난 메모리 접근은 보안 침해의 주요 원인 중 하나입니다.

• 해법은 [ ] 연산자 대신 at( ) 멤버 함수를 호출하는 것입니다:

```
vector v{ 19, 71, 47, 192, 4004 };
auto & i = v.at(5);
cout << format("element is {}\n", i);
```

이제 런타임 예외가 발생합니다:

```
terminate called after throwing an instance of 'std::out_of_range'
   what(): vector::_M_range_check: __n (which is 5) ≥
this→size() (which is 5)
Aborted
```

코드는 오류 없이 컴파일 되지만 at( ) 함수가 컨테이너의 경계를 검사합니다. 따라서 그 경계 밖을 접근하려고 하면 런타임 예외를 던집니다. 이것은 GCC 컴파일러에서 발생한 예외 메시지며, 다른 환경에서는 오류 메시지 내용이 달라질 수 있습니다.

How it works...

[ ] 연산자와 at( ) 멤버 함수는 인덱스 위치를 기반으로 컨테이너 요소에 접근한다는 동일한 특성을 갖습니다. [ ] 연산자는 경계 검사를 하지 않기 때문에 대량의 반복문이 포함된 응용 프로그램에서는 조금 더 빠를 수 있습니다.

그러나 기본적으로 at( ) 함수를 사용하는 것이 좋습니다. 경계 검사로 약간의 CPU 사이클이 소비될 수 있지만 이는 저렴한 보험에 해당합니다. 대부분의 응용 프로그램에서는 비용보다 이익이 크기 때문입니다.

vector 클래스는 일반적으로 직접 접근 컨테이너로 사용되지만, array와 deque 컨테이너도
[] 연산자와 at() 멤버 함수를 지원합니다. 이러한 주의사항은 해당 컨테이너에도 동일하게 적
용됩니다.

There's more...

일부 응용 프로그램에서는 경계를 벗어나는(out-of-bounds) 조건이 발생했을 때 크래시되
는 것을 원하지 않을 수 있습니다. 이 경우 다음과 같이 예외 처리할 수 있습니다:

```cpp
int main() {
    vector v{ 19, 71, 47, 192, 4004 };
    try {
        v.at(5) = 2001;
    } catch (const std::out_of_range & e) {
        std::cout << format("Ouch!\n{}\n", e.what());
    }
    cout << format("end element is {}\n", v.back());
}
```

출력

```
Ouch!
vector::_M_range_check: __n (which is 5) >= this->size() (which is 5)
end element is 4004
```

try 블록은 catch 절에 지정된 예외를 처리하며, 이 경우 예외는 std::out_ of_ range입니
다. e.what() 함수는 STL 라이브러리에서 제공하는 오류 메시지를 포함한 C 문자열을 반환
합니다. 라이브러리에 따라 다른 오류 메시지가 발생할 수 있습니다.

이 원칙은 array와 deque 컨테이너에도 동일하게 적용됨을 기억하세요.

벡터의 요소들의 정렬 유지하기

예제 파일: chap03/sorted-vector.cpp

벡터는 순차 컨테이너로, 요소를 삽입된 순서대로 유지합니다. 벡터는 요소를 정렬하지 않으
며, 순서를 변경하지도 않습니다. 반면, set과 map 같은 다른 컨테이너는 요소를 정렬하여 저
장하지만, 임의 접근(random access)을 지원하지 않으며, 필요한 기능을 제공하지 않을 수

도 있습니다. 그러나 벡터를 정렬된 상태로 유지하는 것은 가능합니다. 단, 이를 위해 약간의 관리가 필요합니다.

How to do it...

이 레시피의 아이디어는 벡터를 정렬된 상태로 유지하기 위해 요소를 올바른 위치에 삽입하는 간단한 함수 insert_sorted()를 만드는 것입니다.

- 편의를 위해 문자열의 벡터에 다음과 같은 타입 별칭을 부여합니다:

```
using Vstr = std::vector<std::string>;
```

타입 별칭이 좋은 이유는 응용 프로그램에서 벡터의 정확한 세부사항은 중요하지 않기 때문입니다.

- 다음 몇 개의 지원 함수를 정의합니다:

```
// 벡터 출력
void printv(const auto& v) {
    for(const auto& e : v) {
        cout << format("{} ", e);
    }
    cout << "\n";
}
// 정렬되었는지 확인
void psorted(const Vstr& v) {
    if(std::ranges::is_sorted(v)) cout<< "sorted: ";
    else cout << "unsorted: ";
    printv(v);
}
```

printv( )는 벡터의 요소를 한 줄로 출력하는 간단한 함수입니다.
psorted() 함수는 is_sorted() 알고리즘의 레인지 버전을 사용하여 벡터가 정렬되어 있는지 확인합니다. 그다음 printv() 함수를 호출하여 벡터의 요소를 출력합니다.

- 이제 main() 함수에서 Vstr 벡터를 초기화합니다:

```
int main() {
```

```
    Vstr v{
        "Miles",
        "Hendrix",
        "Beatles",
        "Zappa",
        "Shostakovich"
    };
    psorted(v);
}
```

unsorted: Miles Hendrix Beatles Zappa Shostakovich   _{출력}

이 시점에서 우리는 Vstr 벡터에 세계적인 음악가의 이름을 특정한 순서 없이 저장하고 있습니다.

• sort() 알고리즘의 레인지 버전을 사용하여 벡터를 정렬합니다:

```
std::ranges::sort(v);
psorted(v);
```

sorted: Beatles Hendrix Miles Shostakovich Zappa   _{출력}

• 우리가 원하는 것은 벡터에 요소를 삽입할 때 정렬된 상태를 유지하는 것으로 insert_sorted() 함수가 이를 수행합니다:

```
void insert_sorted(Vstr& v, const string& s) {
    const auto pos{ std::ranges::lower_bound(v, s) };
    v.insert(pos, s);
}
```

insert_sorted() 함수는 내부적으로 lower_bound() 함수의 레인지 버전을 호출하여 벡터의 정렬이 유지된 상태로 insert() 함수를 호출할 수 있는 반복자를 얻습니다.

• 이제 insert_sorted() 함수를 호출하여 벡터에 새로운 음악가를 추가합니다:

```
insert_sorted(v, "Ella");
insert_sorted(v, "Stones");
```

```
sorted: Beatles Ella Hendrix Miles Shostakovich Stones Zappa
```

How it works...

insert_sorted() 함수는 정렬된 벡터에 요소를 삽입하면서 그 순서를 유지하는 데 사용됩니다:[2]

```
void insert_sorted(Vstr& v, const string& s) {
    const auto pos{ std::ranges::lower_bound(v, s) };
    v.insert(pos, s);
}
```

lower_bound() 알고리즘은 인수보다 작지 않은 첫 번째 요소를 찾습니다. 그다음 lower_bound() 함수에서 반환된 반복자를 사용하여 올바른 위치에 요소를 삽입합니다.

이 경우 lower_bound()의 레인지 버전을 사용하였지만 어떤 버전[3]을 사용해도 됩니다.

There's more...

insert_sorted() 함수는 템플릿을 사용하여 보다 범용적으로 만들 수 있습니다. 이 버전은 set, deque, list 같은 다른 컨테이너에도 사용될 수 있습니다:

```
template<typename C, typename E>
void insert_sorted(C& c, const E& e) {
    const auto pos{ std::ranges::lower_bound(c, e) };
    c.insert(pos, e);
}
```

std::sort() 알고리즘(및 그 파생 알고리즘)을 사용하려면 컨테이너가 임의 접근을 지원해야 합니다. 하지만 모든 STL 컨테이너가 이 요구사항을 충족하는 것은 아닙니다. 특히, std::list 는 이를 지원하지 않습니다.

---

2 **(역자 주)** 첫 insert_sorted() 함수를 호출하기 전에 대상 벡터가 정렬되어 있어야 합니다.

3 **(역자 주)** std::ranges::lower_bound() 외에 std::lower_bound()도 있습니다.

맵에 요소를 효율적으로 삽입하기

예제 파일: chap03/insert-map.cpp

map 클래스는 키-값 쌍을 저장하는 연관 컨테이너이며, 컨테이너 내에서 키는 고유해야 합니다. 맵 컨테이너를 생성하는 방법은 여러 가지가 있습니다. 다음과 같이 정의된 map을 예로 들어 보겠습니다:

```
map<string, string> m;
```

[] 연산자로 요소를 추가할 수 있습니다:

```
m["Miles"] = "Trumpet"
```

insert() 멤버 함수를 호출해도 됩니다:

```
m.insert(pair<string,string>("Hendrix", "Guitar"));
```

혹은 emplace() 멤버 함수를 사용할 수 있습니다:

```
m.emplace("Krupa", "Drums");
```

필자는 emplace() 함수를 선호합니다. C++11에 도입된 emplace() 함수는 완벽한 전달(perfect forwarding)을 사용하여 새로운 요소를 컨테이너에 생성(그 자리에)합니다. 이 함수는 인자를 요소의 생성자에 직접 전달하므로, 빠르고 효율적이며 간결한 코드 작성을 가능하게 합니다.

emplace()는 다른 옵션들에 비해 확실히 개선된 점이 있지만, 필요하지 않을 때도 객체를 생성한다는 문제가 있습니다. 이는 생성자를 호출하고, 메모리를 할당하며, 데이터를 이동한 뒤 임시 객체를 폐기하는 과정을 포함합니다. 이 문제를 해결하기 위해 C++17은 새로운 try_emplace() 함수를 제공합니다. 이 함수는 값 객체가 필요할 때만 생성하며, 이는 특히 커다란 객체 혹은 대량의 객체 추가 시에 유용합니다.

> **Note**
> map의 각 요소는 키-값 쌍입니다. 쌍 구조 내에서 요소는 'first'와 'second'로 명명되지만, map에서의 역할은 각각 키와 값입니다. 필자는 값 객체를 보통 map의 핵심 목적이 되는 페이로드(payload)로 간주합니다. 기존 키를 검색하기 위해 try_emplace() 함수는 키 객체를 반드시 생성해야 합니다. 이 과정은 피할 수 없습니다. 하지만 map에 삽입할 필요가 있을 때까지 페이로드 객체를 생성할 필요는 없습니다.

How to do it...

새로운 try_emplace() 함수는 페이로드 객체가 필요할 때까지 생성하지 않음으로써 불필요한 오버헤드를 피합니다. 이는 특히 키 충돌이 발생할 경우, 특히 큰 페이로드를 다룰 때 매우 유용한 효율성을 제공합니다. 다음을 보시죠.

• 먼저 페이로드 클래스를 생성합니다. 시연을 위해 이 클래스는 간단한 std::string 페이로드를 가지며, 생성될 때 메시지를 출력합니다:

```cpp
struct BigThing {
    string v_;
    BigThing(const char * v) : v_(v) {
        cout << format("BigThing constructed {}\n", v_);
    }
};
using Mymap = map<string, BigThing>;
```

BigThing 클래스는 오직 하나의 멤버 함수인 생성자만 가지고 있으며 객체가 생성될 때 메시지를 출력합니다. 이를 통해 BigThing 객체가 얼마나 자주 생성되는지 추적할 수 있습니다. 실제 실무에서 이 클래스는 더 크고 많은 자원을 사용할 것입니다.

맵의 각 요소는 객체의 쌍으로 이루어져 있는데, 키는 std::string이고 페이로드는 BigThing 객체입니다. Mymap은 편의를 위한 별칭으로 함수에 집중할 수 있게 돕습니다.

• printm() 함수는 맵의 내용을 출력합니다:

```cpp
void printm(Mymap& m) {
    for(auto& [k, v] : m) {
        cout << format("[{}:{}] ", k, v.v_);
    }
    cout << "\n";
}
```

이 함수는 C++20의 format() 함수를 통해 맵의 내용을 출력하여 맵에 추가되는 요소들을 추적할 수 있습니다.

- main() 함수는 맵 객체를 생성하고 몇몇 요소들을 삽입합니다:

```
int main() {
    Mymap m;
    m.emplace("Miles", "Trumpet");
    m.emplace("Hendrix", "Guitar");
    m.emplace("Krupa", "Drums");
    m.emplace("Zappa", "Guitar");
    m.emplace("Liszt", "Piano");
    printm(m);
}
```

출력

```
BigThing constructed Trumpet
BigThing constructed Guitar
BigThing constructed Drums
BigThing constructed Guitar
BigThing constructed Piano
[Hendrix:Guitar] [Krupa:Drums] [Liszt:Piano]
[Miles:Trumpet] [Zappa:Guitar]
```

결과에서 각 페이로드 객체의 생성과 printm() 함수 호출의 결과를 볼 수 있습니다.

- emplace() 함수를 사용하여 맵에 요소를 추가했으며, 각 페이로드 요소는 단 한 번만 생성되었습니다. try_emplace() 함수를 사용해도 결과는 같습니다:

```
Mymap m;
m.try_emplace("Miles", "Trumpet");
m.try_emplace("Hendrix", "Guitar");
m.try_emplace("Krupa", "Drums");
m.try_emplace("Zappa", "Guitar");
m.try_emplace("Liszt", "Piano");
printm(m);
```

출력

```
BigThing constructed Trumpet
BigThing constructed Guitar
BigThing constructed Drums
BigThing constructed Guitar
BigThing constructed Piano
```

```
[Hendrix:Guitar] [Krupa:Drums] [Liszt:Piano]
[Miles:Trumpet] [Zappa:Guitar]
```

- emplace()와 try_emplace() 함수의 차이점은 중복된 키를 가진 새 요소를 삽입하려고 할 때 나타납니다:

```
cout << "emplace(Hendrix)\n";
m.emplace("Hendrix", "Singer");
cout << "try_emplace(Zappa)\n";
m.try_emplace("Zappa", "Composer");
printm(m);
```

```
emplace(Hendrix)
BigThing constructed Singer
try_emplace(Zappa)
[Hendrix:Guitar] [Krupa:Drums] [Liszt:Piano]
[Miles:Trumpet] [Zappa:Guitar]
```

emplace() 함수는 중복 키("Hendrix")를 가진 요소를 추가하려고 시도했지만 실패했습니다. 그러나 여전히 페이로드 객체("Singer")를 생성했습니다. 반면, try_emplace() 함수도 중복 키("Zappa")를 가진 요소를 추가하려고 시도했지만 실패했으며, 페이로드 객체를 생성하지 않았습니다. 이 예제는 emplace()와 try_emplace()의 차이를 명확히 보여줍니다.

How it works...

try_emplace() 함수의 시그니처는 emplace()와 유사하므로 기존 레거시 코드를 쉽게 수정할 수 있습니다. 다음은 try_emplace() 함수의 시그니처입니다:

```
pair<iterator, bool> try_emplace( const Key& k, Args&... args );
```

처음 보면, emplace() 함수의 시그니처와 다르게 보일 수 있습니다:

```
pair<iterator,bool> emplace( Args&... args );
```

차이점은 try_emplace()가 키 인수를 별도의 인수로 사용한다는 점으로, 이를 통해 키를 개별적으로 생성할 수 있습니다. 기능적으로 템플릿 인수 추론을 사용하는 경우, try_emplace()는 emplace()의 대체로 사용할 수 있습니다:

```
m.emplace("Miles", "Trumpet");
m.try_emplace("Miles", "Trumpet");
```

try_emplace() 함수의 반환 값은 emplace()와 동일하게 반복자와 bool 값의 쌍입니다:

```
const char * key{"Zappa"};
const char * payload{"Composer"};
if(auto [it, success] = m.try_emplace(key, payload); !success) {
    cout << "update\n";
    it→second = payload;
}
printm(m);
```

```
update
BigThing constructed Composer
[Hendrix:Guitar] [Krupa:Drums] [Liszt:Piano] [Miles:Trumpet]
[Zappa:Composer]
```

여기에서 if 초기화 문에 구조적 바인딩(auto [it, success] =)을 사용하여 반환 값을 확인하고 조건에 따라 페이로드를 업데이트했습니다. 주목할 점은 여전히 페이로드 객체를 한 번만 생성한다는 것입니다.

또한, try_emplace() 함수는 unordered_map에서도 작동한다는 점에 주목할 필요가 있습니다. 별칭을 변경하면, unordered_map을 사용하는 것 외에는 모든 것이 동일하게 동작합니다:

```
using Mymap = unordered_map<string, BigThing>;
```

try_emplace() 함수의 장점은 맵에 요소를 추가할 때만 페이로드 객체를 생성한다는 것입니다. 실무적인 관점에서 런타임에 상당한 자원을 절약할 수 있기 때문에 emplace() 보다는 try_emplace()를 호출하는 것은 항상 먼저 고려해야 합니다.

맵 항목의 키를 효율적으로 변경하기

예제 파일: chap03/node-swap.cpp

map 클래스는 키-값 쌍을 저장하는 연관 컨테이너로 키는 정렬되어 있습니다. 키는 고유해야 하며 const로 지정되기 때문에 변경이 불가합니다.

예를 들어 어떤 맵을 생성하고 키를 변경하려고 하면 컴파일 타임에 다음과 같은 오류를 만나게 됩니다:

```
map<int, string> mymap {
    {1, "foo"}, {2, "bar"}, {3, "baz"}
};
auto it = mymap.begin();
it→first = 47;
```

출력

```
error: assignment of read-only member ...
    5 |     it->first = 47;
      |     ~~~~~~~~~~^~~~
```

만약 map 컨테이너의 순서를 변경해야 할 경우, C++17에서 새롭게 추가된 extract() 메서드를 사용하여 키를 교환할 수 있습니다. extract()는 map 클래스 및 그 파생 클래스의 멤버 함수입니다. 이 함수는 페이로드에 영향을 주지 않고 map의 요소를 추출할 수 있게 해줍니다. 추출된 후, 키는 더 이상 const로 지정되지 않으며 수정이 가능합니다.

그럼 예제를 확인해 봅시다.

How to do it...

이 예제에서는 경주 참가자를 나타내는 맵을 정의합니다. 경주 중 어느 시점에는 순서가 변하고 맵의 키들을 수정해야 합니다.

- 맵 타입에 대한 별칭을 정의합니다:

```
using Racermap = map<unsigned int, string>;
```

이를 통해 코드 전반에서 타입을 일관되게 사용할 수 있습니다.

- 다음은 맵의 내용을 출력하는 함수입니다:

```cpp
void printm(const Racermap &m)
{
    cout << "Rank:\n";
    for (const auto& [rank, racer] : m) {
        cout << format("{}:{}\n", rank, racer);
    }
}
```

이 함수는 map을 전달받아 참가자의 현재 순위를 출력할 수 있습니다.

- main() 함수에서 각 선수들의 초기 상태를 담은 map을 정의합니다:

```cpp
int main() {
    Racermap racers {
        {1, "Mario"}, {2, "Luigi"}, {3, "Bowser"},
        {4, "Peach"}, {5, "Donkey Kong Jr"}
    };
    printm(racers);
    node_swap(racers, 3, 5);
    printm(racers);
}
```

키는 int 타입으로 각 선수의 순위이며 값은 string 타입으로 선수의 이름입니다.

그다음 printm() 함수를 호출하여 현재 순위를 출력합니다. node_swap()을 호출하면 두 선수의 키를 교환하고 결과를 다시 출력합니다.

- 경주 중 한 명의 선수가 뒤처지고 다른 선수가 앞서갑니다. node_swap() 함수는 두 선수의 순위를 교환합니다:

```cpp
template<typename M, typename K>
bool node_swap(M & m, K k1, K k2) {
    auto node1{ m.extract(k1) };
    auto node2{ m.extract(k2) };
    if(node1.empty() || node2.empty()) {
        return false;
    }
    swap(node1.key(), node2.key());
    m.insert(move(node1));
```

```
        m.insert(move(node2));
        return true;
    }
```

이 함수는 map.extract() 메서드를 호출하여 맵에서 특정한 요소를 추출합니다. 추출된 요소는 노드(node)라고 불립니다.

노드는 C++17에서 도입된 새로운 개념입니다. 이를 통해 맵 형태의 구조체에서 요소 자체를 변경하지 않고 추출할 수 있습니다. 노드는 링크가 해제되고 노드 핸들(node handle)이 반환됩니다. 한번 추출되면 노드 핸들은 노드의 key() 함수를 통해 키에 대한 쓰기 권한을 제공합니다. 이로써 키를 교환한 다음, 노드를 다시 맵에 삽입할 수 있으며, 페이로드를 복사하거나 조작할 필요도 없습니다.

• 이 코드를 실행하면 노드 교환 전과 후의 맵의 내용을 출력하게 됩니다:

```
출력
Rank:
1:Mario
2:Luigi
3:Bowser
4:Peach
5:Donkey Kong Jr
Rank:
1:Mario
2:Luigi
3:Donkey Kong Jr
4:Peach
5:Bowser
```

이 모든 것은 extract() 메서드와 새로운 node_handle 클래스를 통해 가능합니다. 그럼 이제 내부적으로 어떻게 동작하는지 살펴보겠습니다.

How it works...

이 기법은 새로운 extract() 함수를 사용하며 이 함수는 node_handle 객체를 반환합니다. 이름에서 알 수 있듯이 node_handle은 노드에 대한 핸들로 연관된 요소와 그것에 관련된 구조들을 포함합니다. extract 함수는 노드는 그대로 두고 연관성을 해제하여 node_handle 객체를 반환합니다. 이는 데이터를 변경하지 않고 연관 컨테이너에서 노드를 제거하는 효과를 가집니다. node_handle 객체는 연관 해제된 노드에 접근할 수 있게 합니다.

node_handle 객체는 key() 라는 멤버 함수가 있으며 노드 키에 대한 **쓰기 가능한** 참조를 반환합니다. 이를 통해 컨테이너에서 연관이 해제된 상태로 키를 변경할 수 있습니다.

There's more...

extract()와 node_handle을 사용할 때 유의해야 할 몇 가지 사항은 다음과 같습니다.

• 키를 찾을 수 없을 때 extract() 함수는 빈 노드 핸들을 반환합니다. empty() 함수를 호출하면 노드 핸들이 비었는지 확인할 수 있습니다:

```
auto node{ mapthing.extract(key) };
if(node.empty()) {
    // 노드 핸들이 비어 있는 상태
}
```

• extract() 함수에는 두 개의 오버로드가 있습니다:

```
node_type extract(const key_type& x);
node_type extract(const_iterator position);
```

우리는 키를 넘기는 첫 번째 형식을 사용합니다. 키 조회가 불필요한 경우 반복자를 사용합니다.

• 리터럴에서 참조를 생성할 수 없다는 점을 기억하세요. 따라서 extract(1)과 같은 호출은 세그멘테이션 오류(segmentation fault)로 크래시를 유발할 수 있습니다.

• 키는 맵에 삽입될 때 고유성을 유지해야 합니다.
  예를 들어 이미 존재하는 값으로 키를 변경하려고 하면 문제가 발생합니다:

```
auto node_x{ racers.extract(racers.begin()) };
node_x.key() = 5; // 5는 Donkey Kong Jr
auto status = racers.insert(move(node_x));
if(!status.inserted) {
    cout << format("insert failed, dup key: {}", status.position→second);
```

```
        exit(1);
    }
```

데이터 삽입은 실패하고 다음과 같은 오류가 발생합니다:

```
insert failed, dup key: Donkey Kong Jr
```

이 예에서 begin() 반복자를 extract() 메서드에 전달했습니다. 그런 다음 키를 이미 존재하는 값(5, Donkey Kong Jr)으로 할당했습니다. 데이터 삽입은 실패했고 그 결과 status.inserted는 false가 되었습니다. status.position은 발견된 키의 반복자입니다. if() 블록에서 format()을 사용하여 발견한 키의 값을 출력합니다.

unordered_map에 사용자 정의 타입의 키 사용하기

예제 파일: chap03/unordered-key.cpp

정렬된 맵에서 키의 타입은 정렬 가능해야 합니다. 그러기 위해서는 최소한 〈(작다) 연산자를 지원해야 합니다. 정렬이 불가능한 사용자 정의 타입에 대한 연관 컨테이너를 사용하고 싶다고 가정해 봅시다. 예를 들어 벡터 (0, 1)은 (1, 0)보다 작거나 크지 않으며, 단순히 다른 방향을 가리킵니다. 이러한 경우 unordered_map 타입을 사용할 수 있습니다. 이제 이를 어떻게 구현하는지 살펴보겠습니다.

How to do it...

이 레시피를 위해 키로 x/y 좌표를 사용하는 unordered_map 객체를 생성합니다. 이를 위해 몇 가지 보조 함수가 필요합니다.

• 먼저 좌표를 위한 구조체를 정의합니다:

```
struct Coord {
    int x{};
    int y{};
```

```
};
```

이것은 x와 y 좌표라는 두 개의 멤버를 갖는 간단한 구조체입니다.

- 맵은 Coord 구조체를 키로 사용하고 int 타입을 값으로 사용합니다:

```
using Coordmap = unordered_map<Coord, int>;
```

using 별칭을 통해 맵을 더 편리하게 사용합니다.

- Coord 구조체를 unordered_map의 키로 사용하려면 몇 가지 오버로드가 필요합니다. 먼저 동등 비교 연산자를 정의합니다:

```
bool operator==(const Coord& lhs, const Coord& rhs) {
    return lhs.x == rhs.x && lhs.y == rhs.y;
}
```

이는 x 멤버와 y 멤버를 서로 비교하는 단순한 함수입니다.

- std::hash 클래스 특수화가 필요합니다. 이를 통해 키를 사용하여 맵에 있는 요소를 조회할 수 있습니다:

```
namespace std {
    template<>
    struct hash<Coord> {
        size_t operator()(const Coord& c) const {
            return static_cast<size_t>(c.x) + static_cast<size_t>(c.y);
        }
    };
}
```

이는 std::unordered_map 클래스에서 사용되는 기본 hash 클래스에 대한 특수화로 반드시 std 네임스페이스에 있어야 합니다.

- 다음은 Coordmap 객체의 내용을 출력하는 함수입니다:

```
void print_Coordmap(const Coordmap& m) {
```

```
    for (const auto& [key, value] : m) {
        cout << format("{{ ({}, {}): {} }} ",
            key.x, key.y, value);
    }
    cout << '\n';
}
```

C++20의 format 함수를 사용하여 x/y 키와 값을 출력합니다. 단일 중괄호를 출력하기 위해 이중 중괄호인 {{ and }}을 사용한 것에 주목하세요.

• 필요한 모든 지원 함수들이 있으므로 main( ) 함수를 작성합니다:

```
int main() {
    Coordmap m {
        { {0, 0}, 1 },
        { {0, 1}, 2 },
        { {2, 1}, 3 }
    };
    print_Coordmap(m);
}
```

```
{ (2, 1): 3 } { (0, 1): 2 } { (0, 0): 1 }
```

이 시점에서 우리는 Coord 객체를 키로 받아 임의의 값에 매핑하는 Coordmap 객체를 정의했습니다.

• Coord 키를 기반으로 개별 멤버에 접근할 수도 있습니다:

```
Coord k{ 0, 1 };
cout << format("{{ ({}, {}): {} }}\n", k.x, k.y, m.at(k));
```

```
{ (0, 1): 2 }
```

k라는 이름의 Coord 객체를 정의하고 unordered_map 멤버 함수 at( )을 호출하여 해당하는 값을 조회하였습니다.

How it works...

unordered_map 클래스는 키로부터 요소를 조회하기 위해 해시 클래스를 사용합니다. 일반적으로 다음과 같이 객체를 인스턴스화합니다:

```
std::unordered_map<key_type, value_type> my_map;
```

여기에서 분명하게 보이지는 않지만 내부적으로 **기본 해시 클래스**가 사용됩니다. unordered_map 클래스의 완전한 템플릿 타입 정의는 다음과 같습니다:

```
template<
    class Key,
    class T,
    class Hash = std::hash<Key>,
    class KeyEqual = std::equal_to<Key>,
    class Allocator = std::allocator< std::pair<const Key, T> >
> class unordered_map;
```

템플릿은 Hash, KeyEqual 및 Allocator에 대한 기본 값을 제공하기 때문에 일반적으로 객체를 정의할 때 이를 포함하지 않습니다. 예제에서는 기본 std::hash 클래스의 특수화를 제공하였습니다.

STL은 std::hash 특수화를 기본적으로 포함하지만 예제의 동작을 위해서는 사용자 정의 클래스에 대한 특수화가 필요합니다:

```
std::unordered_map<coord, value_type, my_hash_type> my_map;
```

필자의 관점에서는 특수화를 제공하는 것이 더 일반적인 방법입니다.

set으로 사용자 입력을 정렬하고 필터링하기

예제 파일: chap03/set-words.cpp

set 컨테이너는 개별 요소가 단일 값인 연관 컨테이너로 값이 키로 사용됩니다. set의 요소는 정렬되어 있으며 키 중복은 허용되지 않습니다.

set 컨테이너는 종종 vector와 map 같이 좀 더 일반적인 컨테이너들에 비해 훨씬 특수하고 거의 사용되지 않을 것이라는 오해를 받습니다. set의 일반적인 사용 사례 중 하나는 값 집합에서 중복을 필터링하는 것입니다.

How to do it...

이 레시피에서 우리는 표준 입력으로 실제 단어를 받아 중복을 필터링합니다.

• 먼저 istream 반복자를 위한 별칭을 정의합니다. 이를 사용하여 명령행에서 입력을 받습니다:

```
using input_it = istream_iterator<string>;
```

• main() 함수에서 단어를 저장할 set을 정의합니다:

```
int main() {
    set<string> words;
```

이 set은 string 요소들의 집합으로 정의됩니다.

• inserter() 함수와 함께 사용할 반복자 쌍을 정의합니다:

```
input_it it{ cin };
input_it end{};
```

end 반복자는 기본 생성자로 초기화됩니다. 이는 널리 알려진 스트림 종료(end-of-stream) 반복자입니다. 입력이 끝나면 이 반복자가 cin 반복자와 같은지 비교합니다.

• inserter() 함수는 set 컨테이너에 요소를 넣을 때 사용됩니다:

```
copy(it, end, inserter(words, words.end())));
```

std::copy() 함수를 사용하여 편리하게 입력 스트림에서 단어를 복사합니다.

- 이제 set의 내용을 출력합니다:

```
for(const string & w : words) {
    cout << format("{} ", w);
}
cout << '\n';
```

- 입력에 다음과 같이 다수의 단어를 넣어 프로그램을 실행합니다:

```
$ echo "a a a b c this that this foo foo foo" | ./set-words
a b c foo that this
```

set은 중복된 단어를 제거하고 입력된 단어의 정렬을 유지합니다.

How it works...

set 컨테이너는 고유한 요소들만 보관합니다. 중복된 값이 입력되면 삽입은 실패합니다. 따라서 결과적으로 고유한 값들이 정렬되어 있습니다. 하지만 이 레시피에서 흥미로운 부분은 이것만이 아닙니다.

istream_interator는 스트림에서 객체들을 읽는 입력 반복자입니다. 다음과 같이 입력 반복자를 인스턴스화합니다:

```
istream_iterator<string> it{ cin };
```

이제 cin 스트림에서 문자열 타입의 입력 반복자를 가지게 되었습니다. 이 반복자를 역참조할 때마다 입력 스트림에서 하나의 단어를 반환합니다.

또한 우리는 또 다른 istream_iterator를 생성했습니다:

```
istream_iterator<string> end{};
```

이 호출은 기본 생성자를 호출하여 특별한 **스트림 종료**(end-of-stream) 반복자를 반환합니다. 입력 반복자가 스트림 끝에 도달하면 **스트림 종료** 반복자와 같아집니다. 이러한 특성은 copy() 알고리즘에 의해 생성되는 반복문을 종료하기에 편리합니다.

copy() 알고리즘은 세 개의 반복자를 사용합니다. 복사 범위의 시작과 종료 반복자, 그리고 대상 반복자입니다:

```
copy(it, end, inserter(words, words.end()));
```

inserter() 함수는 대상 컨테이너와 삽입 지점을 위한 반복자를 받아 해당 컨테이너와 요소 타입에 적합한 insert_iterator를 반환합니다.

이 copy()와 inserter()의 조합을 사용하면 스트림에서 set 컨테이너로 요소를 간편하게 복사할 수 있습니다.

deque으로 단순한 RPN 계산기 만들기 예제 파일: chap03/rpn.cpp

RPN(역 폴란드 표기법) 계산기는 스택 기반의 계산기로, 피연산자 뒤에 연산자가 오는 후위 표기법을 사용합니다. 이는 프린팅 계산기에서 흔히 사용되며, 특히 역사상 가장 인기 있는 전자 계산기 중 하나인 HP 12C에서 널리 사용되었습니다.

작동 방식에 익숙해지자 많은 사람들이 RPN 계산기를 선호하게 됩니다. (필자는 1980년대 초반에 처음 소개된 HP 12C와 16C를 사용해왔습니다.) 예를 들어 전통적인 대수적 표기법을 사용하면 1과 2를 더할 때 1 + 2 를 타이핑합니다. 반면 RPN을 사용하면 1 2 +를 누르면 됩니다. 연산자가 피연산자들 뒤에 위치합니다.

대수 계산기에서 결과를 얻으려면 = 키를 눌러야 합니다. 하지만 RPN 계산기에서는 연산자가 즉시 처리되므로 = 키가 필요 없습니다. 연산자는 두 가지 역할을 하며, 연산과 결과 처리를 동시에 수행합니다. 또한 RPN 계산기에서는 피연산자를 스택에 저장하기 위해 Enter 키를 눌러야 하는 경우가 종종 있습니다.

스택 기반의 자료 구조를 사용하면 RPN 계산기를 쉽게 구현할 수 있습니다. 예를 들어 4 자리 스택을 사용한다고 합시다.

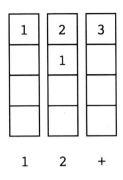

그림 3.5 RPN 더하기 연산

각 피연산자는 입력될 때 스택에 푸시(push)됩니다. 연산자가 입력되면 피연산자가 스택에서 팝(pop)되어 연산이 수행되며, 결과가 다시 스택에 푸시됩니다. 그리고 결과는 다음 연산에 사용됩니다. 예를 들어 (3+2)*3의 경우를 고려해 보겠습니다.

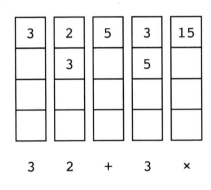

그림 3.6 RPN 스택 연산들

RPN의 한 가지 장점은 미래의 계산을 위해 스택에 피연산자들을 둘 수 있기 때문에 별도의 메모리 레지스터 사용을 줄여줍니다. (9*6)+(2*3)을 봅시다.

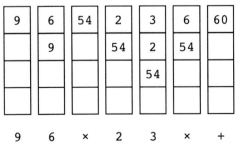

그림 3.7 RPN 다수의 스택 연산들

우선 괄호 안의 연산을 먼저 수행한 후, 중간 결과에 대해 최종 연산을 수행합니다. 처음에는 복잡하게 느껴질 수 있지만, 익숙해지면 매우 직관적으로 이해할 수 있습니다.

이제 STL의 deque 컨테이너를 사용하여 간단한 RPN 계산기를 만들어 봅시다.

How to do it...

이 구현에서는 스택으로 deque 컨테이너를 사용합니다. 그렇다면 왜 stack 컨테이너를 사용하지 않을까요? stack 클래스는 컨테이너 어댑터로 하위에 다른 컨테이너(보통은 deque)를 저장소로 사용합니다. 우리의 목적에서는 stack이 deque에 비해 눈에 띄는 장점을 제공하지 않습니다. 또한 deque를 사용하면 RPN 스택을 반복(iterate)하며 출력할 수 있어, 종이 테이프 계산기처럼 결과를 표시할 수 있습니다.

• RPN 계산기를 하나의 클래스로 캡슐화(encapsulation)합니다. 여기에서 클래스를 사용하면 몇 가지 장점이 있습니다. 캡슐화는 안전성, 재사용성, 확장성 그리고 깨끗한 인터페이스에 도움이 됩니다. RPN 클래스는 다음과 같습니다:

```
class RPN {
    deque<double> deq_{};
    constexpr static double zero_{0.0};
    constexpr static double inf_
        { std::numeric_limits<double>::infinity() };
...    // public 및 private 멤버가 여기에 위치
};
```

deq_ 이라는 이름의 deque 데이터 저장소는 클래스의 private 영역에 두어 보호합니다. 여기에 RPN 스택을 저장합니다.

zero_ 상수는 클래스 전반에서 반환값 및 비교를 위한 연산자로 사용됩니다. inf_ 상수는 "0으로 나누기 오류"를 처리하는 데 사용됩니다. 이들 상수들은 constexpr static으로 선언되어, 각 인스턴스마다 공간을 차지하지 않습니다.

필자는 private 데이터 멤버의 끝에 언더스코어(_)를 붙여 private 임을 상기합니다.

• 명시적인 생성자나 소멸자는 필요하지 않습니다. 왜냐하면 deque 클래스는 내부의 자원을 자체적으로 관리하기 때문입니다. 따라서 public 인터페이스는 단지 세 개의 함수로 구성됩니다:

```
public:
    // 피연산자 또는 연산자를 처리
    double op(const string & s) {
        if(is_numeric(s)) {
            double v{stod(s, nullptr)};
            deq_.push_front(v);
            return v;
        }
        else return optor(s);
    }

    // 스택을 비우기
    void clear() {
        deq_.clear();
    }

    // 스택을 출력
    string get_stack_string() const {
        string s{};
        for(auto v : deq_) {
            s += format("{} ", v);
        }
        return s;
    }
```

double op() 함수는 RPN 클래스의 주요 진입점입니다. string 타입으로 숫자 혹은 연산자를 받습니다. 만약 숫자라면 double로 변환하고 스택에 넣습니다. 만약 연산자라면 optor() 함수를 호출하여 연산합니다. 이것이 클래스의 주요 로직입니다.

void clear() 함수는 단순히 deque의 clear() 함수를 호출하여 스택을 비웁니다.

마지막으로 string get_stack_string() 함수는 스택의 내용을 문자열로 반환합니다.

• private 영역에는 인터페이스를 지원하는 유틸리티가 있습니다. pop_get2() 함수는 스택에서 두 개의 피연산자를 꺼내서(쌍 형태로) 반환합니다. 우리는 이를 연산자의 피연산자로 사용합니다:

```
pair<double, double> pop_get2() {
    if(deq_.size() < 2) return {zero_, zero_};
    double v1{deq_.front()};
```

```
        deq_.pop_front();
        double v2{deq_.front()};
        deq_.pop_front();
        return {v2, v1};
    }
```

- is_numeric() 함수는 문자열이 숫자인지 확인합니다. 십진수의 . 문자도 허용합니다:

```
bool is_numeric(const string& s) {
    for(const char c : s) {
        if(c ≠ '.' && !std::isdigit(c)) return false;
    }
    return true;
}
```

- optor() 함수는 연산을 수행합니다. map 컨테이너를 사용하여 연산자에 맞는 람다 함수를 매핑합니다:

```
double optor(const string& op) {
    map<string, double (*)(double, double)> opmap {
        {"+", [](double l, double r){ return l + r; }},
        {"-", [](double l, double r){ return l - r; }},
        {"*", [](double l, double r){ return l * r; }},
        {"/", [](double l, double r){ return l / r; }},
        {"^", [](double l, double r){ return pow(l, r); }},
        {"%", [](double l, double r){ return fmod(l, r); }}
    };
    if(opmap.find(op) == m.end()) return zero_;
    auto [l, r] = pop_get2();
    // 0으로 나누면 안됨
    if(op == "/" && r == zero_) deq_.push_front(inf_);
    else deq_.push_front(opmap.at(op)(l, r));
    return deq_.front();
}
```

map 컨테이너에 람다 함수를 적용하여 빠르고 간편한 점프 테이블을 만들었습니다.

find() 함수를 사용하여 맵에 유효한 연산자가 존재하는지 확인합니다.

0으로 나누기 오류에 대해 검사한 후 맵을 역참조하여 실제 연산자를 호출합니다.

연산 결과는 스택에 푸시되고 반환됩니다.

- RPN 클래스의 모든 멤버 함수들이 마련되었고 이제 main() 함수로 이동합니다:

```cpp
int main() {
    RPN rpn;

    for(string o{}; cin >> o; ) {
        rpn.op(o);
        auto stack_str{rpn.get_stack_string()};
        cout << format("{}: {}\n", o, stack_str);
    }
}
```

우리는 명령행에서 문자열을 파이프(pipe)에 넣어 프로그램을 시험합니다. for 반복문을 사용하여 cin 스트림에서 한 단어씩 가져와 rpn.op() 함수로 전달합니다. for 루프를 선호하는 이유는 o 변수의 범위를 쉽게 표현할 수 있기 때문입니다. 그다음 get_stack_string() 함수를 호출하여 각 명령행의 항목 뒤에 스택 내용을 출력합니다.

- 다음과 같이 표현식을 파이프에 넣어 프로그램을 실행합니다:

```
$ echo "9 6 * 2 3 * +" | ./rpn
9: 9
6: 6 9
*: 54
2: 2 54
3: 3 2 54
*: 6 54
+: 60
```

코드가 많아 보이지만 실제로는 매우 단순합니다. 주석을 포함하여 RPN 클래스는 70행 미만입니다. 전체 rpn.cpp 소스 코드는 깃허브 저장소에 있습니다.

How it works...

RPN 클래스는 입력된 각 데이터를 먼저 판별하여 동작합니다. 만약 숫자라면 스택에 푸시합니다. 연산자라면 스택 위에서 2개의 피연산자를 가져와 연산하고 그 결과를 다시 스택에 푸시합니다. 입력을 식별하지 못하면 그냥 지나갑니다.

deque 클래스는 양방향 큐입니다. 이를 스택으로 사용하기 위해 하나의 끝을 선택하여 해당 끝에서만 푸시와 팝 작업을 수행합니다. 필자는 deque의 앞쪽을 선택했지만, 뒤쪽에서도 동일하게 동작할 수 있습니다. 단, 작업이 동일한 끝에서 수행되어야 합니다.

입력이 숫자라고 판단되면, 이를 double로 변환한 후 push_front()를 사용하여 deque의 맨 앞에 푸시합니다:

```cpp
if(is_numeric(s)) {
    double v{stod(s, nullptr)};
    deq_.push_front(v);
    return v;
}
```

스택에서 값을 사용해야 한다면 deque의 앞에서 가져옵니다. front()를 사용하여 값을 가져오고, pop_front()를 사용하여 스택에서 해당 값을 제거합니다:

```cpp
pair<double, double> pop_get2() {
    if(deq_.size() < 2) return {zero_, zero_};
    double v1{deq_.front()};
    deq_.pop_front();
    double v2{deq_.front()};
    deq_.pop_front();
    return {v2, v1};
}
```

각 연산자를 위한 맵을 사용하면, 연산자의 유효성을 쉽게 검사할 수 있으며, 연산도 간편하게 실행할 수 있습니다:

```cpp
map<string, double (*)(double, double)> opmap {
    {"+", [](double l, double r){ return l + r; }},
    {"-", [](double l, double r){ return l - r; }},
    {"*", [](double l, double r){ return l * r; }},
```

```
        {"/", [](double l, double r){ return l / r; }},
        {"^", [](double l, double r){ return pow(l, r); }},
        {"%", [](double l, double r){ return fmod(l, r); }}
    };
```

find() 함수를 호출하여 어떤 연산자가 유효한지 확인합니다:

```
    if(opmap.find(op) == opmap.end()) return zero_;
```

그다음 at() 함수로 맵을 역참조하여 연산자를 호출합니다:

```
    opmap.at(op)(l, r)
```

다음과 같이 한 문장으로 람다 연산자를 호출하고 그 결과를 deque에 넣을 수도 있습니다:

```
    deq_.push_front(opmap.at(op)(l, r));
```

There's more...

이 레시피는 cin 스트림을 사용하여 RPN 계산기에 연산을 전달합니다.
STL 컨테이너를 사용해도 동일한 방식으로 쉽게 구현할 수 있습니다:

```
    int main() {
        RPN rpn;
        vector<string> opv{ "9", "6", "*", "2", "3", "*", "+" };
        for(auto o : opv) {
            rpn.op(o);
            auto stack_str{rpn.get_stack_string()};
            cout << format("{}: {}\n", o, stack_str);
        }
    }
```

```
9: 9
6: 6 9
*: 54
```

```
2: 2 54
3: 3 2 54
*: 6 54
+: 60
```

RPN 계산기를 깨끗한 인터페이스를 가진 단일 클래스로 구성함으로써, 다양한 환경에서 활용할 수 있는 유연한 도구를 만들었습니다.

map으로 단어 빈도수 계산기 만들기   예제 파일: chap03/word-count.cpp

이 레시피는 map 컨테이너의 고유한 키 속성을 사용하여 텍스트 스트림에 있는 중복 단어 수를 셉니다.

STL의 map 컨테이너는 **연관** 컨테이너로 키-값 쌍으로 구성된 요소로 이루어져 있습니다. 키는 값을 조회하는데 쓰이며 반드시 고유해야 합니다.

이 레시피에서 우리는 STL 맵 컨테이너의 고유한 키 요구사항을 활용하여 텍스트 파일에서 각 단어의 출현 횟수를 계산합니다.

How to do it...

이 작업을 세분화하면 다음과 같이 나눠볼 수 있습니다.

1 파일에서 텍스트를 가져와야 합니다. 이를 위해 cin 스트림을 사용합니다.

2 단어를 구두점 및 기타 비단어 콘텐츠로부터 분리해야 합니다. 이를 위해 regex(정규 표현식) 라이브러리를 사용합니다.

3 각 단어의 빈도를 계산해야 합니다. 이는 레시피의 주요한 목적으로 STL의 map 컨테이너를 사용합니다.

4 마지막으로 결과를 먼저 빈도순으로, 그리고 같은 빈도 내에서는 알파벳순으로 정렬해야 합니다. 이를 위해 STL sort 알고리즘과 vector 컨테이너를 사용합니다.

이 모든 작업을 수행해도 코드는 길지 않습니다. 헤더를 포함해 약 70줄 정도입니다. 그럼 시작해봅시다.

- 편의를 위해 별칭을 선언합니다:

```
namespace ranges = std::ranges;
namespace regex_constants = std::regex_constants;
```

std:: 네임스페이스에 대해 필자는 좀 더 짧은 별칭을 선호합니다. 하지만 여전히 특정 네임스페이스의 일부를 사용하고 있다는 것도 알고 싶습니다. 특히 ranges 네임스페이스의 경우 기존에 있던 알고리즘의 이름을 종종 재사용합니다.

- 정규 표현식은 상수에 저장됩니다. 전역 네임스페이스를 어지럽히는 것은 충돌을 유발할 수 있기 때문에 선호하지 않습니다. 이런 경우, 개인 이니셜을 기반으로 한 네임스페이스를 선호합니다:

```
namespace bw⁴ {
    constexpr const char * re{"(\\w+)"};
}
```

이렇게 하면 나중에 bw::re를 사용하여 쉽게 접근할 수 있으며, 정확히 무엇을 의미하는지 명확하게 알 수 있습니다.

- main() 함수에 자료 구조를 정의합니다:

```
int main() {
    map<string, int> wordmap{ };
    vector<pair<string, int>> wordvec{};
    regex word_re(bw::re);
    size_t total_words{};
```

우리의 주요 map은 wordmap 변수입니다. 정렬 컨테이너로 사용할 wordvec이라는 벡터도 있습니다. 마지막으로 regex 클래스는 word_re 입니다.

- for 반복문은 대부분의 작업이 발생하는 곳입니다. cin 스트림에서 텍스트를 읽고, regex을 적용한 후, 단어를 map에 저장합니다:

```
for(string s{}; cin >> s; ) {
    auto words_begin{
```

---

4   bw는 저자의 이름의 약자입니다.

```
        sregex_iterator(s.begin(), s.end(), word_re) };
    auto words_end{ sregex_iterator() };

    for(auto r_it{words_begin}; r_it ≠ words_end; ++r_it) {
        smatch match{ *r_it };
        auto word_str{match.str()};
        ranges::transform(word_str, word_str.begin(),
            [](unsigned char c){ return tolower(c); });
        auto [map_it, result] = wordmap.try_emplace(word_str, 0);
        auto & [w, count] = *map_it;
        ++total_words;
        ++count;
    }
}
```

필자가 for 반복문을 선호하는데, 이는 변수 s의 범위를 포함하기 때문입니다.

먼저 regex 결과에 대한 반복자를 정의합니다. 이를 통해 문장 부호로만 둘러싸여 있더라도 다수의 단어들을 구별할 수 있습니다. for(r_it…) 반복문은 cin 문자열에서 개별 단어를 반환합니다.

smatch 타입은 regex 문자열 매칭 클래스의 특수화로 이를 통해 regex에서 다음 단어를 가져올 수 있습니다.

그다음 transform 알고리즘을 사용하여 단어를 소문자로 변환합니다. 이렇게 하면 대소문자 구분 없이 단어의 빈도를 셀 수 있습니다. (예를 들어, The와 the는 같은 단어로 취급됩니다.)

try_emplace() 메서드를 사용하여 맵에 단어를 추가합니다. 이미 존재하는 단어라면 대체되지 않습니다.

마지막으로, 맵에서 해당 단어의 개수를 ++count를 사용해 증가시킵니다.

• 이제 map에 단어와 그 빈도수가 저장되었습니다. 그러나 map은 알파벳순으로 정렬되어 있고, 우리는 빈도수의 내림차순으로 정렬하기를 원합니다. 이를 위해 단어와 빈도를 벡터에 넣고 정렬합니다:

```
auto unique_words = wordmap.size();
wordvec.reserve(unique_words);
ranges::move(wordmap, back_inserter(wordvec));
```

```
ranges::sort(wordvec, [](const auto& a, const auto& b) {
    if(a.second ≠ b.second)
        return (a.second > b.second);
    return (a.first < b.first);
});
cout << format("total word count: {}\n", total_words);
cout << format("unique word count: {}\n", unique_words);
```

wordvec 변수는 vector⟨pair⟨string, int⟩⟩ 타입으로 단어와 그 빈도수를 갖습니다. ranges::move() 알고리즘을 사용하여 vector를 생성하고 ranges::sort() 알고리즘을 호출하여 vector를 정렬합니다. 서술 람다 함수로 빈도수(내림차순) 정렬한 후, 단어를 기준으로 (오름차순) 정렬하였음을 주목하세요.

• 마지막으로 결과를 출력합니다:

```
for(int limit{20}; auto& [w, count] : wordvec) {
    cout << format("{}: {}\n", count, w);
    if(--limit == 0) break;
}
}
```

처음 20개의 항목만 출력하도록 한계를 설정하였습니다. 만약 전체 목록을 출력하고자 한다면 if(--limit == 0) break; 부분을 주석 처리하면 됩니다.

• 예제 파일로 에드가 앨런 포(Edgar Allen Poe)의 더 레이븐(The Raven) 텍스트 파일을 넣습니다. 이 시는 누구나 이용할 수 있습니다. 이것으로 프로그램을 시험합니다:

```
$ ./word-count < the-raven.txt
total word count: 1098
unique word count: 439
56: the
38: and
32: i
24: my
21: of
17: that
```

```
17: this
15: a
14: door
11: chamber
11: is
11: nevermore
10: bird
10: on
10: raven
9: me
8: at
8: from
8: in
8: lenore
```

시에는 총 1,098 단어가 있고 고유한 단어는 439개입니다.

How it works...

이 레시피의 핵심은 map 객체를 사용하여 중복된 단어의 수를 세는 것입니다. 이때 고려할 부분이 있습니다.

cin 스트림을 사용하여 표준 입력에서 텍스트를 읽습니다. 기본적으로 cin은 string 객체를 읽을 때 공백을 무시합니다. 〉〉 연산자 우측에 문자열 객체를 배치하면(cin 〉〉 s), 공백으로 구분된 텍스트 청크를 얻습니다. 이는 많은 경우 단어를 한 번에 처리하기에 충분하지만, 우리는 언어학적 단어가 필요합니다. 이를 위해 정규 표현식을 사용할 것입니다.

regex 클래스는 여러 가지 정규 표현식 문법을 제공하며 기본적으로 ECMA 문법을 사용합니다. ECMA 문법에서 정규 표현식 (\w+)는 ([A-Za-z0-9_]+)의 단축 표현입니다. 이는 이러한 문자들을 포함하는 단어를 선택합니다.

정규 표현식은 그 자체로 하나의 언어입니다. 정규 표현식에 대해 더 배우려면 제프리 프리들의 〈Mastering Regular Expressions〉라는 책[5]을 추천합니다.

regex 엔진에서 각 단어를 가져올 때, 우리는 map 객체의 try_emplace() 메서드를 사용하여 해당 단어를 wordmap에 조건적으로 추가합니다. 단어가 map에 존재하지 않으면, 개수

---

5 **(역자 주)** 국내 번역서는 출판되지 않았습니다.

를 0으로 설정하여 추가합니다. 만약 단어가 이미 map에 있다면, 개수는 변경되지 않습니다. 반복문 내에서 개수를 증가시키므로 항상 올바르게 유지됩니다.

파일에서 모든 고유한 단어로 맵이 채워진 후, ranges::move() 알고리즘을 사용하여 이를 벡터로 이동시킵니다. move() 알고리즘을 사용하면 이 전환이 빠르고 효율적으로 이루어집니다. 그런 다음 ranges::sort()를 사용하여 벡터를 정렬할 수 있습니다. 정렬을 위한 서술 람다 함수는 쌍의 양쪽을 비교하는 조건을 포함하므로, 최종 결과는 빈도 수(내림차순)와 단어 철자순으로 정렬됩니다.

벡터의 벡터로 긴 문장 찾기

예제 파일: chap03/sentences.cpp

작가에게 다양한 길이의 문장을 쓰고 있는지 혹은 어떤 문장들이 너무 장황한지 확인할 수 있다면 유용할 것입니다.[6] 텍스트 파일의 문장 길이를 측정할 수 있는 도구를 만들어봅시다.

STL을 사용할 때 적절한 컨테이너를 고르는 것이 핵심입니다. 정렬된 것을 원한다면 map 혹은 multimap 같은 연관 컨테이너를 사용하는 것이 대부분 최선의 선택입니다. 하지만 이 레시피에서는 사용자 정의 정렬을 원하기 때문에 벡터를 정렬하는 것이 더 쉽습니다.

벡터는 일반적으로 STL 컨테이너 중 가장 유연합니다. 다른 컨테이너 유형이 적합해 보이지만 중요한 기능 하나가 부족할 때, 벡터가 종종 효과적인 대안이 됩니다. 이 경우처럼 사용자 지정 정렬이 필요할 때, 벡터는 매우 유용합니다.

이 레시피는 벡터의 벡터를 사용합니다. 내부 벡터는 문장의 단어를 저장하고 외부 벡터는 내부 벡터를 정렬합니다. 보시다시피, 이는 관련 데이터를 모두 유지하면서도 높은 유연성을 제공합니다.

How to do it...

이 프로그램은 단어를 읽고 문장의 끝을 찾은 후, 문장 내용을 저장하고 정렬한 뒤 결과를 출력합니다.

- 먼저, 문장의 끝에 도달했는지 판단하는 간단한 함수를 작성해 보겠습니다:

---

6 **(역자 주)** 역자도 제가 쓰는 문장들은 어떤지 문득 궁금해지네요.

```
bool is_eos(const string_view & str) {
    constexpr const char * end_punct{ ".!?" };
    for(auto c : str) {
        if(strchr(end_punct, c) ≠ nullptr) return true;
    }
    return false;
}
```

is_eos() 함수는 string_view를 사용합니다. 이는 효율적이며, 우리가 필요로 하는 기능을
충분히 제공합니다. strchr() 라이브러리 함수를 사용하여 단어에 문장 부호(".!?") 중 하나가
포함되어 있는지 확인합니다. 영어에서 문장을 끝낼 수 있는 문자는 이 세 가지가 있기 때문입
니다.

• main() 함수에서 **벡터의 벡터**를 정의합니다:

```
vector<vector<string>> vv_sentences{vector<string>{}};
```

이 코드는 vector〈string〉 타입의 요소로 구성된 vv_sentences라는 벡터를 정의합니다.
vv_sentences 객체는 첫 번째 문장을 위한 빈 벡터로 초기화됩니다.
이로써 다른 벡터들을 포함하는 벡터가 생성됩니다. 내부 벡터들은 각 문장의 단어들을 포함
합니다.

• 이제 단어의 스트림을 처리합니다:

```
for(string s{}; cin >> s; ) {
    vv_sentences.back().emplace_back(s);
    if(is_eos(s)) {
        vv_sentences.emplace_back(vector<string>{});
    }
}
```

for 반복문은 입력 스트림에서 한 번에 한 단어를 반환합니다. back() 메서드는 반환된 단어
가 포함되어야 할 현재 벡터를 반환하며 emplace_back() 메서드를 호출하여 벡터에 요소를
추가합니다. is_eos() 함수는 문장의 끝에 도달했는지 확인하며, 문장의 끝인 경우 다음 문장
을 위해 vv_sentences 변수에 새로운 빈 벡터를 추가합니다.

- 문장 부호를 만나면 vv_sentences 뒤에 새로운 빈 벡터를 추가하기 때문에 마지막에는 빈 벡터가 항상 달려있습니다. 이것을 확인하여 불필요한 경우 제거합니다:

```
// 마지막이 비어 있다면 제거
if(vv_sentences.back().empty())
    vv_sentences.pop_back();
```

- 이제 문장 크기에 따라 vv_sentences를 정렬할 수 있습니다:

```
sort(vv_sentences, [](const auto& l, const auto& r) {
    return l.size() > r.size();
});
```

이러한 이유로 벡터는 이 프로젝트에 매우 적합합니다. ranges::sort() 알고리즘을 사용하면 간단한 서술을 통해 크기 기준으로 내림차순 정렬을 빠르고 쉽게 수행할 수 있습니다.

- 이제 결과를 출력합니다:

```
constexpr int WLIMIT{10};
for(auto& v : vv_sentences) {
    size_t size = v.size();
    size_t limit{WLIMIT};
    cout << format("{}: ", size);
    for(auto& s : v) {
        cout << format("{} ", s);
        if(--limit == 0) {
            if(size > WLIMIT) cout << "...";
            break;
        }
    }
    cout << '\n';
}
cout << '\n';
```

외부 반복문과 내부 반복문은 각각 외부와 내부 벡터들에 해당합니다.

단순히 벡터들을 순회하고 format("{}: ", size)로 내부 벡터의 크기를 출력합니다. 그다음 각 단어는 format("{ }", s)를 사용하여 출력합니다.

아주 긴 문장을 전체 출력하고 싶지 않으므로, 단어를 10개로 제한하고, 초과할 경우 생략 부호(...)를 출력하도록 정의합니다.

• 입력으로 이 레시피의 처음 몇 문단을 넣었을 때 결과는 다음과 같습니다:

```
$ ./sentences < sentences.txt
27: It can be useful for a writer to make sure ...
19: Whenever another container type seems appropriate, but is missing one ...
18: If you need something ordered, it's often best to use ...
17: The inner vector stores the words of a sentence, and ...
16: In this case, however, since we need a descending sort, ...
16: In this case, where we need our output sorted in ...
15: As you'll see, this affords a lot of flexibility while ...
12: Let's build a tool that evaluates a text file for ...
11: The vector is generally the most flexible of the STL ...
9: Choosing the appropriate container key when using the STL.
7: This recipe uses a vector of vectors.
```

How it works...

문장 부호를 찾는 것은 C 표준 라이브러리의 strchr() 함수를 호출하면 됩니다. C와 표준 라이브러리는 C++ 언어에 포함되어 있으므로, 적절한 경우 이를 사용하는 것은 전혀 문제 되지 않습니다.

```cpp
bool is_eos(const string_view & str) {
    constexpr const char * end_punct{ ".!?" };
    for(auto c : str) {
        if(strchr(end_punct, c) != nullptr) return true;
    }
    return false;
}
```

이 함수는 단어 중간에 문장 부호가 있는 경우에는 적절하게 문장을 구분할 수 없을 것입니다. 이는 일부 형태의 시나 잘못된 형식의 텍스트 파일에서 발생할 수 있습니다. 필자는

std::string 반복자나 정규 표현식을 사용하여 처리하는 사례를 본 적이 있지만, 우리의 목적에서는 이 방법이 더 빠르고 간단합니다.

우리는 cin을 사용하여 텍스트 파일을 단어 단위로 읽습니다:

```
for(string s{}; cin >> s; ) {
    ...
}
```

이렇게 하면 큰 파일을 읽을 때 한 번에 모든 내용을 메모리에 올리는 오버헤드를 피할 수 있습니다. 벡터는 이미 파일의 모든 단어를 포함하므로, 전체 텍스트 파일을 메모리에 유지할 필요가 없습니다. 파일이 너무 큰 경우에는 다른 전략을 찾거나 데이터베이스 사용을 고려해야 합니다.

벡터의 벡터는 처음에는 복잡해 보일 수 있지만, 두 개의 별도 벡터를 사용하는 방법보다는 훨씬 간단합니다.

```
vector<vector<string>> vv_sentences{ vector<string>{} };
```

이 코드는 **내부** 요소를 vector⟨string⟩ 타입으로 하는 **외부** 벡터를 선언합니다. **외부** 벡터의 이름은 vv_sentences 입니다. **내부** 벡터는 익명이며, 별도의 이름이 필요하지 않습니다. 이 정의는 vv_sentences 객체를 하나의 요소(비어 있는 vector⟨string⟩ 객체)로 초기화합니다.

현재 내부 벡터에 접근하려면 vv_sentences.back()을 호출하면 됩니다:

```
vv_sentences.back().emplace_back(s);
```

하나의 내부 벡터를 완료하면 다음과 같이 새로운 벡터를 생성합니다:

```
vv_sentences.emplace_back(vector<string>{});
```

이것은 익명의 새로운 vector⟨string⟩ 객체를 생성하여 vv_sentences 객체 뒤에 **추가합니다**.

multimap으로 작업 목록 만들기

예제 파일: chap03/todo.cpp

정렬된 작업 목록(또는 투 두 리스트)은 일반적인 컴퓨팅 응용 프로그램입니다. 정식으로 설명하면 각 목록에 우선순위가 매겨지고, 그 순위의 역순으로 정렬됩니다.

이를 위해 본능적으로 priority_queue를 사용하고 싶을 수 있습니다. 이름에서 알 수 있듯이 이미 우선순위(역순 숫자)로 정렬되어 있기 때문입니다. 그러나 priority_queue의 단점은 반복자가 제공되지 않아 큐에 넣고 빼지 않으면 사용하기 어렵습니다.

따라서 이 레시피에서는 정렬된 목록을 위해 multimap을 사용합니다. multimap은 **연관 컨테이너**로 항목을 정렬된 상태로 유지하며, **역방향 반복자**를 사용하여 올바른 정렬 순서로 접근할 수 있습니다.

How to do it...

이것은 multimap을 초기화하고 이를 역순으로 출력하는 짧고 간단한 레시피입니다.

- multimap을 위한 타입 별칭을 만듭니다:

```
using todomap = multimap<int, string>;
```

todomap 객체는 int 키와 string 페이로드를 가진 multimap 입니다.

- 다음은 todomap의 내용을 역순으로 출력하는 작은 유틸리티 함수입니다:

```
void rprint(todomap& todo) {
    for(auto it = todo.rbegin(); it ≠ todo.rend(); ++it) {
        cout << format("{}: {}\n", it→first, it→second);
    }
    cout << '\n';
}
```

역방향 반복자를 사용하여 todomap을 출력합니다.

- main() 함수는 짧고 간결합니다:

```
int main()
{
    todomap todo {
        {1, "wash dishes"},
        {0, "watch teevee"},
        {2, "do homework"},
        {0, "read comics"}
    };
    rprint(todo);
}
```

todomap에 작업 목록을 추가하고 초기화합니다. 각 작업들은 특정한 순서로 정렬되어 있지 않지만, 키에 우선순위가 지정되어 있습니다. rprint() 함수는 이를 우선순위 순서로 출력합니다.

- 실행 결과는 다음과 같습니다:

```
$ ./todo
2: do homework
1: wash dishes
0: read comics
0: watch teevee
```

작업 목록은 우리가 원하는 바와 같이 우선순위대로 출력되었습니다.

How it works...

짧고 단순한 레시피입니다. 이 레시피는 우선순위 목록을 저장하기 위해 multimap 컨테이너를 사용합니다.

여기서 핵심은 rprint() 함수입니다:

```
void rprint(todomap& todo) {
    for(auto it = todo.rbegin(); it ≠ todo.rend(); ++it) {
```

```
        cout << format("{}: {}\n", it→first, it→second);
    }
    cout << '\n';
}
```

역방향 반복자인 rbegin( )과 rend( )에 주목하세요. multimap의 정렬 순서를 변경할 수는 없지만, 역방향 반복자를 제공하므로 우선순위 목록을 원하는 방식으로 처리할 수 있습니다.

4장

호환성있는 반복자

C++

반복자(iterator)는 STL의 근본 개념 중 하나입니다. 반복자는 C 포인터의 의미 체계를 사용하여 구현되며, 동일한 증가(++), 감소(--), 역참조(*) 연산자를 지원합니다. 포인터의 관용구는 대부분의 C/C++ 프로그래머에게 익숙하며, 이를 통해 std::sort와 std::transform 같은 알고리즘이 STL 컨테이너뿐만 아니라 기본(primitive) 메모리 버퍼에서도 작동할 수 있도록 합니다.

반복자가 기본

STL은 반복자를 사용하여 컨테이너 클래스의 요소에 접근할 수 있습니다. 대부분의 컨테이너는 begin()과 end() 반복자를 포함합니다. 이는 일반적으로 반복자 객체를 반환하는 멤버 함수로 구현됩니다. begin() 반복자는 컨테이너의 첫 번째 요소를 가리키며 end() 반복자는 마지막 요소의 바로 **뒤** 위치를 가리킵니다.

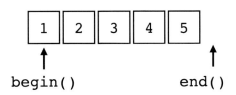

그림 4.1 begin( ) 과 end( ) 반복자

end( ) 반복자는 비결정적인 길이를 갖는 컨테이너를 위한 **센티널(sentinel)** 역할을 합니다. 이 장에서 그 예시를 몇 가지 살펴볼 것입니다.

대부분의 STL 컨테이너는 고유한 **반복자 타입**을 정의합니다. 예를 들어 int 타입의 vector의 경우는 다음과 같습니다:

```
std::vector<int> v;
```

반복자 타입은 다음과 같습니다:

```
std::vector<int>::iterator v_it;
```

여러분은 이것이 얼마나 쉽게 복잡해질 수 있는지 알 수 있습니다. 만약 string 타입의 vector의 vector의 경우:

```
std::vector<std::vector<int, std::string>> v;
```

반복자 타입은 다음과 같습니다:

```
std::vector<std::vector<int, std::string>>::iterator v_it;
```

다행히도 C++11은 자동 타입 추론과 auto 타입을 제공합니다. auto를 사용하면 반복자의
실제 타입을 사용할 일이 거의 없습니다. 예를 들어 for 반복문에 반복자가 필요하다면 auto
를 사용하면 됩니다:

```
for(auto v_it = v.begin(); v_it ≠ v.end(); ++v_it) {
    cout << *v_it << '\n';
}
```

역참조 연산자 *를 사용하여 반복자로부터 해당 요소로 접근하였음을 주목하세요. 이것은 포
인터를 역참조하는 것과 동일한 문법입니다:

```
const int a[]{ 1, 2, 3, 4, 5 };
size_t count{ sizeof(a) / sizeof(int) };
for(const int* p = a; count > 0; ++p, --count) {
    cout << *p << '\n';
}
```

기본 배열에 대해 레인지 기반의 for 반복문에도 사용할 수 있습니다:

```
const int a[]{ 1, 2, 3, 4, 5 };
for(auto e : a) {
    cout << e << '\n';
}
```

혹은 STL 컨테이너에서 사용 가능합니다:

```
std::vector<int> v{ 1, 2, 3, 4, 5 };
for(auto e : v) {
    cout << e << '\n';
}
```

레인지 기반의 for 반복문은 단지 반복자를 사용하는 for 반복문의 단축 표현일 뿐입니다:

```
{
    auto begin_it{ std::begin(container) };
    auto end_it{ std::end(container) };
    for ( ; begin_it ≠ end_it; ++begin_it) {
        auto e{ *begin_it };
        cout << e << '\n';
    }
}
```

반복자가 기본 포인터와 동일한 문법을 사용하기 때문에, 레인지 기반의 for 반복문은 어느 컨테이너와도 동일하게 동작합니다.

레인지 기반 for 반복문은 begin()과 end() 멤버 함수를 직접 호출하는 대신 std::begin()과 std::end()를 호출함을 기억하세요. std:: 함수는 반복자를 얻기 위해 멤버 함수를 호출합니다. 그러면 왜 멤버 함수를 직접 호출하지 않을까요? std:: 네임스페이스에 있는 비 멤버 함수는 기본 배열과도 동작하도록 설계되었기 때문입니다. 따라서 배열에도 for 반복문이 동작합니다:

```
const int arr[]{ 1, 2, 3, 4, 5 };
for(auto e : arr) {
    cout << format("{} ", e);
}
```

```
1 2 3 4 5
```

대부분의 경우, 필자는 더 명시적이기 때문에 멤버 함수인 begin()과 end()를 선호합니다. 다른 사람들은 더 일반적이라는 이유로 std:: 비 멤버 함수를 선호하기도 합니다. 결국, 어느 쪽이든 큰 차이는 없으니, 하나의 스타일을 선택하고 일관되게 사용하는 것을 추천합니다.

반복자 카테고리

C++20 이전에는 반복자가 그 기능에 따라 다음과 같은 카테고리로 나뉘어 있었습니다.

반복자 카테고리					반복자 기능
연속적인 (contiguous) 반복자	임의 접근 (random access) 반복자	양방향 (bidirectional) 반복자	순방향 (forward) 반복자	입력(input) 반복자	• 읽기 • 한번 증가
					• 여러번 증가
					• 감소
					• 임의 접근
					• 연속적인 메모리 (배열과 같이)
반복자에 쓰기 권한이 있다면, 가변 반복자(mutable iterators)라 부릅니다.					
출력(output) 반복자					• 쓰기 • 한번 증가

이러한 범주는 계층 구조를 이루며, 더 강력한 기능을 가진 반복자는 덜 강력한 반복자의 기능을 상속받습니다. 즉, **입력 반복자**는 한 번 읽고 증가할 수 있는 기능을 가집니다. **순방향 반복자**는 입력 반복자의 기능에 더해 여러 번 증가할 수 있습니다. **양방향 반복자**는 이러한 기능에 더해 감소할 수 있습니다. 그리고 이 계층은 점점 확장됩니다.

출력 반복자는 한 번만 쓰고 증가할 수 있습니다. 다른 반복자가 쓰기 기능을 함께 제공한다면, 이는 **가변 반복자**로 간주됩니다.

반복자 컨셉

컨셉과 제약 조건은 C++20에서 새로 도입되었습니다. 컨셉이란 템플릿 함수나 클래스의 인자 타입을 제한하고, 컴파일러가 적절한 특수화를 선택하도록 돕는 이름이 있는 제약 조건입니다. C++20을 시작으로 STL은 카테고리 대신 컨셉을 기반으로 반복자를 정의합니다. 각 컨셉은 std:: 네임스페이스에 있습니다.

컨셉	내용
indirectly_readable	반복자는 역참조 연산자(*)를 통해 읽을 수 있습니다. 여기에는 포인터, 스마트 포인터, 입력 반복자가 포함됩니다.
indirectly_writable	반복자의 객체 참조는 쓰기 가능합니다.

weakly_incrementable	++로 증가될 수 있지만, 동일성이 유지되지 않습니다. 예를 들어, a == b일 때, ++a는 ++b와 같지 않을 수 있습니다.
incrementable	++로 증가될 수 있으며, 동일성이 유지됩니다.
input_or_output_iterator	반복자는 증가 및 역참조될 수 있습니다. 모든 반복자는 이 컨셉을 충족해야 합니다.
sentinel_for	센티널 반복자는 비결정적인 크기의 객체 끝(예: 입력 스트림)을 찾는 데 사용됩니다.
sized_sentinel_for	센티널 반복자는 다른 반복자와 함께 사용될 수 있습니다. 그리고 상수 시간 내에 그 거리를 구하기 위해 - 연산자를 사용할 수 있습니다.
input_iterator	읽고 증가될 수 있는 반복자입니다.
output_iterator	쓰기 및 증가될 수 있는 반복자입니다.
forward_iterator	input_iterator 기능과 함께 incrementable를 포함합니다.
bidirectional_iterator	forward_iterator 기능과 함께 -- 연산자를 통해 감소할 수 있습니다. 동일성을 유지합니다.
random_access_iterator	bidirectional_iterator 기능과 함께 +, +=, -, -=, [] 연산자에 대한 지원을 추가합니다.
contiguous_iterator	random_access_iterator 기능과 함께 연속적인 메모리에 저장됩니다.

이러한 컨셉들을 사용하여 템플릿의 인수를 제한할 수 있습니다:

```cpp
template<typename T>
requires std::random_access_iterator<typename T::iterator>
void printc(const T & c) {
    for(auto e : c) {
        cout << format("{} ", e);
    }
    cout << '\n';
    cout << format("element 0: {}\n", c[0]);
}
```

이 함수는 random_access_iterator를 필요로 합니다. 만약 임의 접근 컨테이너가 아닌 list[1]로 이 함수를 호출하면 컴파일러는 오류를 발생합니다:

---

1 **(역자 주)** std::list는 양방향 반복자를 지원합니다.

```
int main()
{
    list<int> c{ 1, 2, 3, 4, 5 };
    printc(c);
}
```

list 반복자는 random_access_iterator 컨셉을 지원하지 않기 때문에 다음과 같은 컴파일러 오류가 발생합니다:

```
error: no matching function for call to 'printc(std::__
cxx11::list<int>&)'
27 | printc(c);
   | ~~~~~~^~~
note: candidate: 'template<class T> requires random_access_
iterator<typename T::iterator> void printc(const T&)'
16 | void printc(const T & c) {
   | ^~~~~
note: template argument deduction/substitution failed:
note: constraints not satisfied
```

이것은 GCC 컴파일러에서 발생한 오류입니다. 오류는 컴파일러에 따라 달라질 수 있습니다. 만약 임의 접근 컨테이너인 vector로 호출하면:

```
int main()
{
    vector<int> c{ 1, 2, 3, 4, 5 };
    printc(c);
}
```

이제 컴파일되고 오류 없이 실행됩니다:

```
$ ./working
1 2 3 4 5
element 0: 1
```

다양한 기능(및 개념)에 따라 다른 종류의 반복자가 존재하지만, 이러한 복잡성은 사용의 편의성을 지원하기 위한 것입니다.

지금까지의 반복자에 대한 소개를 바탕으로 이제부터는 다음과 같은 레시피를 진행합니다.

- 반복 가능한 레인지 생성하기
- 반복자를 STL 반복자 특성과 호환되게 하기
- 반복자 어댑터를 사용하여 STL 컨테이너 채우기
- 반복자로 생성기 만들기
- 역방향 반복자 어댑터를 사용하여 역방향으로 반복하기
- 센티널을 넣어 길이를 알 수 없는 객체 반복하기
- zip 반복자 어댑터 만들기
- 임의 접근 반복자 만들기

예제 코드

이 장의 코드는 아래 깃허브 사이트에서 찾을 수 있습니다.

- https://github.com/Youngjin-com/CPP-STL/tree/main/chap04

반복 가능한 레인지 생성하기

예제 파일: chap04/seq.cpp

이 레시피는 레인지 기반의 for 반복문에 사용할 수 있는 반복 가능한 레인지를 생성하는 단순한 클래스를 설명합니다. 즉, 처음 값부터 마지막 값까지 반복하는 **수열 생성기**를 만듭니다. 이 과제를 달성하기 위해 객체 인터페이스를 가진 반복자 클래스가 필요합니다.

How to do it...

이 레시피의 두 가지 주요 부분은 메인 인터페이스인 Seq와 iterator 클래스입니다.

- 먼저 Seq 클래스를 정의합니다. 멤버 함수로 begin()과 end()만 가집니다:

```
template<typename T>
```

```
class Seq {
    T start_{};
    T end_{};
public:
    Seq(T start, T end) : start_{start}, end_{end} {}
    iterator<T> begin() const {
        return iterator{start_};
    }
    iterator<T> end() const { return iterator{end_}; }
};
```

생성자는 start_와 end_ 변수를 설정합니다. 이 변수들은 각각 begin() 및 end() 반복자를 구성하는 데 사용됩니다. 멤버 함수인 begin()과 end()는 iterator 객체를 반환합니다.

- 일반적으로 iterator 클래스는 컨테이너 클래스의 public 영역에 정의됩니다. 이것을 멤버 클래스(member class) 혹은 중첩 클래스(nested class)라고 부릅니다. 이제 이를 Seq 생성자 뒤에 넣습니다:

```
public:
    Seq(T start, T end) : start_{ start }, end_{ end } {}
    class iterator {
        T value_{};
    public:
        explicit iterator(T position = 0) : value_{position} {}
        T operator*() const { return value_; }
        iterator& operator++() {
            ++value_;
            return *this;
        }
        bool operator≠(const iterator& other) const {
            return value_ ≠ other.value_;
        }
    };
```

전통적으로 반복자 클래스의 이름은 iterator입니다. 이렇게 하면 Seq〈type〉::iterator로 참조할 수 있습니다.

iterator 생성자는 explicit으로 한정되어 암묵적인 변환을 허용하지 않습니다.

value_ 변수는 반복자가 관리하며, 포인터 역참조를 통해 값을 반환하는 데 사용됩니다. 레인지 기반의 for 반복문을 지원하는 최소 요구 사항은 역참조 연산자 *, 전위 증가 연산자 ++ 그리고 같지 않음 비교 연산자 != 입니다.

- 다음은 수열 생성기를 시험하는 main() 함수입니다:

```
int main()
{
    Seq<int> r{ 100, 110 };

    for (auto v : r) {
        cout << format("{} ", v);
    }
    cout << '\n';
}
```

여기에서 Seq 객체를 만들고 그 객체의 수열을 출력합니다.
결과는 다음과 같습니다:

```
$ ./seq
100 101 102 103 104 105 106 107 108 109
```

How it works...

이 레시피의 요점은 레인지 기반의 for 반복문에서 동작하는 수열 생성기를 만드는 것입니다. 먼저 레인지 기반의 for 반복문을 사용한 동등한 코드를 살펴보겠습니다:

```
{
    auto begin_it{ std::begin(container) };
    auto end_it{ std::end(container) };
    for ( ; begin_it != end_it; ++begin_it) {
        auto v{ *begin_it };
        cout << v << '\n';
    }
}
```

이 동등한 코드로부터 객체가 for 반복문과 함께 작동하기 위한 요구사항을 유추할 수 있습니다.

- begin( )과 end( ) 반복자
- 반복자에서 같지 않음 비교 != 연산자 제공
- 반복자에서 전위 증가 ++ 연산자 제공
- 반복자에서 역참조 * 연산자 제공

주요 Seq 클래스 인터페이스는 오직 생성자, begin( ), end( ) 반복자라는 세 가지 public 멤버 함수만 가집니다:

```
Seq(T start, T end) : start_{ start }, end_{ end } {}
iterator begin() const { return iterator{start_}; }
iterator end() const { return iterator{end_}; }
```

Seq::iterator 클래스 구현에는 실제 페이로드를 포함합니다:

```
class iterator {
    T value_{};
```

이것은 공통적인 설정으로 페이로드는 오직 반복자를 통해서만 접근할 수 있습니다.

이제 필요한 세 연산자를 구현합니다:

```
T operator*() const { return value_; }
iterator& operator++() {
    ++value_;
    return *this;
}
bool operator!=(const iterator& other) const {
    return value_ ≠ other.value_;
}
```

이것이 레인지 기반 for 반복문을 사용하기 위해 필요한 전부입니다:

```
Seq<int> r{ 100, 110 };
for (auto v : r) {
```

```
    cout << format("{} ", v);
  }
```

There's more...

반복자를 컨테이너의 멤버 클래스로 만드는 것은 전통적이지만 필수는 아닙니다. 이렇게 하면 iterator 타입이 컨테이너 타입에 종속됩니다:

```
  Seq<int>::iterator it = r.begin();
```

C++11 이후에는 auto 타입 덕분에 덜 중요해졌지만, 여전히 모범 사례로 간주됩니다.

반복자를 STL 반복자 특성과 호환되게 하기

예제 파일: chap04/iterator-traits.cpp

많은 STL 알고리즘은 반복자가 특정 속성에 대해 충족할 것을 요구합니다. 불행히도, 이러한 요구사항은 컴파일러, 시스템, 그리고 C++ 버전에 따라 일관성이 없습니다.

반복 가능한 레인지 생성하기 레시피에서 사용한 클래스를 활용하여 이 문제를 설명하겠습니다. 계속 읽기 전에 해당 레시피를 먼저 읽어 보기를 추천합니다.

main() 함수에 minmax_element() 알고리즘을 호출하는 코드를 추가합니다:

```
  Seq<int> r{ 100, 110 };
  auto [min_it, max_it] = minmax_element(r.begin(), r.end());
  cout << format("{} - {}\n", *min_it, *max_it);
```

이 코드는 컴파일되지 않습니다. 오류 메시지는 모호하고 암호 같고 중첩됩니다. 하지만 자세히 들여다보면 여러분의 반복자가 이 알고리즘과 호환을 위한 요구사항을 충족하지 않았음을 알 수 있습니다.

좋습니다. 함께 고쳐보시죠.

How to do it...

우리의 반복자를 알고리즘과 호환되도록 만들기 위해 몇 가지 간단한 작업을 해야 합니다. 반복자는 최소한 순방향 반복자(forward iterator)의 요구 사항을 충족해야 하므로, 그 부분부터 시작해 보겠습니다.

• 우리는 이미 순방향 반복자에 필요한 거의 모든 연산자를 가지고 있습니다. 하지만 한 가지 빠진 것이 있는데 바로 동등 비교 연산자 == 입니다. 이 연산자는 operator==() 오버로드를 통해 반복자에 쉽게 추가할 수 있습니다:

```
bool operator==(const iterator& other) const {
return value_ == other.value_;
}
```

흥미롭게도 이것만으로도 일부 시스템에서는 코드가 컴파일되고 실행됩니다. 그러나 Clang 에서는 다음과 같은 오류가 발생합니다:

```
No type named 'value_type' in 'std::iterator_
traits<Seq<int>::iterator>'
```

이는 반복자에서 특성을 설정해야 한다는 것을 의미합니다.

• iterator_traits 클래스는 iterator 클래스에서 (using 별칭으로 구현된) 타입 정의를 찾습니다:

```
public:
    using iterator_concept = std::forward_iterator_tag;
    using iterator_category = std::forward_iterator_tag;
    using value_type = std::remove_cv_t<T>;
    using difference_type = std::ptrdiff_t;
    using pointer = const T*;
    using reference = const T&;
```

필자는 이것들을 쉽게 찾을 수 있게, iterator 클래스 상단의 public 영역에 넣는 편입니다. 이제 순방향 반복자 클래스의 요구사항을 모두 만족하였고 필자가 사용하는 모든 컴파일러에서 정상 동작합니다.

How it works...

다음의 using 문은 반복자가 수행할 수 있는 기능을 정의하는 특성들입니다. 각각을 살펴봅시다:

```
using iterator_concept = std::forward_iterator_tag;
using iterator_category = std::forward_iterator_tag;
```

첫 번째와 두 번째는 **컨셉**과 **카테고리**로 둘 다 forward_iterator_tag로 설정되어 있습니다. 이 값은 해당 반복자가 순방향 반복자 명세를 따르고 있음을 의미합니다.

일부 코드는 이러한 값을 직접 확인하지 않고, 개별 설정 및 기능으로 확인합니다:

```
using value_type = std::remove_cv_t<T>;
using difference_type = std::ptrdiff_t;
using pointer = const T*;
using reference = const T&;
```

value_type 별칭은 std::remove_cv_t⟨T⟩로 설정되어 있는데 const 한정자가 제거된 값의 타입을 의미합니다.

difference_type 별칭은 std::ptrdiff_t 으로 설정되며, 포인터 차이를 나타내는 특수 타입입니다.

pointer와 reference 별칭은 각각 const로 한정된 포인터와 참조 타입으로 설정됩니다.

이들 타입 별칭을 정의하는 것은 대부분의 반복자의 기본 요구사항입니다.

There's more...

이러한 특성들을 정의하면 컨셉으로 제한된 템플릿을 반복자와 함께 사용할 수 있다는 점에 주목할 만합니다. 예를 들어 다음 코드를 봅시다:

```
template<typename T>
requires std::forward_iterator<typename T::iterator>
void printc(const T & c) {
    for(auto v : c) {
        cout << format("{} ", v);
    }
```

```
        cout << '\n';
    }
```

이 함수는 forward_iterator 컨셉을 만족해야만 수열을 출력할 수 있습니다. 만약 클래스가 이를 만족하지 않으면 컴파일되지 않습니다.

우리는 또한 ranges:: 버전의 알고리즘을 사용할 수도 있습니다:

```
    auto [min_it, max_it] = ranges::minmax_element(r);
```

이렇게 하면 반복자를 더 편리하게 사용할 수 있습니다.

또한, 정적 단언문으로 forward_range 호환성을 시험할 수 있습니다:

```
    static_assert(ranges::forward_range<Seq<int>>);
```

반복자 어댑터를 사용하여 STL 컨테이너 채우기

예제 파일: chap04/iterator-adapters.cpp

반복자는 본질적으로 추상화입니다. 특정한 인터페이스를 가지며, 특정한 방식으로 사용됩니다. 그러나 그 본질은 단순한 코드이며, 다른 용도로도 사용할 수 있습니다. **반복자 어댑터 (iterator adapter)**는 반복자처럼 보이지만, 다른 기능을 수행하는 클래스입니다.

STL에는 다양한 반복자 어댑터가 제공됩니다. 이 어댑터들을 algorithm 라이브러리와 사용하면 꽤 유용합니다. STL 반복자 어댑터는 일반적으로 세 가지로 분류될 수 있습니다.

- 삽입 반복자 혹은 삽입자: 컨테이너에 요소를 넣는데 사용합니다.
- 스트림 반복자는 스트림을 읽거나 씁니다.
- 역방향 반복자는 반복자의 방향을 역전시킵니다.

How to do it...

이 레시피에서 몇 가지 STL 반복자 어댑터의 예를 살펴봅시다.

- 먼저 컨테이너 내용을 출력하는 단순한 함수를 작성합니다:

```
void printc(const auto & v, const string_view s = "") {
    if(s.size()) cout << format("{}: ", s);
    for(auto e : v) cout << format("{} ", e);
    cout << '\n';
}
```

printc() 함수를 호출하면 알고리즘 실행 결과를 쉽게 볼 수 있습니다. 이 함수에는 설명을 위해 선택적인 string_view 인수를 포함합니다.

- main() 함수에서는 몇 개의 deque 컨테이너를 정의합니다. deque 컨테이너를 사용하면 앞뒤 양방향에서 요소를 넣을 수 있습니다:

```
int main() {
    deque<int> d1{ 1, 2, 3, 4, 5 };
    deque<int> d2(d1.size());
    copy(d1.begin(), d1.end(), d2.begin());
    printc(d1);
    printc(d2, "d2 after copy");
}
```

출력

```
1 2 3 4 5
d2 after copy: 1 2 3 4 5
```

deque 타입의 d1 변수에 다섯 개의 int 값을 정의하였고, 동일한 수의 요소를 저장할 수 있는 공간을 가진 d2를 정의했습니다. copy() 알고리즘은 공간을 할당하지 않으므로, d2는 저장할 충분한 공간을 미리 갖추고 있어야 합니다.

copy() 알고리즘은 세 개의 반복자를 사용합니다. begin과 end 반복자는 복사할 요소의 범위를 나타내며, 세 번째 반복자는 대상 범위의 begin 반복자입니다. copy() 함수는 반복자가 유효한지 검사하지 않습니다. 메모리가 할당되지 않은 벡터에서 이 함수를 실행하면 세그멘테이션 폴트(segmentation fault) 오류가 발생합니다.

결과 출력을 위해 printc() 함수를 호출합니다.

- copy() 알고리즘이 항상 편리한 것은 아닙니다. 특히, 요소를 복사하면서 컨테이너 끝에 추가할 때 그렇습니다. 각 요소에 대해 push_back()을 호출하는 알고리즘이 있으면 훨씬 유용할 것입니

다. 이때 반복자 어댑터가 유용[2]합니다. main( ) 함수의 끝에 다음의 코드를 추가합니다:

```
copy(d1.begin(), d1.end(), back_inserter(d2));
printc(d2, "d2 after back_inserter");
```

d2 after back_inserter: 1 2 3 4 5 1 2 3 4 5

back_inserter()는 **삽입 반복자 어댑터**로 각 요소에 push_back()을 호출합니다. 이는 출력 반복자가 필요한 곳 어디에서나 사용할 수 있습니다.

• 또한 front_inserter( ) 어댑터가 있어 컨테이너 앞에 넣을 수도 있습니다:

```
deque<int> d3{ 47, 73, 114, 138, 54 };
copy(d3.begin(), d3.end(), front_inserter(d2));
printc(d2, "d2 after front_inserter");
```

d2 after front_inserter: 54 138 114 73 47 1 2 3 4 5 1 2 3 4 5

front_inserter() 어댑터는 컨테이너의 push_front()를 사용하여 요소를 앞에 넣습니다. 대상에 있는 요소가 역방향으로 추가됨에 주의하세요. 그 이유는 각 요소가 이전 요소 앞으로 추가되기 때문입니다.

• 가운데 넣고 싶다면 inserter( ) 어댑터를 호출합니다:

```
auto it2{ d2.begin() + 2};
copy(d1.begin(), d1.end(), inserter(d2, it2));
printc(d2, "d2 after middle insert");
```

d2 after middle insert: 54 138 1 2 3 4 5 114 73 47 ...

inserter( ) 어댑터는 삽입을 시작할 반복자를 인수로 받습니다.

• **스트림 반복자**는 iostream 객체에서 읽고 쓰는 작업을 편리하게 수행할 수 있도록 도와줍니다. 다음은 ostream_iterator의 예입니다:

---

2 **(역자 주)** 반복자 어댑터가 있기 때문에 미리 공간을 할당해 놓지 않아도 됩니다.

```
cout << "ostream_iterator: ";
copy(d1.begin(), d1.end(), ostream_iterator<int>(cout));
cout << '\n';
```

```
ostream_iterator: 12345
```

- 다음은 istream_iterator() 입니다:

```
vector<string> vs{};
copy(istream_iterator<string>(cin),
    istream_iterator<string>(),
    back_inserter(vs));
printc(vs, "vs2");
```

```
$ ./working < five-words.txt
vs2: this is not a haiku
```

istream_iterator() 어댑터는 스트림이 전달되지 않을 경우 기본적으로 end 반복자를 반환합니다.

- **역방향 어댑터**는 대부분의 컨테이너에 멤버 함수로 포함되어 있으며 rbegin()과 rend() 입니다:

```
for(auto it = d1.rbegin(); it ≠ d1.rend(); ++it) {
    cout << format("{} ", *it);
}
cout << '\n';
```

```
5 4 3 2 1
```

How it works...

반복자 어댑터는 현재 컨테이너를 래핑하여 동작합니다. back_inserter()를 컨테이너 객체와 함께 호출할 경우는 다음과 같습니다:

```
copy(d1.begin(), d1.end(), back_inserter(d2));
```

어댑터는 반복자를 흉내내는 객체(이 경우 std::back_insert_iterator 객체)를 반환합니다. 해당 객체는 값이 반복자에 할당될 때 해당 컨테이너 객체의 push_back() 메서드를 호출합니다. 이를 통해 어댑터는 반복자를 대신하여 작업을 수행하는 유용한 역할을 합니다.

istream_adapter()는 또한 센티널(sentinel)을 필요로 합니다. 센티널은 비결정적인 길이를 갖는 반복자의 끝을 의미합니다. 스트림에서 데이터를 읽을 때, 끝에 도달할 때까지 얼마나 많은 객체들이 있는지 알 수 없습니다. 스트림이 끝에 도달하면 센티널이 반복자와 같아져 스트림의 종료를 알립니다. istream_adapter()를 인자 없이 호출하면 센티널이 생성됩니다:

```
auto it = istream_adapter<string>(cin);
auto it_end = istream_adapter<string>(); // 센티널 생성
```

다음과 같이 어떤 컨테이너와도 동일한 방식으로 스트림의 끝을 확인할 수 있습니다:

```
for(auto it = istream_iterator<string>(cin);
        it ≠ istream_iterator<string>();
        ++it) {
    cout << format("{} ", *it);
}
cout << '\n';
```

```
$ ./working < five-words.txt
this is not a haiku
```

반복자로 생성기 만들기

예제 파일: chap04/fib-generator.cpp

생성기(generator)는 자체적으로 값의 수열을 생성하는 반복자로 컨테이너를 사용하지는 않습니다. 생성기는 그 즉시 수를 생성하며 한 번에 하나씩 수를 반환합니다. C++ 생성기는 독립적으로 동작하며, 다른 객체를 래핑하지 않습니다.

이 레피시에서는 피보나치수열을 위한 생성기를 만듭니다. 이 수열은 0과 1로 시작하여 앞의 두 수를 더해서 다음 수를 만듭니다.

$$F_0 = 0, \ F_1 = 1$$

$$\text{and}$$

$$F_n = F_{n-1} + F_{n-2}$$

$$\text{for } n > 1$$

그림 4.2 피보나치수열의 정의

피보나치수열의 처음 10개 값(0을 제외하면)은 1, 1, 2, 3, 5, 8, 13, 21, 34, 55입니다. 이 수열은 자연에서 발견되는 **황금비**를 근사적으로 나타냅니다.

How to do it...

피보나치수열은 흔히 **재귀적 반복**으로 생성됩니다. 생성기에서 재귀를 사용하는 것은 어렵고 자원을 많이 소모할 수 있으므로, 대신 수열의 이전 두 값을 저장하고 이를 더하는 방식을 사용하는 것이 훨씬 효율적입니다.

• 먼저 수열을 출력하는 함수를 정의합니다:

```cpp
void printc(const auto & v, const string_view s = "") {
    if(s.size()) cout << format("{}: ", s);
    for(auto e : v) cout << format("{} ", e);
    cout << '\n';
}
```

printc() 함수는 이전에 사용했습니다. 이 함수는 반복 가능한 레인지의 내용을 출력하며, 제공된 경우 설명 문자열도 함께 출력합니다.

• 우리의 클래스는 **타입 별칭**과 몇 가지 객체 변수를 포함하며, 이 모든 내용을 private 영역에 넣습니다:

```cpp
class fib_generator {
    using fib_t = unsigned long;
    fib_t stop_{};
    fib_t count_ { 0 };
    fib_t a_ { 0 };
    fib_t b_ { 1 };
```

stop_ 변수는 나중에 센티널로 사용될 것입니다. 이 변수는 생성될 값의 개수로 설정됩니다. count_ 는 얼마나 많은 값들이 생성되었는지 추적합니다. a_ 와 b_ 변수는 이전 두 수열 값으로, 다음 값을 계산하는 데 사용됩니다.

- private 영역에 피보나치수열의 다음 값을 계산하는 단순한 함수를 넣습니다:

```cpp
constexpr void do_fib() {
    const fib_t old_b = b_;
    b_ += a_;
    a_ = old_b;
}
```

- 이제 public 영역에는 기본 값을 갖는 단순한 생성자를 넣습니다:

```cpp
public:
    explicit fib_generator(fib_t stop = 0) : stop_{ stop
} {}
```

이 생성자는 인수 없이 사용되어 센티널을 생성합니다. stop 인수는 stop_ 변수를 초기화하고 얼마나 많은 값들이 생성되는지를 나타냅니다.

- 나머지 public 함수는 **순방향 반복자**를 위한 연산자 오버로드입니다:

```cpp
    fib_t operator*() const { return b_; }
    constexpr fib_generator& operator++() {
        do_fib();
        ++count_;
        return *this;
    }
    fib_generator operator++(int) {
        auto temp{ *this };
        ++*this;
        return temp;
    }
    bool operator!=(const fib_generator &o) const {
        return count_ ≠ o.count_;
    }
```

```
    bool operator==(const fib_generator &o) const {
        return count_ == o.count_;
    }
    const fib_generator& begin() const { return *this; }
    const fib_generator end() const {
        auto sentinel = fib_generator();
        sentinel.count_ = stop_;
        return sentinel;
    }
    fib_t size() { return stop_; }
};
```

단순한 size() 함수가 있으며, 이는 복사 작업을 위한 목적 컨테이너를 초기화할 때 유용하게 쓰입니다.

- 이제 main() 함수에서 간단히 printc()를 호출하여 생성기를 사용할 수 있습니다:

```
int main() {
    printc(fib_generator(10));
}
```

이는 익명 fib_generator 객체를 생성하여 printc() 함수에 전달합니다.

- 결과로 0을 제외한 처음 10개의 피보나치 숫자가 출력됩니다:

```
1 1 2 3 5 8 13 21 34 55
```

How it works...

fib_generator 클래스는 순방향 반복자로 동작하며 다음과 같이 필요한 모든 인터페이스 함수를 제공합니다:

```
fib_generator {
public:
    fib_t operator*() const;
    constexpr fib_generator& operator++();
```

```
    fib_generator operator++(int);
    bool operator≠(const fib_generator &o) const;
    bool operator═(const fib_generator &o) const;
    const fib_generator& begin() const;
    const fib_generator end() const;
};
```

레인지 기반의 for 반복문에서도 반복자로 보이기 때문에 정상 동작합니다.

값은 do_fib() 함수에서 계산됩니다:

```
constexpr void do_fib() {
    const fib_t old_b = b_;
    b_ += a_;
    a_ = old_b;
}
```

이 코드는 b_ += a_를 수행하여 b_에 결과를 저장하고, 이전의 b_ 값을 a_에 저장하여 다음 반복을 준비합니다.

* 역참조 연산자는 b_ 값을 반환하며, 이는 수열의 다음 값입니다:

```
fib_t operator*() const { return b_; }
```

end() 함수는 count_ 변수를 stop_ 변수와 같도록 설정한 객체를 생성하여 **센티널**을 반환합니다:

```
const fib_generator end() const {
    auto sentinel = fib_generator();
    sentinel.count_ = stop_;
    return sentinel;
}
```

이제 동등 비교 연산자는 쉽게 수열의 끝을 찾을 수 있습니다:

```
bool operator═(const fib_generator&o) const {
    return count_ ═ o.count_;
}
```

There's more...

만약 생성기가 algorithm 라이브러리와 동작하길 원한다면 traits 별칭을 제공해야 합니다. 이는 public 영역 상단에 추가됩니다:

```
public:
    using iterator_concept = std::forward_iterator_tag;
    using iterator_category = std::forward_iterator_tag;
    using value_type = std::remove_cv_t<fib_t>;
    using difference_type = std::ptrdiff_t;
    using pointer = const fib_t*;
    using reference = const fib_t&;
```

이제 반복자를 알고리즘과 사용할 수 있습니다:

```
fib_generator fib(10);
auto x = ranges::views::transform(fib,
    [](unsigned long x){ return x * x; });
printc(x, "squared:");
```

이 코드는 transform() 알고리즘의 ranges::views 버전을 사용하여 모든 값에 제곱을 하였습니다. 이렇게 생성된 객체는 반복자를 사용할 수 있는 곳이면 어디서든 활용할 수 있습니다. printc() 함수를 호출하면 다음과 같은 결과를 얻을 수 있습니다:

```
squared:: 1 1 4 9 25 64 169 441 1156 3025
```

역방향 반복자 어댑터를 사용하여 역방향으로 반복하기

예제 파일: chap04/reverse-iterator.cpp

역방향 반복자 어댑터는 반복자 클래스의 방향을 역전하는 추상화입니다. 양방향 반복자를 필요로 합니다.

How to do it...

STL에 있는 대부분의 양방향 컨테이너는 역방향 반복자 어댑터를 포함합니다. 그러나 원시 C 배열과 같은 일부 컨테이너는 그렇지 않습니다. 몇몇 예제들을 살펴봅시다.

- 이 장 전체에서 사용 중인 printc() 함수로 시작하겠습니다:

```cpp
void printc(const auto & c, const string_view s = "") {
    if(s.size()) cout << format("{}: ", s);
    for(auto e : c) cout << format("{} ", e);
    cout << '\n';
}
```

이 코드는 레인지 기반의 for 반복문을 사용하여 컨테이너의 요소들을 출력합니다.

- 레인지 기반의 for 반복문은 반복자가 없는 원시 C 배열에서도 동작합니다. 따라서 우리의 printc() 함수는 C 배열과도 동작합니다:

```cpp
int main() {
    int array[]{ 1, 2, 3, 4, 5 };
    printc(array, "c-array");
}
```

다음과 같은 출력을 얻습니다:

```
c-array: 1 2 3 4 5
```

- begin()과 end() 반복자 어댑터를 사용하여 C 배열을 위한 정상적인 순방향 반복자를 생성합니다:

```cpp
auto it = std::begin(array);
auto end_it = std::end(array);
while (it != end_it) {
    cout << format("{} ", *it++);
}
```

for 반복문의 출력은 다음과 같습니다:

```
1 2 3 4 5
```

• 혹은 rbegin()과 rend() 역방향 반복자 어댑터를 사용하여 C 배열을 위한 역방향 반복자를 생성할 수 있습니다:

```
auto it = std::rbegin(array);
auto end_it = std::rend(array);
while (it ≠ end_it) {
    cout << format("{} ", *it++);
}
```

이제 출력이 역전됩니다:

```
5 4 3 2 1
```

• 역방향으로 출력하는 printc() 함수의 변형도 만들 수 있습니다:

```
void printr(const auto & c, const string_view s = "") {
    if(s.size()) cout << format("{}: ", s);
    auto rbegin = std::rbegin(c);
    auto rend = std::rend(c);
    for(auto it = rbegin; it ≠ rend; ++it) {
        cout << format("{} ", *it);
    }
    cout << '\n';
}
```

C 배열로 이 함수를 호출하면 다음과 같습니다:

```
printr(array, "rev c-array");
```

아래와 같은 결과가 출력됩니다:

```
rev c-array: 5 4 3 2 1
```

• 물론 이 방식은 양방향 STL 컨테이너에도 적용할 수 있습니다:

```
vector<int> v{ 1, 2, 3, 4, 5 };
printc(v, "vector");
printr(v, "rev vector");
```

```
vector: 1 2 3 4 5
rev vector: 5 4 3 2 1
```

How it works...

일반적인 반복자 클래스는 첫 번째 요소를 가리키는 begin() 반복자와 마지막 요소 **다음**을 가리키는 end() 반복자를 포함합니다.

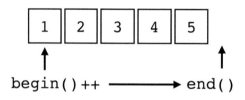

그림 4.3 순방향 반복자

컨테이너를 순회할 때는 begin() 반복자를 ++ 연산자로 증가시키며, end() 반복자에 도달할 때까지 반복합니다.

역방향 반복자 어댑터는 이 **반복자 인터페이스**를 가로채어 방향을 반대로 바꿉니다. 즉, begin() 반복자가 마지막 요소를 가리키고, end() 반복자는 첫 번째 요소 이전을 가리키도록 합니다. 또한 ++ 및 -- 연산자의 동작도 반대로 역전됩니다.

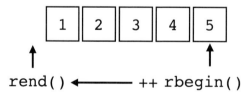

그림 4.4 역방향 반복자 어댑터

역방향 반복자에서 ++ 연산자가 값을 감소시키고, -- 연산자가 값을 증가시킵니다.

대부분의 양방향 STL 컨테이너는 이미 역방향 반복자 어댑터를 포함하고 있으며, rbegin()

및 rend() 멤버 함수로 접근할 수 있습니다:

```
vector<int> v;
it = v.rbegin();
it_end = v.rend();
```

이러한 반복자들은 역방향으로 동작하며 다양한 용도에 적합합니다.

센티널을 넣어 길이를 알 수 없는 객체 반복하기

예제 파일: chap04/sentinel.cpp

일부 객체는 특정한 길이를 갖지 않습니다. 이들의 길이를 알기 위해서는 모든 요소를 순회해야 합니다. 예를 들어, 이 장에서 살펴본 **생성기**는 특정한 길이를 가지지 않습니다. 더 일반적인 예로는 C 문자열이 있습니다.

C 문자열은 원시 C 문자 배열로, 마지막에 null 문자 \0로 종료됩니다.

그림 4.5 null로 끝나는 C 문자열

우리는 C 문자열을 자주 사용합니다. 심지어 그것을 인식하지 못하는 경우에도 그렇습니다. C/C++에서 모든 문자열 **리터럴**은 C 문자열입니다:

```
std::string s = "string";
```

여기서 STL 문자열 s는 리터럴 문자열로 초기화됩니다. 이 문자열 리터럴은 C 문자열입니다. 개별 문자를 16진수로 확인하면, null 종결자를 볼 수 있습니다:

```
for (char c : "string") {
    std::cout << format("{:02x} ", c);
}
```

'string'이라는 단어는 6개의 글자로 이루어져 있습니다. 하지만 반복문에서 출력된 배열의 요소는 일곱 개입니다:

```
73 74 72 69 6e 67 00
```

7번째 요소는 null 종결자입니다.

반복문은 원시 C 배열에 있는 7개의 문자를 보여줍니다. 문자열이라는 사실은 반복문에게 보이지 않는 추상화입니다. 만약 반복문에서 문자열처럼 다루려면 **반복자**와 **센티널**이 필요합니다.

센티널은 길이가 비결정적인 반복자의 끝을 나타내는 객체입니다. 반복자가 데이터의 끝에 도달하면 센티널은 그 반복자와 같아집니다.

이를 이해하기 위해, C 문자열을 위한 반복자를 만들어 보겠습니다.

How to do it...

C 문자열에 센티널을 사용하려면 사용자 정의 반복자를 만들어야 합니다. 복잡할 필요 없이 단지 레인지 기반의 for 반복문에 사용될 정도가 필요합니다.

- 편의를 위해 몇 가지 정의를 하겠습니다:

```
using sentinel_t = const char;
constexpr sentinel_t nullchar = '\0';
```

sentinel_t를 위한 using 별칭은 const char입니다. 이 타입은 클래스의 센티널을 위해 사용됩니다.

또한, null 문자 종결자를 나타내는 상수 nullchar를 정의합니다.

- 이제 반복자 타입을 정의합니다:

```
class cstr_it {
    const char *s{};
public:
    explicit cstr_it(const char *str) : s{str} {}
    char operator*() const { return *s; }
    cstr_it& operator++() {
        ++s;
```

```
            return *this;
        }
        bool operator≠(sentinel_t) const {
            return s ≠ nullptr && *s ≠ nullchar;
        }
        cstr_it begin() const { return *this; }
        sentinel_t end() const { return nullchar; }
    };
```

이것은 짧고 단순하며 레인지 기반의 for 반복문에 필요한 최소한의 요구사항입니다. end()
함수는 nullchar을 반환하고 operator!=() 오버로드는 nullchar와 비교합니다. 이는 센티
널을 위해 우리가 필요로 하는 모든 것입니다.

• 이제 센티널을 사용하여 C 문자열을 출력하는 함수를 정의할 수 있습니다:

```
void print_cstr(const char * s) {
    cout << format("{}: ", s);
    for (char c : cstr_it(s)) {
        std::cout << format("{:02x} ", c);
    }
    std::cout << '\n';
}
```

이 함수는 먼저 문자열을 출력합니다. 그다음 format() 함수를 사용하여 개별 문자를 16진수
값으로 출력합니다.

• 이제 main() 함수에서 print_cstr() 함수를 호출합니다:

```
int main() {
    const char carray[]{"array"};
    print_cstr(carray);

    const char * cstr{"c-string"};
    print_cstr(cstr);
}
```

출력은 다음과 같습니다:

```
array: 61 72 72 61 79
c-string: 63 2d 73 74 72 69 6e 67
```

부가적인 문자들은 보이지 않으며 null 종결자도 보이지 않음을 주목하세요. 이는 센티널이 for 반복문에서 nullchar가 보일 때 반복문을 중단해야 한다고 알려주기 때문입니다.

How it works...

반복자 클래스의 센티널 부분은 매우 단순합니다. end() 함수에서 센티널 값으로 null 종결자를 반환합니다:

```
sentinel_t end() const { return nullchar; }
```

그런 다음, 같지 않음(!=) 비교 연산자를 사용하여 이를 검사할 수 있습니다:

```
bool operator≠(sentinel_t) const {
    return s ≠ nullptr && *s != nullchar;
}
```

여기서 인자는 단순히 타입(sentinel_t)입니다. 함수 시그니처에 인자 타입은 필요하지만, 실제 값은 필요하지 않습니다. 필요한 작업은 현재 반복자와 센티널을 비교하는 것뿐입니다.
이 기술은 비교를 위한 중단점을 미리 정할 수 없는 타입이나 클래스에서 유용합니다.

zip 반복자 어댑터 만들기

예제 파일: chap04/zip-iterator.cpp

많은 스크립팅 언어는 두 수열을 zip하는 함수를 포함합니다. 일반적인 zip 연산은 두 개의 입력 수열을 받아, 각 위치에서 두 입력의 값을 쌍(pair)으로 반환합니다.
두 수열을 사용하는 경우를 생각해 봅시다. 이 수열은 컨테이너, 반복자 또는 초기화 리스트가 될 수 있습니다.

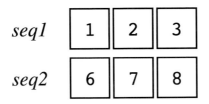

그림 4.6 zip 연산 할 컨테이너들

zip 연산을 통해 두 수열의 요소를 쌍으로 반환하고 싶습니다.

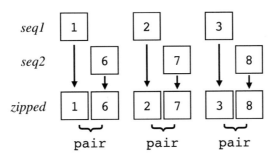

그림 4.7 zip 연산

이 레시피에서는 반복자 어댑터를 사용하여 목적을 달성합니다.

How to do it...

이제 우리는 zip 반복자 어댑터를 만들어 보겠습니다. 이 어댑터는 동일한 타입의 두 컨테이너를 받아 std::pair 객체로 값을 묶습니다.

• main() 함수에서는 두 개의 벡터로 zip 어댑터를 호출합니다:

```cpp
int main()
{
    vector<std::string> vec_a {"Bob", "John", "Joni"};
    vector<std::string> vec_b {"Dylan", "Williams", "Mitchell"};
    cout << "zipped: ";
    for(auto [a, b] : zip_iterator(vec_a, vec_b)) {
        cout << format("[{}, {}] ", a, b);
    }
    cout << '\n';
}
```

이를 통해 개별 vector 반복자 대신 zip_iterator 를 사용할 수 있습니다.
그리고 기대하는 출력은 다음과 같습니다:

```
zipped: [Bob, Dylan] [John, Williams] [Joni, Mitchell]
```

• 반복자 어댑터는 zip_iterator 클래스입니다. 편의를 위한 타입 별칭을 정의합니다:

```
template<typename T>
class zip_iterator {
    using val_t = typename T::value_type;
    using ret_t = std::pair<val_t, val_t>;
    using it_t = typename T::iterator;
```

이 방법을 통해 편리하게 객체와 함수를 정의할 수 있습니다.

• 반복자는 데이터를 저장하지 않으며 대상 컨테이너의 begin()과 end() 반복자의 복사본만 저장합니다:

```
it_t ita_{};
it_t itb_{};
// begin() 및 end() 객체를 위한 변수
it_t ita_begin_{};
it_t itb_begin_{};
it_t ita_end_{};
it_t itb_end_{};
```

ita_와 itb_는 대상 컨테이너의 반복자입니다. 나머지 네 개의 반복자는 zip_iterator 어댑터를 위한 begin()과 end() 반복자를 생성하는 데 사용됩니다.

• 다음과 같이 private 생성자를 만듭니다:

```
// begin() 및 end() 객체를 위한 private 생성자
zip_iterator(it_t ita, it_t itb) : ita_{ita}, itb_{itb}
{}
```

이는 나중에 begin()과 end() 반복자를 위한 어댑터 객체를 생성하는 데 사용됩니다.

- public 영역은 반복자 **특성** 타입 정의로 시작합니다:

```
public:
    using iterator_concept =std::forward_iterator_tag;
    using iterator_category = std::forward_iterator_tag;
    using value_type = std::pair<val_t, val_t>;
    using difference_type = long int;
    using pointer = const val_t*;
    using reference = const val_t&;
```

- 생성자는 모든 private 반복자 변수를 설정합니다:

```
zip_iterator(T& a, T& b) :
    ita_{a.begin()},
    itb_{b.begin()},
    ita_begin_{ita_},
    itb_begin_{itb_},
    ita_end_{a.end()},
    itb_end_{b.end()}
{}
```

- 순방향 반복자로 동작하는 최소한의 연산자 오버로드를 정의합니다:

```
zip_iterator& operator++() {
    ++ita_;
    ++itb_;
    return *this;
}
bool operator==(const zip_iterator& o) const {
    return ita_ == o.ita_ || itb_ == o.itb_;
}
bool operator≠(const zip_iterator& o) const {
    return !operator==(o);
}
ret_t operator*() const {
    return { *ita_, *itb_ };
}
```

- 마지막으로 begin()과 end() 함수는 각각의 반복자를 반환합니다:

```
zip_iterator begin() const
    { return zip_iterator(ita_begin_, itb_begin_); }
zip_iterator end() const
    { return zip_iterator(ita_end_, itb_end_); }
```

이 함수들은 저장된 반복자와 private 생성자를 통해 단순화됩니다.

- 이제 시험을 위해 main() 함수를 확장합니다:

```
int main()
{
    vector<std::string> vec_a {"Bob", "John", "Joni"};
    vector<std::string> vec_b {"Dylan", "Williams", "Mitchell"};
    cout << "vec_a: ";

    for(auto e : vec_a) cout << format("{} ", e);
    cout << '\n';

    cout << "vec_b: ";
    for(auto e : vec_b) cout << format("{} ", e);
    cout << '\n';

    cout << "zipped: ";
    for(auto [a, b] : zip_iterator(vec_a, vec_b)) {
        cout << format("[{}, {}] ", a, b);
    }
    cout << '\n';
}
```

- 다음과 같이 우리가 원하는 출력을 얻을 수 있습니다:

```
vec_a: Bob John Joni
vec_b: Dylan Williams Mitchell
zipped: [Bob, Dylan] [John, Williams] [Joni, Mitchell]
```

How it works...

zip 반복자 어댑터는 반복자 추상화가 얼마나 유연할 수 있는지 보여주는 예제입니다. 우리는 두 컨테이너의 반복자를 받아 통합된 단일 반복자로 사용할 수 있습니다. 내부 동작을 보시죠.

zip_iterator 클래스의 주 생성자는 두 개의 컨테이너 객체를 받습니다. 여기서는 이들 객체를 **대상** 객체라 부르겠습니다:

```
zip_iterator(T& a, T& b) :
    ita_{a.begin()},
    itb_{b.begin()},
    ita_begin_{ita_},
    itb_begin_{itb_},
    ita_end_{a.end()},
    itb_end_{b.end()}
{}
```

생성자는 대상 begin() 반복자로부터 ita_와 itb_ 변수를 초기화합니다. 이 변수들은 대상 객체를 탐색하는 데 사용됩니다. 대상의 begin()과 end() 반복자 역시 나중에 사용할 수 있도록 저장됩니다.

이 변수들은 private 영역에 정의됩니다:

```
it_t ita_{};
it_t itb_{};
// begin() 및 end() 객체를 위한 변수
it_t ita_begin_{};
it_t itb_begin_{};
it_t ita_end_{};
it_t itb_end_{};
```

it_t 타입은 대상 반복자 클래스의 타입으로 정의합니다:

```
using val_t = typename T::value_type;
using ret_t = std::pair<val_t, val_t>;
using it_t = typename T::iterator;
```

다른 별칭 타입으로는 대상 값의 타입을 나타내는 val_t와 반환 쌍을 나타내는 ret_t가 있습니다. 이 타입 정의는 클래스 전반에서 편의를 위해 사용됩니다.

begin() 및 end() 함수는 ita_와 itb_ 값만 초기화하는 private 생성자를 사용합니다:

```
zip_iterator begin() const
    { return zip_iterator(ita_begin_, itb_begin_); }
zip_iterator end() const
    { return zip_iterator(ita_end_, itb_end_); }
```

private 생성자 코드는 다음과 같습니다:

```
// begin() 및 end() 객체를 위한 private 생성자
zip_iterator(it_t ita, it_t itb) : ita_{ita}, itb_{itb} {}
```

이 생성자는 인자로 it_t 반복자를 받습니다. 이 생성자는 ita_와 itb_만 초기화하여 비교 연산자 오버로드에서 사용할 수 있도록 합니다.

클래스의 나머지 부분은 일반적인 반복자처럼 동작하지만, 대상 클래스의 반복자에서 작동합니다:

```
zip_iterator& operator++() {
    ++ita_;
    ++itb_;
    return *this;
}
bool operator==(const zip_iterator& o) const {
    return ita_ == o.ita_ || itb_ == o.itb_;
}
bool operator≠(const zip_iterator& o) const {
    return !operator==(o);
}
```

역참조 연산자는 std::pair 객체를 반환합니다(ret_t는 std::pair⟨val_t, val_t⟩의 별칭). 이는 반복자로부터 값을 조회하는 인터페이스입니다:

```
ret_t operator*() const {
    return { *ita_, *itb_ };
}
```

There's more...

zip_iterator 어댑터는 객체들을 map으로 쉽게 zip 할 수 있습니다:

```
map<string, string> name_map{};

for(auto [a, b] : zip_iterator(vec_a, vec_b)) {
    name_map.try_emplace(a, b);
}

cout << "name_map: ";
for(auto [a, b] : name_map) {
    cout << format("[{}, {}] ", a, b);
}
cout << '\n';
```

이 코드를 main() 함수에 넣으면 출력은 다음과 같습니다:

```
name_map: [Bob, Dylan] [John, Williams] [Joni, Mitchell]
```

임의 접근 반복자 만들기

예제 파일: chap04/container-iterator.cpp

이 레시피는 연속/임의 접근 반복자의 완전한 기능을 갖춘 예제입니다. 이는 컨테이너를 위한 가장 완벽한 유형의 반복자입니다. 임의 접근 반복자는 다른 모든 유형의 컨테이너 반복자의 모든 기능을 포함하며, 추가적으로 임의 접근 기능도 제공합니다.

이 장에서는 반복자의 전체 소스 코드를 포함하는 것도 중요하겠지만 250줄이 넘는 코드로 인해 책에 전문을 담기에는 과한 것 같습니다. 여기에서는 코드의 핵심 구성 요소를 다룹니다. 전체 코드는 아래 깃허브에서 다운로드할 수 있습니다.

- https://github.com/Youngjin-com/CPP-STL/blob/main/chap04/container-iterator.cpp

How to do it...

반복자를 위한 컨테이너가 필요합니다. 이를 위해 단순한 배열을 사용할 것이며 이를 Container라고 부르겠습니다. iterator 클래스는 Container 클래스에 중첩되어 있습니다. 이 모든 것은 STL 컨테이너 인터페이스와 일관성 있게 설계되었습니다.

- Container는 템플릿 클래스입니다. 이 클래스의 private 영역에는 오직 두 개의 요소만 있습니다:

```
template<typename T>
class Container {
    std::unique_ptr<T[]> c_{};
    size_t n_elements_{};
```

unique_ptr을 사용하여 데이터를 저장합니다. **스마트 포인터**가 자체 메모리를 관리하도록 하여 ~Container() 소멸자가 필요 없게 됩니다. n_elements_ 변수는 컨테이너의 크기를 저장합니다.

- public 영역에는 생성자가 있습니다:

```
Container(initializer_list<T> l)
    : n_elements_{l.size()}
{
    c_ = std::make_unique<T[]>(n_elements_);
    size_t index{0};
    for(T e : l) {
        c_[index++] = e;
    }
}
```

첫 번째 생성자는 initializer_list를 사용하여 컨테이너에 요소를 전달합니다. make_unique 함수를 호출하여 공간을 할당하고 레인지 기반의 for 반복문으로 컨테이너를 채웁니다.

- 다음의 생성자는 요소를 채우지 않고 공간을 할당합니다:

```
Container(size_t sz) : n_elements_{sz} {
    c_ = std::make_unique<T[]>(n_elements_);
}
```

make_unique( ) 함수는 요소를 위한 빈 객체를 생성합니다.

- size( ) 함수는 요소의 개수를 반환합니다:

```
size_t size() const {
    return n_elements_;
}
```

- operator[ ]( ) 함수는 인덱스에 있는 요소를 반환합니다:

```
const T& operator[](const size_t index) const {
    return c_[index];
}
```

- at( ) 함수는 **경계 검사** 후 인덱스의 요소를 반환합니다:

```
T& at(const size_t index) const {
    if(index > n_elements_ - 1) {
        throw std::out_of_range("Container::at(): index out of range");
    }
    return c_[index];
}
```

이는 STL 사용법과 일관성이 있습니다. at( ) 함수가 더 선호되는 방법입니다.

- begin( )과 end( ) 함수는 컨테이너 데이터의 주소로 반복자의 생성자를 호출합니다:

```
iterator begin() const { return iterator(c_.get()); }
iterator end() const {
    return iterator(c_.get() + n_elements_);
}
```

unique_ptr::get( ) 함수는 스마트 포인터로부터 객체 주소를 반환합니다.

- iterator 클래스는 Container의 public 멤버로 중첩되어 있습니다:

```
class iterator {
```

```
    T* ptr_;
```

반복자 클래스는 하나의 private 멤버를 가지고 있는데 이것은 Container 클래스의 begin()
과 end() 메서드에서 초기화된 포인터입니다.

• 반복자의 생성자는 컨테이너 데이터의 포인터를 받습니다:

```
iterator(T* ptr = nullptr) : ptr_{ptr} {}
```

ptr 변수에 기본 값을 제공하는 이유는 표준에서 기본 생성자를 요구하기 때문입니다.

연산자 오버로드

이 반복자는 다음 연산자에 대한 연산자 오버로드를 제공합니다: ++, 후위 ++, --, 후위
--, [ ], 기본 비교 ⟨=⟩ (C++20), ==, *, ->, +, 비 멤버 +, 수치적 -, 객체 -, +=, -=.
여기서는 중요한 몇 개만 다룹니다. 자세한 내용을 소스 코드를 참고하세요.

• C++20 기본 비교 연산자인 ⟨=⟩는 동등 연산자 ==를 제외하고 나머지 모든 비교 연산자 기능을
  제공합니다:

```
const auto operator⟺(const iterator& o) const {
    return ptr_ ⟺ o.ptr_;
}
```

이것은 C++20 기능이므로, 이를 사용하려면 C++20을 지원하는 컴파일러와 라이브러리가
필요합니다.

• 두 개의 + 연산자 오버로드가 있습니다. 이 오버로드는 it + n과 n + it 연산을 지원합니다:

```
iterator operator+(const size_t n) const {
    return iterator(ptr_ + n);
}
// 비 멤버 연산자 (n + it)
friend const iterator operator+(const size_t n, const iterator& o) {
    return iterator(o.ptr_ + n);
}
```

friend 선언은 특별한 경우로, 템플릿 클래스 멤버 함수에서 사용될 때, 비 멤버 함수와 동일한 역할을 합니다. 이로 인해 비 멤버 함수를 클래스 컨텍스트에서 정의할 수 있습니다.

- – 연산자 또한 두 개의 오버로드를 갖습니다. 이를 통해 숫자 피연산자와 반복자 피연산자 모두 지원할 수 있습니다:

```
const iterator operator-(const size_t n) {
    return iterator(ptr_ - n);
}
const size_t operator-(const iterator& o) {
    return ptr_ - o.ptr_;
}
```

이것은 it - n과 it - it 연산을 모두 허용합니다. n - it은 유효한 연산이 아니므로 비 멤버 함수는 필요하지 않습니다.

검증 코드

C++20 명세서 §23.3.4.13에서는 유효한 임의 접근 반복자에 대해 특정한 연산과 결과를 요구합니다. 이 요구사항을 검증하기 위해 소스 코드에 unit_tests() 함수가 포함되어 있습니다. main() 함수는 Container 클래스를 생성하고 몇 가지 간단한 검증 기능을 수행합니다.

- 먼저 10개의 값을 가진 Container⟨string⟩ 객체 x를 생성합니다:

```
Container<string> x{"one", "two", "three", "four", "five",
    "six", "seven", "eight", "nine", "ten" };
cout << format("Container x size: {}\n", x.size());
```

다음과 같이 요소의 개수가 출력됩니다:

```
Container x size: 10
```

- 레인지 기반의 for 반복문으로 컨테이너 요소들을 출력합니다:

```
puts("Container x:");
for(auto e : x) {
```

```
        cout << format("{} ", e);
    }
    cout << '\n';
```

```
Container x:
one two three four five six seven eight nine ten
```

• 다음은 몇 가지 직접 접근 메서드를 시험합니다:

```
puts("direct access elements:");
cout << format("element at(5): {}\n", x.at(5));
cout << format("element [5]: {}\n", x[5]);
cout << format("element begin + 5: {}\n", *(x.begin() + 5));
cout << format("element 5 + begin: {}\n", *(5 + x.begin()));
cout << format("element begin += 5: {}\n", *(x.begin() += 5));
```

```
direct access elements:
element at(5): six
element [5]: six
element begin + 5: six
element 5 + begin: six
element begin += 5: six
```

• ranges::views 파이프와 views::reverse를 호출하여 컨테이너를 시험합니다:

```
puts("views pipe reverse:");
auto result = x | views::reverse;
for(auto v : result) cout << format("{} ", v);
cout << '\n';
```

```
views pipe reverse:
ten nine eight seven six five four three two one
```

- 마지막으로, 초기화되지 않은 10개의 요소를 가진 Container 객체 y를 생성합니다:

```
Container<string> y(x.size());
cout << format("Container y size: {}\n", y.size());
for(auto e : y) {
    cout << format("[{}] ", e);
}
cout << '\n';
```

```
Container y size: 10
[] [] [] [] [] [] [] [] [] []
```

How it works...

비록 코드의 양이 많지만, 이 반복자는 더 작은 반복자보다 더 복잡하지 않습니다. 코드의 대부분은 연산자 오버로드로 이루어져 있으며, 각 오버로드는 대개 1~2줄로 간결하게 작성됩니다.

컨테이너 자체는 스마트 포인터로 관리됩니다. 이는 컨테이너가 중첩되지 않은 평면 배열(flat array)이며 확장이나 압축이 필요하지 않다는 점에서 단순화됩니다.

물론 STL은 std::array 같은 평면 배열 클래스뿐만 아니라 더 복잡한 데이터 구조도 제공합니다. 그럼에도 불구하고, 제공된 반복자 클래스의 전반적인 작동 원리를 이해하는 것은 가치 있는 경험이 될 것입니다.

5장

람다 표현식

C++

C++11 표준에서는 **람다 표현식**(람다 함수 또는 단순히 람다라고도 불림)이 도입되었습니다. 이 기능은 익명 함수를 표현식의 컨텍스트에 사용할 수 있도록 합니다. 람다는 함수 호출, 컨테이너, 변수, 그리고 기타 표현식 컨텍스트에 사용될 수 있습니다. 지루하게 들릴 수는 있지만 람다는 상당히 유용합니다.

람다 표현식에 대해 간단히 살펴봅시다.

람다 표현식

람다는 본질적으로 리터럴로 표현된 익명 함수입니다:

```
auto la = []{ return "Hello\n"; };
```

이제 변수 la를 마치 함수인 것처럼 사용할 수 있습니다:

```
cout << la();
```

다른 함수에 넘길 수도 있습니다:

```
f(la);
```

다른 람다에 넘길 수도 있습니다:

```
const auto la = []{ return "Hello\n"; };
const auto lb = [](auto a){ return a(); };
cout << lb(la);
```

출력

```
Hello
```

혹은 익명으로(리터럴 형태로) 넘길 수도 있습니다:

```
const auto lb = [](auto a){ return a(); };
cout << lb([]{ return "Hello\n"; });
```

클로저

클로저는 일반적으로 익명 함수에 적용됩니다. 하지만 엄밀히 말하면, 클로저란 자신의 어휘 범위 밖에 있는 심볼을 사용할 수 있도록 하는 함수를 의미합니다.

람다의 정의에서 대괄호를 보셨을 겁니다:

```
auto la = []{ return "Hello\n"; };
```

대괄호는 **캡처** 목록을 지정하는데 쓰입니다. 캡처는 람다 본문 범위에서 접근할 수 있는 외부 변수입니다. 만약 캡처 목록에 지정하지 않고 외부 변수에 접근하려고 하면 다음과 같은 오류가 발생합니다:

```
const char * greeting{ "Hello\n" };
const auto la = []{ return greeting; };
cout << la();
```

GCC 컴파일러의 경우 오류 메시지는 다음과 같습니다:

```
In lambda function:
error: 'greeting' is not captured
```

이는 람다의 본문이 자체적인 어휘 범위를 가지며, greeting 변수가 해당 범위 밖에 있기 때문입니다.

이제 greeting 변수를 캡처에 명시하면, 해당 변수를 람다의 범위 내에서 사용할 수 있게 됩니다:

```
const char * greeting{ "Hello\n" };
const auto la = [greeting]{ return greeting; };
cout << la();
```

이제 컴파일 되고 예상대로 실행됩니다:

```
$ ./working
Hello
```

외부 범위에 있는 변수를 캡처하는 기능이 람다를 **클로저**로 만듭니다. 사람들은 이 용어를 다양한 방식으로 사용하지만, 서로 이해할 수 있다면 문제 될 것은 없습니다. 그래도 이 용어가 본래 무엇을 의미하는지 알고 있는 것은 좋습니다.

람다 표현식은 깨끗하고 범용적 코드를 만드는 데 유용합니다. 이를 통해 함수형 프로그래밍 패턴을 활용할 수 있으며, 람다를 알고리즘이나 다른 람다의 함수 인자로 사용할 수도 있습니다. 이 장에서는 다음과 같은 STL 기반의 람다 사용법을 다룹니다.

- 람다를 사용하여 범위가 지정된 재사용 가능한 코드 만들기
- 람다를 알고리즘 라이브러리의 서술로 사용하기
- std::function을 다형적 래퍼로 사용하기
- 재귀로 람다 접합하기
- 서술을 논리적 결합으로 합치기
- 같은 입력으로 여러 람다 호출하기
- 맵 기반 람다를 사용하여 점프 테이블 만들기

예제 코드

이 장의 코드는 아래 깃허브 사이트에서 찾을 수 있습니다.

- https://github.com/Youngjin-com/CPP-STL/tree/main/chap05

람다를 사용하여 범위가 지정된 재사용 가능한 코드 만들기

예제 파일: chap05/lambdas.cpp

람다 표현식은 정의 후 저장하여 나중에 사용할 수 있습니다. 인자로 전달하거나, 자료구조에 저장하거나, 다양한 컨텍스트에서 다른 인자로 호출할 수 있습니다. 이는 함수만큼 유연하면서도 데이터의 이동성을 갖추고 있습니다.

How to do it...

람다 표현식의 다양한 설정을 시험해 볼 수 있는 간단한 프로그램으로 시작해 봅시다.

- 먼저 main() 함수를 정의하고 여기에서 람다들을 시험합니다:

```
int main() {
    ... // 코드는 여기에
}
```

- main() 함수에 몇 개의 람다를 선언합니다. 람다의 기본 정의는 대괄호 한 쌍과 중괄호 안에 코드 블록을 포함합니다:

```
auto one = [](){ return "one"; };
auto two = []{ return "two"; };
```

첫 번째 one은 대괄호 다음에 괄호를 포함하고 두 번째 two는 그렇지 않습니다. 비어있는 인자 괄호가 일반적으로 포함되지만 필수는 아닙니다. 반환 타입은 컴파일러에 의해 추론됩니다.

- 이 함수들은 cout 혹은 format 등 C 문자열을 받는 모든 컨텍스트에서 호출할 수 있습니다:

```
cout << one() << '\n';
cout << format("{}\n", two());
```

- 많은 경우에 컴파일러는 **자동 타입 추론**을 통해 반환 타입을 결정할 수 있습니다. 그렇지 않은 경우 -> 연산자를 사용하여 반환 타입을 명시할 수 있습니다:

```
auto one = []() -> const char * { return "one"; };
auto two = []() -> auto { return "two"; };
```

람다는 **후위 반환 타입** 문법을 사용합니다. 이것은 -> 연산자 다음에 타입 명세를 기입합니다. 만약 반환 타입이 명시되지 않으면 auto로 간주됩니다. 후위 반환 타입을 사용하면 **인자 괄호**는 생략할 수 없습니다.

- 다른 람다의 값을 출력하기 위한 람다를 정의합니다:

```
auto p = [](auto v) { cout << v() << '\n'; };
```

p( ) 람다는 람다(또는 함수)를 v라는 인자로 받아 람다 본문에서 호출합니다.

auto 타입 인자를 사용하면 이 람다는 **축약된 템플릿**(abbreviated template)이 됩니다. C++20 이전에는 람다를 템플릿으로 만드는 유일한 방법이었지만, C++20부터는 캡처 대괄호 [ ] 뒤에 template 키워드 없이 템플릿 인자를 명시할 수 있습니다. 이는 다음의 템플릿 인자와 같습니다:

```
auto p = []<template T>(T v) { cout << v() << '\n'; };
```

축약된 auto 버전이 더 단순하고 일반적입니다. 대부분의 경우에 잘 동작합니다.

- 이제 함수를 호출할 때 익명 람다를 전달할 수 있습니다:

```
p([]{ return "lambda call lambda"; });
```

출력은 다음과 같습니다:

```
lambda call lambda
```

- 익명 람다에 인자를 전달해야 한다면, 람다 표현식 뒤의 괄호 안에 넣을 수 있습니다:

```
<< [](auto l, auto r){ return l + r; }(47, 73) << '\n';
```

함수 인자인 47과 73을 함수 본문 뒤 괄호에 넣어, 익명 람다에 전달합니다.

- 람다에서 외부 스코프 변수에 접근하려면, 대괄호 안에 **캡처**로 포함시켜야 합니다:

```
int num{1};
p([num]{ return num; });
```

- 혹은 참조로 캡처할 수 있습니다:

```
int num{0};
auto inc = [&num]{ num++; };
for (size_t i{0}; i < 5; ++i) {
    inc();
}
cout << num << '\n';
```

결과는 다음과 같습니다:

```
5
```

이러한 방식으로 캡처된 변수를 변경할 수 있습니다.

- 상태를 유지하는 로컬 캡처 변수를 정의할 수 있습니다:

```
auto counter = [n = 0]() mutable { return ++n; };
for (size_t i{0}; i < 5; ++i) {
cout << format("{}, ", counter());
}
cout << '\n';
```

```
1, 2, 3, 4, 5,
```

mutable 지정자는 람다가 캡처한 값을 수정할 수 있도록 합니다. 람다의 기본값은 const 입니다.

후위 반환 타입이 있는 상태에서 지정자가 있으면 인자 괄호를 생략할 수 없습니다.

- 람다는 두 가지 형태의 기본 캡처를 지원합니다:

```
int a = 47;
int b = 73;
auto l1 = []{ return a + b; };
```

이 코드를 컴파일하면 다음과 같은 오류가 발생합니다:

```
note: the lambda has no capture-default
```

기본 캡처의 한 형태는 등호(=)로 표시됩니다:

```
auto l1 = [=]{ return a + b; };
```

이는 람다 범위 내의 모든 심볼을 캡처합니다. 등호 기호는 복사에 의한 캡처(capture by copy)를 실행합니다. 마치 할당 연산자를 사용할 때 복사되는 것처럼 객체의 복사본을 캡처합니다.

다른 기본 캡처는 참조에 의한 캡처(capture by reference)를 위해 앰퍼샌드(&)를 사용합니다:

```
auto l1 = [&]{ return a + b; };
```

이는 참조에 의한 캡처를 수행하는 기본 캡처입니다. 기본 캡처는 참조된 경우에만 심볼을 사용하므로, 보이는 것만큼 복잡하지 않습니다. 그렇다 하더라도, 가능하면 명시적인 캡처를 사용하는 것을 권장합니다. 명시적 캡처는 일반적으로 코드 가독성을 향상시키는 데 도움이 됩니다.

How it works...

람다 표현식의 문법은 다음과 같습니다.

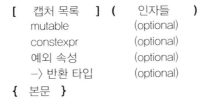

그림 5.1 람다 표현식의 문법

람다 표현식에서 필수적인 부분은 캡처 목록과 본문뿐이며, 이들은 비어 있을 수 있습니다:

```
[]{}
```

이것이 최소환의 람다 표현식입니다. 아무것도 캡처하지 않으며, 아무 작업도 수행하지 않습니다.

이제 각 부분을 자세히 살펴보겠습니다.

캡처 목록

캡처 목록(capture-list)은 람다식에서 무엇을 캡처할지를 지정합니다. 이를 생략할 수는 없지만 비워둘 수는 있습니다. [=]을 사용하면 모든 변수를 복사로(by copy), [&]를 사용하면 모든 변수를 레퍼런스로(by reference) 캡처할 수 있습니다.

다음과 같이 캡처하는 변수들을 대괄호에 명시합니다:

```
[a, b]{ return a + b; }
```

지정된 캡처는 기본적으로 복사됩니다. 참조 연산자를 사용하면 참조로 캡처할 수 있습니다:

```
[&a, &b]{ return a + b; }
```

참조로 캡처하면 참조된 변수를 변경할 수 있습니다.

> **Note** 객체의 멤버들은 직접 캡처할 수 없습니다. 클래스 멤버들을 역참조하려면 this 혹은 *this를 캡처해야 합니다.

인자들

함수처럼 인자는 괄호에 명시합니다:

```
[](int a, int b){ return a + b };
```

만약 인자, 지정자 혹은 후위 반환 타입이 없다면 괄호는 생략할 수 있습니다. 지정자 혹은 후위 반환 타입이 있다면 괄호는 필수입니다:

```
[]() -> int { return 47 + 73 };
```

mutable 변경자 (선택적)

람다 표현식은 mutable 수정자를 지정하지 않는 한 기본적으로 const로 한정됩니다. 이는 람다가 const 컨텍스트에서 사용될 수 있음을 의미하지만, 복사로 캡처된 변수는 수정할 수 없다는 뜻이기도 합니다.

예를 들어 다음 코드를 봅시다:

```
[a]{ return ++a; };
```

이 코드는 다음과 같이 오류 메시지를 발생시킵니다:

```
In lambda function:
error: increment of read-only variable 'a'
```

mutable 변경자를 넣으면 람다는 더 이상 const로 한정되지 않고 캡처된 변수를 변경할 수 있습니다:

```
[a]() mutable { return ++a; };
```

constexpr 지정자 (선택적)

constexpr을 사용하여 람다 표현식이 상수 표현식으로 간주되기를 명시적으로 지정할 수 있습니다. 이는 람다가 컴파일 시간에 평가될 수 있음을 의미합니다. 람다가 요구 사항을 충족하면, constexpr로 간주될 수 있습니다.

예외 속성 (선택적)

noexcept 지정자를 넣으면 람다가 어떤 예외도 던지지 않음을 선언할 수 있습니다.

후위 반환 타입 (선택적)

기본적으로 람다의 반환 타입은 return 문에서 추론되며, 이는 auto 반환 타입과 유사합니다. 필요에 따라 -> 연산자를 사용하여 후위 반환 타입을 지정할 수 있습니다:

```
[](int a, int b) → long { return a + b; };
```

선택적 지정자들 혹은 후위 반환 타입을 사용하면 인자 괄호는 생략할 수 없습니다.

> **Note**
> GCC를 포함한 일부 컴파일러는 지정자 혹은 후위 반환 타입이 있는 경우에도 빈 인자 괄호의 생략을 허용합니다. 하지만 이것은 올바르지 않습니다. 명세에 따르면 인자, 지정자, 후위 반환 타입 모두 람다 선언자(lambda-declarator)의 일부이며, 그중 하나라도 포함될 경우 괄호가 필수입니다. 물론 이 규칙은 향후 C++ 버전에서 변경될 수 있습니다.

람다를 알고리즘 라이브러리의 서술로 사용하기

예제 파일: chap05/algorithm.cpp

algorithm 라이브러리에 있는 일부 함수는 서술 함수 사용을 필요로 합니다. 서술은 조건을 테스트하고 bool 값인 true 또는 false를 반환하는 함수(또는 펑터, 람다)입니다.

How to do it...

이 레시피는 count_if() 알고리즘을 사용하여 서로 다른 타입의 서술을 시험합니다.

- 먼저 서술로 사용하기 위한 함수를 생성합니다. 서술은 특정 개수의 인수를 받아 bool 값을 반환합니다. count_if()를 위한 서술은 하나의 인수를 받습니다:

```cpp
bool is_div4(int i) {
    return i % 4 == 0;
}
```

이 서술은 int 값이 4로 나눠지는지 검사합니다.

- main() 함수에서는 int 값의 벡터를 정의하고 count_if()로 서술 함수를 시험합니다:

```cpp
int main() {
    const vector<int> v{ 1, 7, 4, 9, 4, 8, 12, 10, 20 };
    int count = count_if(v.begin(), v.end(), is_div4);
    cout << format("numbers divisible by 4: {}\n", count);
}
```

결과는 다음과 같습니다:

```
numbers divisible by 4: 5
```

(4로 나눠지는 다섯 숫자는 4, 4, 8, 12, 20 입니다.)

count_if() 알고리즘은 서술 함수를 사용하여 수열의 어떤 요소를 셀지 결정합니다. 이 알고리즘은 각 요소를 인자로 서술 함수에 전달하며, 서술 함수가 true를 반환할 경우에만 해당 요소를 셉니다.

함수를 서술로 사용할 수도 있습니다.

• 펑터(functor)를 서술로 사용할 수도 있습니다:

```
struct is_div4 {
    bool operator()(int i) {
        return i % 4 == 0;
    }
};
```

여기서 유일한 변경점은 서술로 클래스의 인스턴스를 사용해야 한다는 점입니다:

```
int count = count_if(v.begin(), v.end(), is_div4());
```

펑터의 장점은 컨텍스트를 담으며 클래스와 인스턴스 변수에 접근할 수 있다는 점입니다. 이는 C++11에서 람다 표현식이 도입되기 전에 서술을 사용하는 일반적인 방식이었습니다.

• 람다 표현식은 앞 두 방식의 장점을 모두 가집니다. 함수의 단순함과 펑터의 기능입니다. 람다는 변수로서 사용될 수 있습니다:

```
auto is_div4 = [](int i){ return i % 4 == 0; };
int count = count_if(v.begin(), v.end(), is_div4);
```

혹은 익명 람다를 사용할 수 있습니다:

```
int count = count_if(v.begin(), v.end(),
    [](int i){ return i % 4 == 0; });
```

• 함수로 람다를 감싸서 람다 캡처의 장점을 활용하고, 해당 함수 컨텍스트를 사용하여 다른 인자를 갖는 동일한 람다를 생성할 수 있습니다:

```
auto is_div_by(int divisor) {
    return [divisor](int i){ return i % divisor == 0; };
}
```

이 함수는 캡처 컨텍스트에서 제수를 받는 서술 람다를 반환합니다.

그다음 count_if()에 그 서술을 적용할 수 있습니다:

```
for( int i : { 3, 4, 5 } ) {
    auto pred = is_div_by(i);
    int count = count_if(v.begin(), v.end(), pred);
    cout << format("numbers divisible by {}: {}\n", i, count);
}
```

is_div_by() 함수를 호출할 때마다 i로부터 서로 다른 제수를 갖는 서술이 반환됩니다. 이제 실행 결과는 다음과 같습니다:

```
numbers divisible by 3: 2
numbers divisible by 4: 5
numbers divisible by 5: 2
```

How it works...

함수 포인터 타입은 포인터 뒤에 함수 호출 연산자 ()가 이어지는 형태로 표현됩니다:

```
void (*)()
```

다음과 같이 함수 포인터를 선언하고 이미 존재하는 함수의 이름으로 초기화할 수 있습니다:

```
void (*fp)() = func;
```

선언된 후에는 함수 포인터는 역참조되어 마치 그 자체가 함수인 것처럼 사용됩니다:

```
fp(); // 함수의 동작을 수행
```

람다 표현식은 함수 포인터와 동일한 타입을 갖습니다:

```
void (*fp)() = []{ cout << "foo\n"; };
```

이것은 여러분이 특정 시그니처를 갖는 함수 포인터를 사용할 때마다 같은 시그니처를 갖는 람다 또한 사용할 수 있다는 것을 의미합니다. 이를 통해 함수 포인터, 펑터 그리고 람다를

서로 교체하면서 작업할 수 있습니다:

```
bool (*fp)(int) = is_div4;
bool (*fp)(int) = [](int i){ return i % 4 == 0; };
```

이러한 상호 교환성 때문에 count_if() 같은 알고리즘은 특정 함수 시그니처에서 서술이 들어갈 자리에 함수, 펑터 혹은 람다를 넣을 수 있습니다.

이것은 서술을 사용하는 어떤 알고리즘에도 해당됩니다.

std::function을 다형적 래퍼로 사용하기   예제 파일: chap05/function.cpp

클래스 템플릿인 std::function은 함수를 위한 얇은 다형적 래퍼입니다. 이 템플릿은 함수, 람다 표현식, 또는 기타 함수 객체를 저장, 복사, 호출할 수 있습니다. 함수나 람다에 대한 참조를 저장하고 싶을 때 유용합니다. std::function을 사용하면 다른 시그니처를 갖는 함수와 람다를 동일한 컨테이너에 저장할 수 있고 람다 캡처 컨텍스트를 유지합니다.

How to do it...

이 레시피에서는 std::function 클래스를 사용하여 람다의 다양한 특수화를 vector에 저장합니다.

• 다음과 같이 main() 함수에 세 종류의 컨테이너를 선언합니다:

```
int main() {
    deque<int> d;
    list<int> l;
    vector<int> v;
```

선언된 deque, list, vector 컨테이너는 **템플릿** 람다에 의해 참조될 것입니다.

• 컨테이너의 내용을 출력할 단순한 print_c 람다 함수를 선언합니다:

```
auto print_c = [](auto& c) {
```

```
    for(auto i : c) cout << format("{} ", i);
    cout << '\n';
};
```

• 이제 **익명** 람다를 반환하는 람다를 선언합니다:

```
auto push_c = [](auto& container) {
    return [&container](auto value) {
        container.push_back(value);
    };
};
```

push_c 람다는 컨테이너에 대한 참조를 받으며, 이는 익명 람다에서 캡처됩니다. 익명 람다는 캡처된 컨테이너의 push_back() 멤버 함수를 호출합니다. push_c 에서 반환된 값은 익명 람다입니다.

• 이제 std::function 요소를 갖는 vector를 선언하고 그 요소를 push_ c( )의 세 인스턴스로 넣습니다:

```
const vector<std::function<void(int)>>
    consumers { push_c(d), push_c(l), push_c(v) };
```

초기화 리스트의 각 요소들은 push_c 람다에 대한 함수 호출입니다. push_c 는 익명 람다의 인스턴스를 반환하며 function 래퍼를 통해 vector에 저장됩니다. push_c 람다는 세 개의 서로 다른 컨테이너 d, l, v로 호출됩니다. 컨테이너는 익명 람다에 **캡처**로 전달됩니다.

• consumers 벡터를 순회하면서 각 람다 요소를 10번 호출하고, 0~9 정숫값으로 세 개의 컨테이너를 생성합니다:

```
for(auto &consume : consumers) {
    for (int i{0}; i < 10; ++i) {
        consume(i);
    }
}
```

- 이제 세 컨테이너, 즉 deque, list, vector 가 모두 정수로 채워졌습니다. 내용을 출력합니다:

```
print_c(d);
print_c(l);
print_c(v);
```

출력은 다음과 같습니다:

```
0 1 2 3 4 5 6 7 8 9
0 1 2 3 4 5 6 7 8 9
0 1 2 3 4 5 6 7 8 9
```

How it works...

람다는 흔히 간접 참조와 함께 사용되며 이 레시피는 이에 대한 좋은 예입니다. 예를 들어 push_c 람다는 익명 람다를 반환합니다:

```
auto push_c = [](auto& container) {
    return [&container](auto value) {
        container.push_back(value);
    };
};
```

이 익명 람다는 vector에 저장된 것입니다:

```
const vector<std::function<void(int)>>
    consumers { push_c(d), push_c(l), push_c(v) };
```

이것은 consumers 컨테이너의 정의입니다. 이 컨테이너는 세 가지 요소로 초기화되었습니다. 그리고 각 요소는 익명 람다를 반환하는 push_c를 호출하여 초기화됩니다. 벡터에 저장되는 것은 push_c 람다가 아니라 익명 람다입니다.

vector 정의는 요소 타입으로 std::function 클래스를 사용합니다. function 생성자는 어떤 호출가능한(callable) 객체를 받아 function의 대상으로서 그 참조를 저장합니다:

```
template< class F >
function( F& f );
```

함수 호출 연산자 ()가 호출되면 function 객체는 지정된 인자로 대상 함수를 호출합니다:

```
for(auto &c : consumers) {
    for (int i{0}; i < 10; ++i) {
        c(i);
    }
}
```

consumers 컨테이너에 저장된 각 **익명 람다**를 10번 호출하고 d, l, v 컨테이너를 생성합니다.

There's more...

std::function 클래스의 특성은 다양한 목적에 유용합니다. 이를 일종의 다형적 함수 컨테이너로 생각할 수 있습니다. 그리고 std::function은 독립적인 함수를 저장할 수 있습니다:

```
void hello() {
    cout << "hello\n";
}
int main() {
    function<void(void)> h = hello;
    h();
}
```

또한 함수 인자들을 바인딩하는 std::bind를 사용하여 멤버 함수도 저장할 수 있습니다:

```
struct hello {
    void greeting() const { cout << "Hello Bob\n"; }
};
int main() {
    hello bob{};
    const function<void(void)> h =
        std::bind(&hello::greeting, &bob);
    h();
}
```

또는 어떤 실행 가능한 객체를 저장할 수 있습니다:

```
struct hello {
    void operator()() const { cout << "Hello Bob\n"; }
};
int main() {
    const function<void(void)> h = hello();
    h();
}
```

결과는 다음과 같습니다:

```
Hello Bob
```

재귀로 람다 접합하기

예제 파일: chap05/concatenation.cpp

단순한 재귀 함수를 사용하여 한 람다의 출력을 다른 람다의 입력이 되는 방식으로 람다를 스택처럼 쌓을 수 있습니다. 이것은 하나의 함수 위에 다른 함수를 구축하는 간단한 방법입니다.

How to do it...

다음은 여러 작업을 수행하는 하나의 재귀 함수로 구성된 간단한 예제입니다.

• 접합 함수인 concat( )를 정의하면서 시작합니다:

```
template <typename T, typename ... Ts>
auto concat(T t, Ts ... ts) {
    if constexpr (sizeof ... (ts) > 0) {
        return [&](auto ...parameters) {
            return t(concat(ts...)(parameters...));
        };
    } else {
        return t;
```

```
        }
    }
```

이 함수는 익명 람다를 반환합니다. 해당 람다는 파라미터 팩을 모두 소모할 때까지 차례로 다른 함수를 호출합니다.

• main() 함수에 몇 개의 람다를 생성하고, 해당 람다로 concat() 함수를 호출합니다:

```cpp
int main() {
    auto twice = [](auto i) { return i * 2; };
    auto thrice = [](auto i) { return i * 3; };
    auto combined = concat(thrice, twice, std::plus<int>{});
    std::cout << format("{}\n", combined(2, 3));
}
```

concat() 함수는 세 개의 인자로 호출됩니다. 두 개의 람다와 std::plus() 함수입니다. 재귀가 해제되면서 함수들은 plus() 함수를 시작으로 우측에서 좌측으로 호출됩니다. plus() 함수는 두 개의 인수를 받아 그 합을 반환합니다. 이 반환값은 twice()로 전달되고, twice()의 반환값은 다시 thrice()에 전달됩니다. 최종 결과는 format()을 사용하여 콘솔에 출력됩니다:

```
30[1]
```

How it works...

concat() 함수는 간단하면서도, 재귀와 반환되는 람다의 간접 참조(indirection)로 인해 다소 복잡하게 느껴질 수 있습니다:

```cpp
template <typename T, typename ...Ts>
auto concat(T t, Ts ...ts) {
    if constexpr (sizeof ...(ts) > 0) {
        return [&](auto ...parameters) {
```

---

1 **(역자 주)** 2+3 = 5가 되고 그것을 2배, 다시 3배 하면 30이 됩니다.

```
        return t(concat(ts ... )(parameters ... ));
    };
} else {
    return t;
}
}
```

concat( ) 함수는 파라미터 팩으로 호출됩니다. 생략 부호(...)가 포함된 sizeof... 연산자는 파라미터 팩에 있는 요소의 수를 반환하며, 이를 사용하여 재귀의 끝을 확인합니다.

concat( ) 함수는 람다를 반환하며, 이 람다는 재귀적으로 concat( ) 함수를 호출합니다. concat( ) 함수의 첫 번째 인수는 파라미터 팩의 일부가 아니기 때문에 각 재귀 호출은 팩의 첫 번째 요소를 제거합니다.

외부의 return 문은 람다를 반환합니다. 내부의 return 문은 람다 안에 있습니다. 람다는 concat( )에 넘겨진 함수를 호출하고 그 값을 반환합니다.

이 기법을 자세히 분석하고 학습해 보세요. 이는 가치 있는 기법입니다.

서술을 논리적 결합으로 합치기

예제 파일: chap05/conjunction.cpp

이 예제는 람다를 함수로 감싸 알고리즘의 서술로 사용할 사용자 정의 결합을 생성합니다.

How to do it...

copy_if( ) 알고리즘은 하나의 인자를 받는 서술을 필요로 합니다. 이 예제에서는 서로 다른 세 개의 람다로부터 한 개의 서술 람다를 생성합니다.

• 먼저 combine( ) 함수를 만듭니다. 이 함수는 copy_if( ) 알고리즘에 사용될 람다를 반환합니다:

```
template <typename F, typename A, typename B>
auto combine(F binary_func, A a, B b) {
    return [=](auto param) {
        return binary_func(a(param), b(param));
```

```
        };
    }
```

combine() 함수는 세 개의 함수 인자(이진 결합과 두 개의 서술)를 받아, 두 서술을 결합하여 호출하는 람다를 반환합니다.

• main() 함수는 combine() 함수에 필요한 람다를 생성합니다:

```
int main() {
    auto begins_with = [](const string &s){
        return s.find("a") == 0;
    };
    auto ends_with = [](const string &s){
        return s.rfind("b") == s.length() - 1;
    };
    auto bool_and = [](const auto& l, const auto& r){
        return l & r;
    };
```

begins_with와 ends_with 람다는 각각 문자열이 'a'로 시작하거나 'b'로 끝나는지를 찾기 위한 간단한 서술입니다. bool_and 람다는 이 둘을 결합하는 연결자입니다.

• 이제 combine() 함수로 copy_if 알고리즘을 호출할 수 있습니다:

```
std::copy_if(istream_iterator<string>{cin}, {},
        ostream_iterator<string>{cout, " "},
        combine(bool_and, begins_with, ends_with));
cout << '\n';
```

combine() 함수는 두 서술을 결합 람다를 사용하여 합치는 람다를 반환합니다.
실행 결과는 다음과 같습니다:

```
$ echo aabb bbaa foo bar abazb | ./conjunction
aabb abazb
```

How it works...

std::copy_if() 알고리즘은 한 개의 인자를 받는 서술 함수가 필요하지만 결합은 두 개의 인자를 필요로 하며, 각각은 하나의 인자를 요구합니다.

이 문제를 해결하기 위해 해당 컨텍스트에 맞는 람다를 반환하는 함수를 만듭니다:

```
template <typename F, typename A, typename B>
auto combine(F binary_func, A a, B b) {
    return [=](auto param) {
        return binary_func(a(param), b(param));
    };
}
```

combine() 함수는 세 개의 인자를 사용하여 람다를 생성하고 각 인자는 함수입니다. 반환된 람다는 서술 함수에서 요구하는 한 개의 인자를 받습니다. 이제 combine() 함수로 copy_if() 함수를 호출할 수 있습니다:

```
std::copy_if(istream_iterator<string>{cin}, {},
        ostream_iterator<string>{cout, " "},
        combine(bool_and, begins_with, ends_with));
```

이것은 결합된 람다를 알고리즘에 전달하여 해당 컨텍스트 안에서 동작하도록 합니다.

같은 입력으로 여러 람다 호출하기

예제 파일: chap05/braces.cpp

람다를 함수로 감싸면 서로 다른 캡처 값을 가진 람다 인스턴스를 쉽게 생성할 수 있습니다. 이를 통해 동일한 입력으로도 서로 다른 버전의 람다를 호출할 수 있습니다.

How to do it...

이 레시피는 값을 서로 다른 종류의 괄호로 감싸는 람다의 간단한 예제입니다.

• 먼저 래퍼 함수인 braces()를 생성합니다:

```
auto braces (const char a, const char b) {
    return [a, b](const char v) {
        cout << format("{}{}{} ", a, v, b);
    };
}
```

braces() 함수는 세 개의 문자열 값을 반환하는 람다를 포함합니다. 첫 번째와 마지막 값은 람다에 캡처로 전달된 문자들이고 중간 값은 인자로 전달되었습니다.

• main() 함수는 braces() 함수를 사용하여 네 개의 람다를 생성하였고, 각각은 서로 다른 괄호를 포함합니다:

```
auto a = braces('(', ')');
auto b = braces('[', ']');
auto c = braces('{', '}');
auto d = braces('¦', '¦');
```

• 이제 간단한 for() 문에서 람다를 호출해 봅시다:

```
for( int i : { 1, 2, 3, 4, 5 } ) {
    for( auto x : { a, b, c, d } ) x(i);
    cout << '\n';
}
```

이 코드는 두 번 중첩된 for() 문입니다. 외부의 반복문은 단순히 1부터 5까지 세어 정숫값을 내부의 반복문으로 전달합니다. 내부의 반복문은 괄호를 갖는 람다들을 호출합니다.
두 반복문 모두 레인지 기반의 for() 문에서 컨테이너로 초기화 리스트를 사용합니다. 이 방법은 소규모 값 집합을 반복 처리하기에 편리합니다.

• 프로그램 실행 결과는 다음과 같습니다:

```
(1) [1] {1} ¦1¦
(2) [2] {2} ¦2¦
(3) [3] {3} ¦3¦
(4) [4] {4} ¦4¦
(5) [5] {5} ¦5¦
```

결과에서 각 정숫값은 다양한 조합의 괄호와 함께 출력됩니다.

How it works...

다음은 람다를 위한 래퍼를 어떻게 사용하는지 알려주는 단순한 예제입니다. braces() 함수는
전달된 괄호들을 사용하여 람다를 구성합니다:

```
auto braces (const char a, const char b) {
    return [a, b](const auto v) {
        cout << format("{}{}{} ", a, v, b);
    };
}
```

braces() 함수에 람다에 넘길 인자들이 전달되면 함수는 컨텍스트에 맞는 람다를 반환합니다.
따라서 main 함수의 각 할당문은 전달된 인자들을 람다에 포함합니다:

```
auto a = braces('(', ')');
auto b = braces('[', ']');
auto c = braces('{', '}');
auto d = braces('¦', '¦');
```

이들 람다에 숫자를 넣어 호출하면 람다는 해당 숫자에 지정된 괄호로 감싼 문자열을 반환합
니다.

맵 기반 람다를 사용하여 점프 테이블 만들기

예제 파일: chap05/jump.cpp

점프 테이블은 사용자 입력이나 기타 입력을 받아 행동을 선택할 때 유용한 패턴입니다. 점프
테이블은 일반적으로 if/else 혹은 switch 구조로 구현됩니다. 이 레시피에서는 오직 STL의
map과 익명 람다를 사용하여 간결한 점프 테이블을 구현하겠습니다.

How to do it...

map과 람다를 사용하여 단순한 점프 테이블을 만드는 것은 쉽습니다. map은 인덱스 기반으로 키에 해당하는 값을 선택할 수 있으며, 람다는 페이로드로 저장될 수 있습니다. 방법은 다음과 같습니다.

• 먼저 콘솔로부터 입력을 받는 단순한 prompt() 함수를 생성합니다:

```cpp
const char prompt(const char * p) {
    std::string r;
    cout << format("{} > ", p);
    std::getline(cin, r, '\n');

    if(r.size() < 1) return '\0';
    if(r.size() > 1) {
        cout << "Response too long\n";
        return '\0';
    }
    return toupper(r[0]);
}
```

C 문자열로 사용자 프롬프트를 출력합니다. std::getline() 함수를 호출하여 사용자로부터 입력을 받습니다. 결과는 r 변수에 저장되고 길이를 검사합니다. 그리고 길이가 1이면 대문자로 변환하여 반환합니다.

• main() 함수에서는 람다의 map을 선언하고 초기화합니다:

```cpp
using jumpfunc = void(*)();
map<const char, jumpfunc> jumpmap {
    { 'A', []{ cout << "func A\n"; } },
    { 'B', []{ cout << "func B\n"; } },
    { 'C', []{ cout << "func C\n"; } },
    { 'D', []{ cout << "func D\n"; } },
    { 'X', []{ cout << "Bye!\n"; } }
};
```

map 컨테이너는 익명 람다들을 로딩하여 점프 테이블을 구성합니다. 람다를 사용하면 쉽게 다른 함수를 호출하거나 간단한 작업을 수행할 수 있습니다.

편의를 위해 using 별칭을 사용합니다. 함수 포인터 타입인 void(*)()를 람다 페이로드로 사용합니다. 기호에 따라 더 많은 유연성이 필요하거나 단지 가독성을 높이기 위해 std::function()을 사용해도 됩니다. 이는 오버헤드가 거의 없습니다:

```cpp
using jumpfunc = std::function<void()>;
```

• 이제 프롬프트로 사용자 입력을 받아 map으로부터 동작을 선택합니다:

```cpp
char select{};
while(select ≠ 'X') {
    if((select = prompt("select A/B/C/D/X"))) {
        auto it = jumpmap.find(select);
        if(it ≠ jumpmap.end()) it->second();
        else cout << "Invalid response\n";
    }
}
```

이것이 map 기반으로 점프 테이블을 사용하는 방법입니다. 'X'를 선택하면 프로그램이 종료됩니다. prompt()를 호출하여 프롬프트 문자열을 전달하고, 맵 객체에서 find()를 호출한 다음, it->second()로 람다를 실행합니다.

How it works...

map 컨테이너는 훌륭한 점프 테이블을 만듭니다. 간결하고 검색이 쉽습니다:

```cpp
using jumpfunc = void(*)();
map<const char, jumpfunc> jumpmap {
    { 'A', []{ cout << "func A\n"; } },
    { 'B', []{ cout << "func B\n"; } },
    { 'C', []{ cout << "func C\n"; } },
    { 'D', []{ cout << "func D\n"; } },
    { 'X', []{ cout << "Bye!\n"; } }
};
```

익명 람다들이 map 컨테이너의 페이로드로 저장됩니다. 키는 각 행동의 메뉴를 의미하는 대문자 알파벳입니다.

다음과 같이 키의 유효성을 시험하고 동작에 맞는 람다를 선택합니다:

```
auto it = jumpmap.find(select);
if(it ≠ jumpmap.end()) it→second();
else cout << "Invalid response\n";
```

이는 기존의 어색한 분기 코드 대신 사용할 수 있는 간단하고 우아한 해결책입니다.

6장

STL 알고리즘

C++

STL의 강력한 힘은 컨테이너 인터페이스의 표준화에 있습니다. 컨테이너가 특정 기능을 제공한다면, 해당 기능을 위한 인터페이스는 컨테이너 타입 간에 표준화되어 있을 가능성이 높습니다. 이러한 표준화는 공통 인터페이스를 공유하는 컨테이너와 수열에서 매끄럽게 동작하는 알고리즘 라이브러리를 가능하게 만듭니다.

예를 들어 int 타입 vector에 있는 모든 요소의 합을 구하려면 다음과 같이 반복문을 사용할 수 있습니다:

```
vector<int> x { 1, 2, 3, 4, 5 };
long sum{};
for( int i : x ) sum += i;                    // 합은 15
```

혹은 알고리즘을 사용할 수 있습니다:

```
vector<int> x { 1, 2, 3, 4, 5 };
auto sum = accumulate(x.begin(), x.end(), 0);     // 합은 15
```

이 동일한 문법은 다른 컨테이너에서도 작동합니다:

```
deque<int> x { 1, 2, 3, 4, 5 };
auto sum = accumulate(x.begin(), x.end(), 0);     // 합은 15
```

알고리즘 버전이 반드시 더 짧은 것은 아니지만, 읽기 쉽고 유지 관리가 더 용이합니다. 알고리즘은 동등한 반복문 보다 종종 더 효율적입니다.

C++20에 들어와서 레인지 라이브러리는 ranges와 views에서 작동하는 대안적인 알고리즘 집합을 제공합니다. 이 책은 적절한 경우 그러한 알고리즘을 소개할 것입니다. 레인지와 뷰에 대한 더 많은 정보는 1장 C++ 20의 새로운 기능의 레인지를 사용하여 컨테이너에 뷰 생성하기 레시피를 참고하세요.

대부분의 알고리즘은 algorithm 헤더에 있습니다. 특히 accumulate() 같은 수치 알고리즘은 numeric 헤더에 있고 메모리에 관련된 알고리즘은 memory 헤더에 있습니다.

이 장에서는 다음과 같은 STL 알고리즘을 다룹니다.

- 한 반복자에서 다른 반복자로 복사하기
- 컨테이너의 요소들을 문자열로 합치기
- std::sort로 컨테이너 정렬하기

- std::transform으로 컨테이너 변경하기
- 컨테이너에 있는 아이템 찾기
- std::clamp로 컨테이너에 있는 값 한정하기
- std::sample로 데이터 집합의 표본 추출하기
- 일련의 데이터로부터 순열 생성하기
- 정렬된 컨테이너 병합하기

예제 코드

이 장의 코드는 아래 깃허브 사이트에서 찾을 수 있습니다.

- https://github.com/Youngjin-com/CPP-STL/tree/main/chap06

한 반복자에서 다른 반복자로 복사하기

예제 파일: chap06/copy.cpp

copy 알고리즘은 일반적으로 컨테이너 간에 데이터를 복사하는 데 사용되지만, 실제로는 훨씬 더 유연한 반복자와 함께 작동합니다.

How to do it...

이 레시피에서 std::copy와 std::copy_n 알고리즘을 사용하여 그 동작 방식을 이해할 것입니다.

- 다음 함수는 컨테이너의 내용을 출력합니다:

```cpp
void printc(auto& c, string_view s = "") {
    if(s.size()) cout << format("{}: ", s);
    for(auto e : c) cout << format("[{}] ", e);
    cout << '\n';
}
```

• main() 함수는 vector를 정의하고 printc() 함수를 호출하여 출력합니다:

```
int main() {
    vector<string> v1 { "alpha", "beta", "gamma", "delta", "epsilon" };
    printc(v1, "v1");
}
```

출력은 다음과 같습니다:

```
v1: [alpha] [beta] [gamma] [delta] [epsilon]
```

• 이제 첫 번째 vector를 복사할 수 있을 만큼 충분한 공간을 가진 두 번째 vector를 생성합니다:

```
vector<string> v2(v1.size());
```

• std::copy() 알고리즘을 사용하여 v1에서 v2로 복사할 수 있습니다:

```
std::copy(v1.begin(), v1.end(), v2.begin());
printc(v2);
```

std::copy 알고리즘은 복사할 원본으로 두 개의 반복자와 대상을 위한 한 개의 반복자를 인자로 받습니다. 이 경우 v1의 begin()과 end() 반복자를 통해 전체 vector를 복사합니다. v2 변수의 begin() 반복자는 복사 대상을 의미합니다.

출력은 다음과 같습니다:

```
v1: [alpha] [beta] [gamma] [delta] [epsilon]
v2: [alpha] [beta] [gamma] [delta] [epsilon]
```

• copy() 알고리즘은 복사 대상을 위해 공간을 할당하지 않습니다. 따라서 v2 변수는 미리 복사할 공간을 확보해야 합니다. 대안으로 back_inserter() 반복자를 사용하면 vector 끝에 요소를 삽입할 수 있습니다:

```
vector<string> v2{};
std::copy(v1.begin(), v1.end(), back_inserter(v2))
```

- ranges::copy() 알고리즘을 사용하면 전체 레인지의 값을 복사할 수 있습니다. 컨테이너 객체는 레인지로 동작하기 때문에 v1을 원본으로 사용할 수 있습니다. 여전히 반복자를 복사 대상으로 사용할 수 있습니다:

```
vector<string> v2(v1.size());
ranges::copy(v1, v2.begin());
```

- back_inserter()와도 동작합니다:

```
vector<string> v2{};
ranges::copy(v1, back_inserter(v2));
```

```
v2: [alpha] [beta] [gamma] [delta] [epsilon]
```

- copy_n()을 사용하면 특정 개수의 요소를 복사할 수 있습니다:

```
vector<string> v3{};
std::copy_n(v1.begin(), 3, back_inserter(v3));
printc(v3, "v3");
```

copy_n() 알고리즘의 두 번째 인자는 복사할 요소의 **개수**를 의미합니다:

```
v3: [alpha] [beta] [gamma]
```

- 또한 copy_if() 알고리즘은 bool 타입의 **서술 함수**를 사용하여 어떤 요소를 복사할지 결정합니다:

```
vector<string> v4{};
std::copy_if(v1.begin(), v1.end(), back_inserter(v4),
    [](string& s){ return s.size() > 4; });
printc(v4, "v4");
```

- 또한 copy_if() 레인지 버전도 있습니다:

```
vector<string> v4{};
```

```
ranges::copy_if(v1, back_inserter(v4),
    [](string& s){ return s.size() > 4; });
printc(v4, "v4");
```

- 출력에는 길이가 4자 이상인 문자열만 포함됩니다:

v4: [alpha] [gamma] [delta] [epsilon]

beta 값이 탈락된 것에 주목하세요.

- 이러한 알고리즘을 사용하면 스트림 반복자를 포함하여 어떤 수열도 복사의 원본 혹은 대상으로 활용할 수 있습니다:

```
ostream_iterator<string> out_it(cout, " ");
ranges::copy(v1, out_it)
cout << '\n';
```

alpha beta gamma delta epsilon

How it works...

std::copy() 알고리즘은 매우 단순합니다. 동등한 기능을 가진 함수는 다음과 같습니다:

```
template<typename Input_it, typename Output_it>
Output_it bw_copy(Input_it begin_it, Input_it end_it, Output_it dest_it) {
    while (begin_it ≠ end_it) {
        *dest_it++ = *begin_it++;
    }
    return dest_it;
}
```

copy() 함수는 대상 반복자의 할당 연산자를 사용하여 입력 반복자에서 출력 반복자로 복사하며, 입력 범위의 끝에 도달할 때까지 이를 수행합니다.

이 알고리즘에는 std::move()라는 버전도 있으며, 이는 요소를 복사하는 대신 이동시킵니다:

```
std::move(v1.begin(), v1.end(), v2.begin());
printc(v1, "after move1: v1");
printc(v2, "after move1: v2");
```

이 알고리즘은 복사 할당 대신 이동을 수행합니다. 이동 연산 후, v1의 요소는 비워지며, v1에 있던 요소들은 이제 v2에 위치하게 됩니다. 출력은 다음과 같습니다:

```
after move1: v1: [] [] [] [] []
after move1: v2: [alpha] [beta] [gamma] [delta] [epsilon]
```

move() 알고리즘에는 레인지 버전도 존재하며 동일한 작업을 수행합니다:

```
ranges::move(v1, v2.begin());
```

이러한 알고리즘의 강점은 그 단순성에 있습니다. 반복자가 데이터를 관리하도록 함으로써, 이 간결하고 우아한 함수들은 필요한 반복자를 지원하는 모든 STL 컨테이너 간에 원활하게 복사하거나 이동할 수 있도록 해줍니다.

컨테이너의 요소들을 문자열로 합치기   예제 파일: chap06/join.cpp

때로는 라이브러리에 원하는 작업을 수행할 알고리즘이 없을 수 있습니다. 이러한 경우, algorithm 라이브러리와 동일한 기술을 사용하여 반복자를 활용하면 손쉽게 직접 작성할 수 있습니다.

예를 들어, 종종 컨테이너의 요소를 구분자와 함께 문자열로 결합해야 할 때가 있습니다. 일반적인 해결책 중 하나는 간단한 for() 반복문을 사용하는 것입니다:

```
for(auto v : c) cout << v << ', ';
```

여기서 문제는 마지막 꼬리에 구분자를 남긴다는 것입니다:

```
vector<string> greek{ "alpha", "beta", "gamma", "delta", "epsilon" };
for(auto v : greek) cout << v << ", ";
```

```
cout << '\n';
```

```
alpha, beta, gamma, delta, epsilon,
```

테스트 환경에서는 문제가 없겠지만 운영 시스템에서 꼬리에 달린 콤마는 허용되지 않습니다. ranges::views 라이브러는 join() 함수가 있지만 구분자를 제공하지 않습니다:

```
auto greek_view = views::join(greek);
```

views::join() 함수는 ranges::view 객체를 반환하는데 별도로 출력하거나 문자열로 변환해주어야 합니다. for() 반복문을 사용하여 뷰의 내용을 출력할 수 있습니다:

```
for(const char c : greek_view) cout << c;
cout << '\n';
```

출력은 다음과 같습니다:

```
alphabetagammadeltaepsilon
```

모든 내용이 출력됩니다. 하지만 우리는 목적에 맞는 적절한 구분자를 필요로 합니다. algorithms 라이브러리가 필요를 충족하는 함수를 제공하지 않기 때문에 직접 만들어 봅시다.

How to do it...

이 레시피는 컨테이너의 요소들을 가져와 적절한 구분자를 포함한 문자열로 합칩니다.

• main() 함수에 문자열 벡터를 선언합니다:

```
int main() {
    vector<string> greek{ "alpha", "beta", "gamma", "delta", "epsilon" };
    ...
}
```

- 이제 ostream 객체를 사용하여 요소를 구분자와 함께 결합하는 간단한 join() 함수를 작성합니다:

```
namespace bw {
    template<typename I>
    ostream& join(I it, I end_it, ostream& o, string_view sep = "") {
        if(it ≠ end_it) o << *it++;
        while(it ≠ end_it) o << sep << *it++;
        return o;
    }
}
```

이름 충돌을 피하기 위해 필자의 bw 네임스페이스를 넣었습니다.

다음과 같이 cout으로 호출할 수 있습니다:

```
bw::join(greek.begin(), greek.end(), cout, ", ") << '\n';
```

ostream 객체를 반환하기 때문에 << 연산자 다음에 **줄바꿈 문자(newline)**를 스트림에 더했습니다:

```
alpha, beta, gamma, delta, epsilon
```

- 우리는 종종 직접 cout에 쓰는 것보다 string을 원할 때가 있습니다. 이를 위해, string 객체를 반환하는 버전으로 이 함수를 오버로딩할 수 있습니다:

```
template<typename I>
string join(I it, I end_it, string_view sep = "") {
    ostringstream ostr;
    join(it, end_it, ostr, sep);
    return ostr.str();
}
```

이 함수도 bw 네임스페이스에 포함됩니다. 이 함수는 ostringstream 객체를 생성하여 bw:: join()의 ostream 버전에 전달합니다. 그리고 ostringstream 객체의 str() 메서드를 호출하여 string 객체를 반환합니다.

다음과 같이 사용할 수 있습니다:

```
string s = bw::join(greek.begin(), greek.end(), ", ");
cout << s << '\n';
```

alpha, beta, gamma, delta, epsilon

• 이것을 더 쉽게 사용하기 위해 마지막 오버로드를 추가합니다:

```
string join(const auto& c, string_view sep = "") {
    return join(begin(c), end(c), sep);
}
```

이 버전은 컨테이너와 구분자만 받으며, 대부분의 사용 사례에서 유용하게 활용될 수 있습니다:

```
string s = bw::join(greek, ", ");
cout << s << '\n';
```

alpha, beta, gamma, delta, epsilon

How it works...

이 레시피에서 대부분의 작업은 반복자와 ostream 객체에 의해 수행됩니다:

```
namespace bw {
    template<typename I>
    ostream& join(I it, I end_it, ostream& o, string_view sep = "") {
        if(it ≠ end_it) o << *it++;
        while(it ≠ end_it) o << sep << *it++;
        return o;
    }
}
```

구분자를 첫 번째 요소 뒤, 가 연속된 요소 사이, 그리고 마지막 요소 앞까지 붙여야 합니다. 이를 구현하는 방법은 첫 번째 요소는 건너뛰고 각 요소 앞에 구분자를 추가하는 방법이 있고,

아니면 각 요소 뒤에 구분자를 추가하되 마지막 요소는 구분자를 붙이지 않는 방법이 있습니다. 구현 난이도는 전자가 더 간단합니다. 우리는 이를 while() 반복문 직전의 코드에서 처리합니다:

```
if(it ≠ end_it) o << *it++;
```

첫 번째 요소를 건너뛴 후에는, 남은 요소들 앞에 구분자를 간단히 추가할 수 있습니다:

```
while(it ≠ end_it) o << sep << *it++;
```

편의를 위해 ostream 객체를 반환합니다. 이를 통해 사용자는 줄바꿈이나 다른 객체를 스트림에 쉽게 추가할 수 있습니다:

```
bw::join(greek.begin(), greek.end(), cout, ", ") << '\n';
```

출력
```
alpha, beta, gamma, delta, epsilon
```

There's more...

라이브러리의 다른 알고리즘과 마찬가지로 join() 함수는 **순방향 반복자**를 지원하는 모든 컨테이너에서 동작합니다. 예를 들어, 아래는 numbers 라이브러리에서 가져온 double 상수의 리스트입니다:

```
namespace num = std::numbers;
list<double> constants { num::pi, num::e, num::sqrt2 };
cout << bw::join(constants, ", ") << '\n';
```

출력
```
3.14159, 2.71828, 1.41421
```

이는 이전에 정의한 greek_view와 같은 ranges::view 객체에서도 동작합니다:

```
cout << bw::join(greek_view, ":") << '\n';
```

출력
```
a:l:p:h:a:b:e:t:a:g:a:m:m:a:d:e:l:t:a:e:p:s:i:l:o:n
```

std::sort로 컨테이너 정렬하기

예제 파일: chap06/sort.cpp

비교 가능한 요소들을 효과적으로 정렬하는 문제는 본질적으로 해결되었습니다. 대부분의 응용 프로그램에서 바퀴를 재발명할 필요가 없습니다. STL은 std::sort() 알고리즘을 통해 훌륭한 정렬 알고리즘을 제공합니다. 표준에는 특정 정렬 알고리즘을 명시하지 않지만, n개의 요소에 대해 최악의 경우 복잡도가 O(n log n)임을 명시하고 있습니다.

십수 년 전에는 퀵 정렬(quicksort) 알고리즘이 대부분의 경우 좋은 대안이며 다른 비교 가능한 알고리즘보다 빨랐습니다. 그러나 오늘날에는 상황에 따라 다른 접근 방식을 선택하고, 종종 실행 중에 알고리즘을 전환하는 하이브리드 알고리즘이 사용됩니다. 현재 대부분의 C++ 라이브러리는 인트로 정렬(introsort)[1]과 삽입 정렬(insertion sort)을 조합한 하이브리드 접근법을 사용합니다. std::sort() 함수는 일반적인 상황에서 탁월한 성능을 제공합니다.

How to do it...

이 레시피에서는 std::sort() 알고리즘을 시험하겠습니다. sort() 알고리즘은 임의 접근 반복자를 갖는 모든 컨테이너에서 동작합니다. 우리는 int 타입의 vector를 사용합니다.

• 컨테이너가 정렬되어 있는지 검사하는 함수로 시작합니다:

```
void check_sorted(auto &c) {
    if(!is_sorted(c.begin(), c.end())) cout << "un";
    cout << "sorted: ";
}
```

이것은 std::is_sorted() 알고리즘을 사용하여 결과로 sorted: 또는 unsorted:를 출력합니다.

• vector를 출력하는 함수가 필요합니다:

```
void printc(const auto &c) {
    check_sorted(c);
    for(auto& e : c) cout << e << ' ';
```

---

1   (역자 주) https://en.wikipedia.org/wiki/Introsort

```
        cout << '\n';
    }
```

이 함수는 check_sorted() 함수를 호출하여 값 이전에 컨테이너의 상태를 출력합니다.

• 이제 main() 함수에서 int 타입의 vector를 정의하고 출력할 수 있습니다:

```
int main() {
    vector<int> v{ 1, 2, 3, 4, 5, 6, 7, 8, 9, 10 };
    printc(v);
    ...
}
```

출력은 다음과 같습니다:

```
sorted: 1 2 3 4 5 6 7 8 9 10
```

• std::sort() 알고리즘을 시험하기 위해 정렬되지 않는 벡터가 필요합니다. 다음은 컨테이너를 무작위로 만드는 단순한 함수입니다:

```
void randomize(auto& c) {
    static std::random_device rd;
    static std::default_random_engine rng(rd());
    std::shuffle(c.begin(), c.end(), rng);
}
```

std::random_device 클래스는 시스템의 하드웨어 엔트로피(entropy) 원천을 사용합니다. 대부분의 현대적 시스템은 하드웨어 엔트로피 원천이 존재하며 그렇지 않으면 라이브러리가 시뮬레이션합니다. std::default_random_engine() 함수는 엔트로피 원천을 기반으로 난수를 생성합니다. 이것은 std::shuffle()에 의해 컨테이너를 무작위로 섞는데 사용됩니다. 이제 컨테이너에 randomize() 함수를 호출하고 그 결과를 출력합니다:

```
randomize(v);
printc(v);
```

```
unsorted: 6 3 4 8 10 1 2 5 9 7
```

물론 무작위 결과는 환경에 따라 달라질 것입니다. 사실 매번 실행할 때마다 결과가 달라집니다:

```
for(int i{3}; i; --i) {
    randomize(v);
    printc(v);
}
```

```
unsorted: 3 1 8 5 10 2 7 9 6 4
unsorted: 7 6 5 1 3 9 10 2 4 8
unsorted: 4 2 3 10 1 9 5 6 8 7
```

• 벡터를 정렬하려면 std::sort()를 호출합니다:

```
std::sort(v.begin(), v.end());
printc(v);
```

```
sorted: 1 2 3 4 5 6 7 8 9 10
```

기본적으로 sort() 알고리즘은 〈 연산자를 사용하여 레인지의 요소들을 정렬합니다.

• partial_sort() 알고리즘은 컨테이너의 일부만 정렬합니다:

```
cout << "partial_sort:\n";
randomize(v);
auto middle{ v.begin() + (v.size() / 2) };
std::partial_sort(v.begin(), middle, v.end());
printc(v);
```

partial_sort()는 시작, 중간, 끝에 해당하는 세 개의 반복자를 받습니다. 그리고 컨테이너를 중간 반복자 이전까지 정렬합니다. 이때 중간 이후의 요소들은 원래 순서를 유지할 것이라고 보장되지는 않습니다. 결과는 다음과 같습니다:

```
unsorted: 1 2 3 4 5 10 7 6 8 9
```

앞의 다섯 요소들은 정렬됐지만, 나머지는 그렇지 않음을 주목하세요.

- partition()은 정렬을 수행하지 않습니다. 이 알고리즘은 특정 요소들이 컨테이너의 앞부분에 오도록 재배열할 뿐입니다:

```
cout << "partition:\n";
randomize(v);
printc(v);
partition(v.begin(), v.end(), [](int i)
    { return i > 5; });
printc(v);
```

세 번째 인자는 서술 람다로 어떤 요소가 앞으로 이동할지를 결정합니다:

```
unsorted: 4 6 8 1 9 5 2 7 3 10
unsorted: 10 6 8 7 9 5 2 1 3
```

5보다 큰 값은 컨테이너 앞으로 이동합니다.

- sort() 알고리즘은 비표준 정렬에서 사용될 수 있는 선택적 비교 함수를 제공합니다. 예를 들어, things라는 사용자 정의 클래스의 코드를 보겠습니다:

```
struct things {
    string s_;
    int i_;
    string str() const {
        return format("({}, {})", s_, i_);
    }
};
```

우리는 things의 vector를 생성할 수 있습니다:

```
vector<things> vthings{ {"button", 40},
    {"hamburger", 20}, {"blog", 1000},
    {"page", 100}, {"science", 60} };
```

다음은 그 내용을 출력하는 함수입니다:

```
void print_things(const auto& c) {
    for (auto& v : c) cout << v.str() << ' ';
    cout << '\n';
}
```

- 이제 things의 vector를 정렬하고 출력할 수 있습니다:

```
std::sort(vthings.begin(), vthings.end(),
        [](const things &lhs, const things &rhs) {
    return lhs.i_ < rhs.i_;
});
print_things(vthings);
```

```
(hamburger, 20) (button, 40) (science, 60) (page, 100) (blog, 1000)
```

비교 함수는 i_ 멤버를 기준으로 정렬하므로 결과는 i_에 따라 정렬됩니다. 대신 s_ 멤버를 기준으로 정렬할 수도 있습니다:

```
std::sort(vthings.begin(), vthings.end(),
        [](const things &lhs, const things &rhs) {
    return lhs.s_ < rhs.s_;
});
print_things(vthings);
```

출력은 다음과 같습니다:

```
(blog, 1000) (button, 40) (hamburger, 20) (page, 100) (science, 60)
```

How it works...

sort() 함수는 레인지 시작과 끝의 반복자 사이에 있는 요소들을 정렬합니다.
기본적으로 이 알고리즘은 < 연산자를 사용하여 요소를 비교합니다. 선택적으로 람다로 제공되는 비교 함수를 사용하기도 합니다:

```
std::sort(vthings.begin(), vthings.end(),
        [](const things& lhs, const things& rhs) {
    return lhs.i_ < rhs.i_;
});
```

비교 함수는 두 개의 인수를 받으며 bool 타입을 반환합니다. 함수의 시그니처는 다음과 같습니다:

```
bool cmp(const Type1& a, const Type2& b);
```

sort() 함수는 요소를 이동하기 위해 std::swap()을 사용합니다. 이는 정렬되는 객체를 읽고 쓰기 위한 추가적인 메모리 할당이 필요하지 않으므로, 연산 속도와 메모리 사용 측면에서 효율적입니다. 이러한 이유로 partial_sort()와 partition() 함수는 정렬되지 않은 요소들의 순서를 보장할 수 없습니다.

std::transform으로 컨테이너 변경하기   예제 파일: chap06/transform.cpp

std::transform 함수는 놀라울 정도로 강력하고 유연합니다. 라이브러리에서 자주 사용되는 알고리즘 중 하나로, 컨테이너의 각 요소에 함수나 람다를 적용하여 결과를 다른 컨테이너에 저장하면서 원본 컨테이너는 그대로 유지합니다. 그 강력함에도 불구하고 사용법은 놀라울 정도로 간단합니다.

How to do it...

이 레시피에서 우리는 std::transform() 함수의 몇 가지 응용 사례를 살펴보겠습니다.

• 다음은 컨테이너 내용을 출력하는 간단한 함수입니다:

```
void printc(auto& c, string_view s = "") {
    if(s.size()) cout << format("{}: ", s);
    for(auto e : c) cout << format("{} ", e);
```

```
        cout << '\n';
    }
```

이 함수를 사용하여 변환 결과를 확인할 것입니다.

• main() 함수에 몇 개의 벡터를 선언합니다:

```
int main() {
    vector<int> v1{ 1, 2, 3, 4, 5, 6, 7, 8, 9, 10 };
    vector<int> v2;
    printc(v1, "v1");
     ...
}
```

v1의 내용은 다음과 같습니다:

```
v1: 1 2 3 4 5 6 7 8 9 10
```

• 이제 transform() 함수를 사용하여 각 값의 제곱한 결과를 v2에 넣습니다:

```
cout << "squares:\n";
transform(v1.begin(), v1.end(), back_inserter(v2),
    [](int x){ return x * x; });
printc(v2, "v2");
```

transform() 함수는 네 개의 인수를 받습니다. 첫 번째와 두 번째 인수는 원본 레인지의 begin()과 end() 반복자입니다. 세 번째 인수는 대상 레인지의 begin() 반복자로, 여기서는 back_inserter() 알고리즘을 사용하여 v2에 결과를 삽입합니다. 네 번째 인수는 변환 함수로, 여기서는 값을 제곱하는 단순한 람다를 사용합니다.

```
squares:
v2: 1 4 9 16 25 36 49 64 81 100
```

- 물론 transform() 함수는 어떤 타입에도 사용할 수 있습니다. 다음은 vector에 있는 string 객체를 소문자로 변환하는 예입니다. 먼저, 문자열의 소문자 값을 반환하는 함수를 작성해야 합니다:

```cpp
string str_lower(const string& s) {
    string outstr{};
    for(const char& c : s) {
        outstr += tolower(c);
    }
    return outstr;
}
```

이제 str_lower() 함수를 변형에 사용할 수 있습니다:

```cpp
vector<string> vstr1{ "Mercury", "Venus", "Earth",
    "Mars", "Jupiter", "Saturn", "Uranus", "Neptune",
    "Pluto" };
vector<string> vstr2;
printc(vstr1, "vstr1");
cout << "str_lower:\n";
transform(vstr1.begin(), vstr1.end(),
  back_inserter(vstr2),
  [](string& x){ return str_lower(x); });
printc(vstr2, "vstr2");
```

이는 vstr1의 모든 요소에 대해 str_lower()를 호출하고, 결과를 vstr2에 삽입합니다. 결과는 다음과 같습니다:

```
vstr1: Mercury Venus Earth Mars Jupiter Saturn Uranus Neptune Pluto
str_lower:
vstr2: mercury venus earth mars jupiter saturn Uranus neptune pluto
```

(그래요. 명왕성(Pluto)[2]은 필자에게 언제나 행성입니다.)

- 또한 transform 알고리즘의 레인지 버전도 있습니다:

---

2 **(역자 주)** 2006년 8월 명왕성은 행성에서 탈락하여 왜성이 되었습니다.

```
cout << "ranges squares:\n";
auto view1 = views::transform(v1, [](int x){
    return x * x; });
printc(view1, "view1");
```

레인지 버전은 더 간결한 문법을 제공하며, 다른 컨테이너를 생성하는 대신 view 객체를 반환합니다.

How it works...

std::transform() 함수는 사용자 제공 함수가 추가된 점을 제외하면 std::copy()와 매우 유사하게 작동합니다. 입력 범위의 각 요소가 함수에 전달되고, 함수의 반환 값이 복사 할당되어 대상 반복자에 저장됩니다. 이로 인해 transform()은 매우 유용하고 강력한 알고리즘이 됩니다. 하지만 transform()은 요소들이 순서대로 처리된다는 보장을 제공하지 않습니다.

변환 순서를 반드시 보장해야 하는 경우에는 대신 for 반복문을 사용하는 것이 좋습니다:

```
v2.clear();       // 벡터 v2를 빈 상태로 초기화
for(auto e : v1) v2.push_back(e * e);
printc(v2, "v2");
```

출력

```
v2: 1 4 9 16 25 36 49 64 81 100
```

컨테이너에 있는 아이템 찾기

예제 파일: chap06/find.cpp

알고리즘 라이브러리는 컨테이너에서 요소를 찾기 위한 함수 집합을 제공합니다. std::find() 함수와 그 파생 함수들은 컨테이너를 순차적으로 검색하여 일치하는 첫 번째 요소를 가리키는 반복자를 반환하거나, 일치하는 요소가 없으면 end() 요소를 반환합니다.

How to do it...

find() 알고리즘은 순방향 혹은 입력 반복자 자격을 만족하는 모든 컨테이너에서 동작합니다. 이 레시피는 vector 컨테이너를 사용합니다. find() 알고리즘은 컨테이너에서 처음으로 일치하는 요소를 순차적으로 검색합니다. 몇 개의 예제를 살펴봅시다.

• main() 함수에서 int 타입의 vector를 선언합니다:

```cpp
int main() {
    const vector<int> v{ 1, 2, 3, 4, 5, 6, 7, 8, 9, 10 };
    ...
}
```

• 이제 값이 7인 요소를 찾습니다:

```cpp
auto it1 = find(v.begin(), v.end(), 7);
if(it1 != v.end()) cout << format("found: {}\n", *it1);
else cout << "not found\n";
```

find() 알고리즘은 세 개의 인수를 받습니다. begin() 및 end() 반복자, 그리고 검색할 값입니다. 이 알고리즘은 검색에서 찾은 첫 번째 요소를 가리키는 반복자를 반환하거나, 검색에 실패한 경우 end() 반복자를 반환합니다.

```
found: 7
```

• 스칼라[3] 보다 더 복잡한 항목도 검색할 수 있습니다. 객체는 동등 비교 연산자 ==를 지원해야 합니다. 다음은 operator==()를 오버로드한 간단한 구조체입니다:

```cpp
struct City {
    string name{};
    unsigned pop{};
    bool operator==(const City& o) const {
        return name == o.name;
```

---

3 **(역자 주)** 스칼라는 하나의 숫자로 표시되는 값을 의미합니다.

```
    }
    string str() const {
        return format("[{}, {}]", name, pop);
    }
};
```

operator==() 오버로드는 name 멤버만 비교한다는 것을 주목하세요. 또한 str() 함수는
City 요소의 string 표현식을 반환합니다.

• 이제 City 요소의 vector를 선언합니다:

```
const vector<City> c{
    { "London", 9425622 },
    { "Berlin", 3566791 },
    { "Tokyo", 37435191 },
    { "Cairo", 20485965 }
};
```

• int 타입의 vector와 동일한 방식으로, City의 vector도 검색할 수 있습니다:

```
auto it2 = find(c.begin(), c.end(), City{"Berlin"});
if(it2 ≠ c.end()) cout << format("found: {}\n",
    it2->str());
else cout << "not found\n";
```

```
found: [Berlin, 3566791]
```

• name 대신 pop 멤버로 검색하길 원한다면 find_if() 함수에 서술을 넣을 수 있습니다:

```
auto it3 = find_if(begin(c), end(c), [](const City& item)
    { return item.pop > 20000000; });
if(it3 ≠ c.end()) cout << format("found: {}\n",
    it3→str());
else cout << "not found\n";
```

서술은 pop 멤버를 검사하므로 출력은 다음과 같습니다:

```
found: [Tokyo, 37435191]
```

- find_if() 함수는 서술을 만족하는 첫 번째 요소만 반환한다는 점을 주목하세요. 실제로 pop 값이 20,000,000을 넘는 요소는 벡터에 두 개가 존재합니다.

  find()와 find_if() 함수는 오직 한 개의 반복자만 반환하지만, 레인지 라이브러리는 ranges::views::filter()라는 뷰 어댑터를 제공하여 vector를 변경하지 않고도 조건에 맞는 모든 요소를 얻을 수 있습니다:

```
auto vw1 = ranges::views::filter(c,
    [](const City& c){ return c.pop > 20000000; });
for(const City& e : vw1) cout << format("{}\n", e.str());
```

```
[Tokyo, 37435191]
[Cairo, 20485965]
```

How it works...

find()와 find_if() 함수는 컨테이너를 순차적으로 검색하여 각 요소가 매칭되는지 확인합니다. 만약 매칭되면 해당 값을 가리키는 반복자를 반환합니다. 만약 매칭되는 것이 없이 end() 반복자에 도달하면 검색 결과가 없다는 의미로 end() 반복자를 반환합니다.

find() 함수는 세 개의 인자를 받습니다. begin() 및 end() 반복자와 검색 값입니다. 시그니처는 다음과 같습니다:

```
template<class InputIt, class T>
constexpr InputIt find(InputIt, InputIt, const T&)
```

find_if() 함수는 값 대신 서술을 사용합니다:

```
template<class InputIt, class UnaryPredicate>
constexpr InputIt find_if(InputIt, InputIt, UnaryPredicate)
```

두 find() 함수는 순차적으로 검색하며 첫 번째 일치 항목을 찾으면 반환합니다.

더 많은 일치 항목을 찾고 싶다면, 레인지 라이브러리의 filter() 함수를 사용할 수 있습니다:

```
template<ranges::viewable_range R, class Pred>
constexpr ranges::view auto ranges::views::filter(R&&, Pred&&);
```

filter() 함수는 view를 반환하며, 이는 컨테이너에서 필터링 된 요소만을 포함하는 비파괴적 윈도우입니다. 반환된 뷰는 다른 컨테이너처럼 사용할 수 있습니다:

```
auto vw1 = std::ranges::views::filter(c,
    [](const City& c){ return c.pop > 20000000; });
for(const City& e : vw1) cout << format("{}\n", e.str());
```

출력

```
[Tokyo, 37435191]
[Cairo, 20485965]
```

std::clamp로 컨테이너에 있는 값 한정하기

예제 파일: chap06/clamp.cpp

C++17에 도입된 std::clamp() 함수는 수치 스칼라 값을 최솟값과 최댓값 사이로 제한하는 데 사용할 수 있습니다. 이 함수는 가능한 경우 이동 시맨틱스(move semantics)를 활용하여 최대한 빠르고 효율적으로 동작하도록 최적화되어 있습니다.

How to do it...

clamp() 함수를 반복문에서 사용하거나 transform() 알고리즘과 함께 사용하여 컨테이너의 값을 제한할 수 있습니다. 몇 가지 예를 살펴봅시다:

• 컨테이너의 값을 출력하는 단순한 함수로 시작합니다:

```cpp
void printc(auto& c, string_view s = "") {
    if(s.size()) cout << format("{}: ", s);
    for(auto e : c) cout << format("{:>5} ", e);
    cout << '\n';
}
```

서식 문자열 "{:>5}"은 각 값을 5칸으로 맞추고 우측 정렬하여 표 형식으로 표시합니다.

• main() 함수에 컨테이너와 함께 사용할 초기화 리스트를 정의합니다. 중복 값은 허용합니다:

```cpp
int main() {
    auto il = { 0, -12, 2001, 4, 5, -14, 100, 200, 30000 };
    ...
}
```

clamp()와 동작할 값으로 적절한 범위에 있습니다.

• 이제 제한값으로 사용할 상수를 정의합니다:

```cpp
constexpr int ilow{0};
constexpr int ihigh{500};
```

이 값들은 clamp() 함수를 호출할 때 사용됩니다.

• 이제 main() 함수에 컨테이너를 정의합니다. int 타입의 vector를 사용합니다:

```cpp
vector<int> voi{ il };
cout << "vector voi before:\n";
printc(voi);
```

초기화 리스트의 값을 사용하면 출력은 다음과 같습니다:

```
vector voi before:
0 -12 2001 4 5 -14 100 200 30000
```

- 이제 clamp( )와 for 반복문을 사용하여 값을 0과 500 사이로 제한합니다:

```
cout << "vector voi after:\n";
for(auto& e : voi) e = clamp(e, ilow, ihigh);
printc(voi);
```

clamp( ) 함수를 적용하여 컨테이너에 있는 값의 범위를 최소 0에서 최대 500 사이로 제한합니다. 출력은 다음과 같습니다:

```
vector voi before:
0 -12 2001 4 5 -14 100 200 30000
vector voi after:
0 0 500 4 5 0 100 200 500
```

clamp( ) 작업 후에는 음수 값은 0이 되고 500보다 큰 값은 500이 됩니다.

- 람다에서 clamp( )를 호출하면 transform( ) 알고리즘으로 동일한 작업을 수행할 수 있습니다. 이번에는 list 컨테이너를 사용합니다:

```
cout << "list loi before:\n";
list<int> loi{ il };
printc(loi);
transform(loi.begin(), loi.end(), loi.begin(),
    [=](auto e){ return clamp(e, ilow, ihigh); });
cout << "list loi after:\n";
printc(loi);
```

출력은 for 반복문 버전과 같습니다:

```
list loi before:
0 -12 2001 4 5 -14 100 200 30000
list loi after:
0 0 500 4 5 0 100 200 500
```

How it works...

clamp( ) 알고리즘은 다음과 같은 형태의 간단한 함수입니다:

```
template<class T>
constexpr const T& clamp( const T& v, const T& lo, const T& hi ) {
    return less(v, lo) ? lo : less(hi, v) ? hi : v;
}
```

만약 v 값이 lo 보다 작으면 lo를 반환합니다. 만약 v가 hi 보다 크면 hi를 반환합니다. 이 함수는 빠르고 효율적입니다.

예제에서는 for 반복문을 사용하여 컨테이너에 clamp()를 적용했습니다:

```
for(auto& v : voi) v = clamp(v, ilow, ihigh);
```

또한 람다에 clamp()를 포함하여 transform() 알고리즘을 사용했습니다:

```
transform(loi.begin(), loi.end(), loi.begin(),
    [=](auto v){ return clamp(v, ilow, ihigh); });
```

필자의 실험에서 두 버전 모두 같은 결과를 보였고 GCC 컴파일러에서 유사한 코드를 생성하였습니다. 컴파일된 크기에는 약간의 차이가 있었는데, 예상대로 for 반복문 버전이 더 작았습니다. 성능 차이는 미미했습니다.

일반적으로 필자는 for 반복문을 더 선호하지만 transform() 버전이 다른 응용에서 더 유연할 수 있습니다.

std::sample로 데이터 집합의 표본 추출하기

예제 파일: chap06/sample.cpp

std::sample() 알고리즘은 일련의 값들의 무작위 표본을 받아서 그 표본으로 대상 컨테이너를 생성합니다. 이 알고리즘은 대량의 데이터를 분석할 때, 전체를 처리하는 대신 대표적인 샘플을 추출하는 데 유용합니다.

샘플링된 데이터 집합을 사용하면 전체 데이터를 분석하지 않고도 그 특성을 대략적으로 추정할 수 있습니다. 이는 정확성을 일부 포기하는 대신 효율성을 얻는 방법으로, 많은 상황에서 합리적인 타협이 됩니다.

How to do it...

이 레시피는 표준 정규 분포를 갖는 200,000개 무작위 정수 배열을 사용합니다. 몇 백 개의 표본을 추출하고, 각 값의 빈도에 대한 히스토그램을 생성합니다.

- 먼저, double 값을 반올림하여 int로 반환하는 간단한 함수를 작성하겠습니다. 표준 라이브러리에는 이러한 함수가 없으므로, 나중에 사용할 수 있도록 정의합니다:

```
int iround(const double& d) {
    return static_cast<int>(std::round(d));
}
```

표준 라이브러리는 몇 가지 버전의 std::round()를 제공하며 그중 하나는 long int를 반환합니다. 하지만 우리가 필요한 것은 int 타입이며, 이는 좁은 형 변환에 대한 컴파일러 경고를 피하면서 보기 좋지 않은 static_ cast를 숨길 수 있는 간단한 해결책입니다.

- main( ) 함수에 몇몇 유용한 상수들을 정의합니다:

```
int main() {
    constexpr size_t n_data{ 200000 };
    constexpr size_t n_samples{ 500 };
    constexpr int mean{ 0 };
    constexpr size_t dev{ 3 };
    ...
}
```

n_data와 n_samples는 각각 데이터와 표본 컨테이너 크기입니다. 또한, 무작위 값의 정규 분포를 위한 평균(mean)과 표준 편차(dev) 인자 값도 준비되어 있습니다.

- 이제 난수 생성기와 분포 객체를 설정합니다. 이는 원본 데이터 집합을 초기화하는데 사용됩니다:

```
std::random_device rd;
std::mt19937 rng(rd());
std::normal_distribution◇ dist{ mean, dev };
```

random_device 객체는 하드웨어 난수 생성기에 대한 접근을 제공합니다. mt19937 클래스는 메르센 트위스터(Mersenne Twister) 난수 생성 알고리즘의 구현체로 우리가 사용하는 크기 정도의 데이터 집합에 대해 대부분의 시스템에서 우수한 성능을 제공합니다. normal_distribution 클래스는 제공된 평균과 표준 편차에 근사하는 분포를 제공합니다.

- 이제 n_data 개의 int 타입 난수를 갖는 배열을 생성합니다:

```cpp
array<int, n_data> v{};
for(auto& e : v) e = iround(dist(rng));
```

array 컨테이너는 크기가 고정되어 있으므로, 템플릿 인자에 할당할 요소의 개수를 나타내는 size_t 값을 포함합니다. for() 반복문을 사용하여 배열을 생성합니다.
rng 객체는 하드웨어 난수 생성기이며, 이를 normal_distribution 객체인 dist()에 전달한 후, 반올림을 위해 iround() 함수로 전달합니다.

- 이 시점에서 우리는 200,000개의 데이터를 가진 배열을 가지고 있습니다. 분석하기에 데이터가 너무 많으므로, sample() 알고리즘을 사용하여 500개의 요소를 표본 추출합니다:

```cpp
array<int, n_samples> samples{};
sample(data.begin(), data.end(), samples.begin(),
n_samples, rng);
```

표본을 담을 array 객체를 새로 정의합니다. 이 객체의 크기는 n_samples입니다. 그다음 sample() 알고리즘을 사용하여 n_samples 개의 난수 데이터를 갖는 배열을 생성합니다.

- 표본을 분석할 히스토그램을 생성합니다. map 구조는 각 값의 빈도를 쉽게 매핑할 수 있으므로 이에 매우 적합합니다:

```cpp
std::map<int, size_t> hist{};
for (const int i : samples) ++hist[i];
```

for() 반복문은 samples 컨테이너에서 값을 가져와서 map의 키로 사용합니다. 증가 표현식 인 ++hist[i]는 표본 집합에 있는 각 값의 빈도를 셉니다.

- C++20 format() 함수를 사용하여 히스토그램을 출력합니다:

```cpp
constexpr size_t scale{ 3 };
cout << format("{:>3} {:>5} {:<}/{}\n",
```

```
        "n", "count", "graph", scale);
for (const auto& [value, count] : hist) {
    cout << format("{:>3} ({:>3}) {}\n",
        value, count, string(count / scale, '*'));
}
```

{:>3}과 같은 format() 지정자는 일정한 수의 문자를 위한 공간을 만듭니다. 꺾쇠 괄호는 정렬 방향(오른쪽 또는 왼쪽)을 지정합니다. string(count, char) 생성자는 특정 문자를 지정된 횟수만큼 반복하여 string 객체를 생성합니다. 이 경우 n개의 별표(*) 문자를 생성하는데, n은 히스토그램에서 값의 빈도 count를 scale 상수로 나눈 값입니다.

출력은 다음과 같습니다:

```
$ ./sample
n count graph/3
-9 (  2)
-7 (  5) *
-6 (  9) ***
-5 ( 22) *******
-4 ( 24) ********
-3 ( 46) **************
-2 ( 54) ******************
-1 ( 59) *******************
0 ( 73) ***********************
1 ( 66) **********************
2 ( 44) **************
3 ( 34) ***********
4 ( 26) ********
5 ( 18) ******
6 (  9) ***
7 (  5) *
8 (  3) *
9 (  1)
```

이것은 히스토그램의 보기 좋은 그래픽 표현입니다. 첫 번째 숫자는 값을 나타내고, 두 번째 숫자는 해당 값의 빈도를 나타냅니다. 별표는 빈도의 시각적 표현으로, 각 별표는 표본 집합에서 scale(3) 번의 발생을 나타냅니다.

출력은 실행할 때마다 달라질 수 있습니다.

How it works...

std::sample() 함수는 원본 컨테이너의 무작위 위치로부터 지정된 개수의 요소를 골라 대상 컨테이너로 복사합니다.

sample() 함수의 시그니처는 다음과 같습니다:

```
OutIter sample(SourceIter, SourceIter, OutIter,
    SampleSize, RandNumGen &);
```

앞 두 개의 인수는 전체 데이터 집합 컨테이너의 begin()과 end() 반복자입니다. 세 번째 인수는 표본의 대상을 위한 반복자입니다. 네 번째 인수는 표본 크기이고 마지막 인수는 난수를 생성하는 함수입니다.

sample() 알고리즘은 균일 분포(uniform distribution)을 사용하므로 각 데이터 지점은 표본으로 추출될 확률이 동일합니다.

일련의 데이터로부터 순열 생성하기   예제 파일: chap06/permutations.cpp

테스트, 통계, 연구 목적과 같이 순열(permutation)의 쓰임새는 다양합니다. next_permutation() 알고리즘은 컨테이너 순서를 재배열하여 사전 편찬 순서(lexicographical)의 순열을 생성합니다.

How to do it...

이 레시피에서 우리는 세 문자열의 집합으로 순열을 출력합니다.

• 컨테이너 내용을 출력하는 짧은 함수를 생성합니다:

```
void printc(const auto& c, string_view s = "") {
    if(s.size()) cout << format("{}: ", s);
```

```
        for(auto e : c) cout << format("{} ", e);
        cout << '\n';
    }
```

이 함수를 사용하여 데이터 집합과 순열을 출력합니다.

• main( ) 함수에 string 타입의 vector를 선언하고 sort( ) 알고리즘으로 정렬합니다:

```
int main() {
    vector<string> vs{ "dog", "cat", "velociraptor" };
    sort(vs.begin(), vs.end());
    ...
}
```

next_permutation( ) 함수는 정렬된 컨테이너를 필요로 합니다.

• 이제 do 반복문에 next_permutation( ) 함수를 호출하여 순열을 나열할 수 있습니다:

```
do {
    printc(vs);
} while (next_permutation(vs.begin(), vs.end()));
```

next_permutation( ) 함수는 컨테이너를 변경하며, 남아 있는 순열이 있으면 true를 반환하고, 더 이상 순열이 없으면 false를 반환합니다.

다음은 세 마리의 애완동물[4]로부터 생성된 6개의 순열입니다:

```
cat dog velociraptor
cat velociraptor dog
dog cat velociraptor
dog velociraptor cat
velociraptor cat dog
velociraptor dog cat
```

---

4 **(역자 주)** velociraptor는 벨로키랍토르로 작은 공룡입니다.

How it works...

std::next_permutation() 알고리즘은 값 집합의 **사전 편찬 순서(lexicographical order)**에 따른 순열을 생성합니다. 즉, 사전 순서를 기반으로 한 순열을 만듭니다. 입력값은 반드시 정렬되어 있어야 하는데, 이는 알고리즘이 사전 편찬 순서대로 순열을 진행하기 때문입니다. 따라서 만약 3, 2, 1과 같은 집합으로 시작하면 첫 번째 값(3)이 세 요소들 중 마지막 사전 순서이므로 알고리즘은 즉시 종료될 것입니다.

예를 들어 다음 코드를 봅시다:

```
vector<string> vs{ "velociraptor", "dog", "cat" };
do {
    printc(vs);
} while (next_permutation(vs.begin(), vs.end()));
```

이는 다음과 같이 출력됩니다:

```
velociraptor dog cat
```

사전 편찬 순서라는 용어는 알파벳 순서를 의미하지만, 구현은 표준 비교 연산자를 사용하므로 어떤 정렬 가능한 값에도 동작합니다.

또한, 집합 내에 중복된 값이 존재할 경우, 이는 사전식 순서에 따라 중복을 고려하여 순열을 계산합니다. 아래 예제는 두 개의 동일한 숫자 값을 포함한 int 타입의 vector 입니다:

```
vector<int> vi{ 1, 2, 3, 4, 5, 1, 2, 3, 4, 5 };
sort(vi.begin(), vi.end());
printc(vi, "vi sorted");
long count{};
do {
    ++count;
} while (next_permutation(vi.begin(), vi.end()));
cout << format("number of permutations: {}\n", numstr(count));
```

출력

```
vi sorted: 1 1 2 2 3 3 4 4 5 5
number of permutations: 113,400
```

이 값들의 순열 개수는 113,400개입니다. 이는 단순히 10! (3,628,800)이 아닌데, 그 이유는 일부 값이 중복되기 때문입니다. 예를 들어, (3,3)과 (3,3)은 동일하게 정렬되므로 이들은 동일한 사전 편찬 순서로 간주됩니다.

즉, 아래와 같은 짧은 집합의 순열을 나열해 보겠습니다:

```cpp
vector<int> vi2{ 1, 3, 1 };
sort(vi2.begin(), vi2.end());
do {
    printc(vi2);
} while (next_permutation(vi2.begin(), vi2.end()));
```

중복되는 값 때문에 3! (9)개의 순열이 아니라 단 세 개의 순열만 얻습니다:[5]

```
1 1 3
1 3 1
3 1 1
```

정렬된 컨테이너 병합하기

예제 파일: chap06/merge.cpp

std::merge() 알고리즘은 두 정렬된 수열을 받아 제3의 정렬된 수열을 생성합니다. 이 기법은 종종 **병합 정렬(merge sort)**의 일부로 사용되며, 매우 큰 데이터를 여러 조각으로 나누고, 각각 따로 정렬한 후 하나의 정렬된 대상 데이터로 병합할 때 활용됩니다.

How to do it...

이 레시피는 두 개의 정렬된 vector 컨테이너를 사용하고 std::merge() 알고리즘을 호출하여 세 번째 vector로 병합합니다.

• 다음은 컨테이너 내용을 출력하는 단순한 함수입니다:

```cpp
void printc(const auto& c, string_view s = "") {
```

5　**(역자 주)** 중복이 허용된 순열의 개수를 구하는 공식은 n! / n1!*n2!*··· 입니다. 이때 n은 3이고 n1은 2인데 그 이유는 1이 두 번 반복됩니다. n2는 1으로 3이 한 번 나오기 때문입니다. 따라서 3! / (2!*1!) – 6 / 2 – 3이 됩니다.

```
    if(s.size()) cout << format("{}: ", s);
    for(auto e : c) cout << format("{} ", e);
    cout << '\n';
}
```

이것으로 원본과 대상 수열을 출력합니다.

• main() 함수에서 원본 벡터와 대상 벡터를 선언하고 내용을 출력합니다:

```
int main() {
    vector<string> vs1{ "dog", "cat", "velociraptor" };
    vector<string> vs2{ "kirk", "sulu", "spock" };
    vector<string> dest{};
    printc(vs1, "vs1");
    printc(vs2, "vs2");
    ...
}
```

```
vs1: dog cat velociraptor
vs2: kirk sulu spock
```

• 이제 벡터들을 정렬하고 다시 출력합니다:

```
sort(vs1.begin(), vs1.end());
sort(vs2.begin(), vs2.end());
printc(vs1, "vs1 sorted");
printc(vs2, "vs2 sorted");
```

```
vs1 sorted: cat dog velociraptor
vs2 sorted: kirk spock sulu
```

• 이제 원본 컨테이너가 정렬되었고 최종 결과로 병합할 수 있습니다:

```
merge(vs1.begin(), vs1.end(), vs2.begin(), vs2.end(),
    back_inserter(dest));
printc(dest, "dest");
```

```
dest: cat dog kirk spock sulu velociraptor
```

이것은 두 개의 원본을 하나의 정렬된 벡터로 병합시킨 결과입니다.

How it works...

merge( ) 알고리즘은 두 개의 원본에 대한 begin( )과 end( ) 반복자와 대상을 위한 출력 반복
자를 받습니다:

```
OutputIt merge(InputIt1, InputIt1, InputIt2, InputIt2,
OutputIt)
```

이 함수는 두 입력 레인지를 받아 병합/정렬 작업을 수행한 후, 결과 수열을 출력 반복자로 보
냅니다.

7장

문자열, 스트림과
서식화

C++

STL의 string 클래스는 문자 기반 데이터를 저장, 조작 및 표시하기 위한 강력하고 풍부한 기능을 가진 도구입니다. 이 클래스는 고급 스크립트 언어에서 기대할 수 있는 편리함을 제공하면서도, C++에서 기대하는 빠르고 민첩한 성능을 유지합니다. string 클래스는 모든 문자 유형으로 인스턴스화할 수 있는 연속 컨테이너 클래스인 basic_string을 기반으로 합니다. 클래스 시그니처는 다음과 같습니다:

```
template<
typename CharT,
typename Traits = std::char_traits<CharT>,
typename Allocator = std::allocator<CharT>
> class basic_string;
```

Traits와 Allocator 템플릿 인자는 보통 기본 값으로 둡니다.

basic_string 클래스의 데이터는 CharT 타입으로 data() 멤버 함수를 통해 접근할 수 있습니다:

```
const std::basic_string<char> s{"hello"};
const char * sdata = s.data();
for(size_t i{0}; i < s.size(); ++i) {
cout << sdata[i] << ' ';
}
cout << '\n';
```

```
h e l l o
```

data() 멤버 함수는 하위 문자 배열을 가리키는 CharT*을 반환합니다. C++11이후, data()가 반환하는 배열은 null로 종료되므로, data()는 c_str()과 동일하게 작동합니다. basic_string 클래스는 insert(), erase(), push_back(), pop_back() 등을 포함하여, 다른 연속 저장소 클래스에서 제공하는 다양한 메서드를 포함하고 있습니다. 이 메서드들은 하위에 있는 CharT 배열에 대해 작동합니다.

std::string은 std::basic_string<char>의 타입 별칭입니다:

```
using std::string = std::basic_string<char>;
```

대부분의 경우 우리는 std::string을 사용할 것입니다.

문자열 서식화

문자열 서식화는 전통적으로 STL의 약점으로 간주되어 왔습니다. 최근까지는 복잡하고 느린 STL의 iostreams와 구식의 printf() 중 하나를 선택해야 했습니다. 그러나 C++20의 format 라이브러리 도입 이후, STL 문자열 서식화는 크게 발전했습니다. 이 새로운 서식화 라이브러리는 파이썬의 str.format() 메서드를 기반으로 빠르고 유연하며, iostreams와 printf()의 장점을 모두 제공합니다. 또한, 우수한 메모리 관리와 타입 안전성을 제공합니다. format 라이브러리에 대한 더 많은 내용은 1장 C++20의 새로운 기능에서 다룬 새로운 format 라이브러리로 텍스트를 서식화하기 레시피를 참고하세요.

이제 문자열 서식 지정에 iostream을 사용할 필요는 없지만, 여전히 파일 및 스트림 I/O, 일부 타입 변환과 같은 용도로는 유용하게 사용할 수 있습니다.

이 장에서는 다음과 같은 레시피를 다룹니다.

- string_view 클래스를 경량 문자열 객체로 사용하기
- 문자열 접합하기
- 문자열 변형하기
- C++20의 format 라이브러리로 텍스트 서식화하기
- 문자열의 공백 제거하기
- 사용자 입력으로 문자열 읽기
- 파일에 있는 단어 수 세기
- 파일 입력으로 복합 구조 초기화하기
- char_traits로 문자열 클래스 커스터마이징하기
- 정규 표현식으로 문자열 파싱하기

예제 코드

이 장의 코드는 아래 깃허브 사이트에서 찾을 수 있습니다.

- https://github.com/Youngjin-com/CPP-STL/tree/main/chap07

string_view 클래스를 경량 문자열 객체로 사용하기

예제 파일: chap07/string_view.cpp

string_view 클래스는 string 클래스에 대한 경량의 대안을 제공합니다. string_view는 자체 데이터 저장소를 유지하지 않고, C 문자열에 대한 뷰로 동작합니다. 이로 인해, string_view는 std::string에 비해 더 작고 더 효율적입니다. std::string의 메모리 및 계산 집약적인 기능은 불필요하지만, 문자열 객체가 필요한 상황에서 매우 유용합니다.

How to do it...

string_view 클래스는 STL string 클래스와 얼핏 비슷하게 보이지만 동작 방식이 다릅니다. 다음 예제들을 살펴봅시다.

• C 문자열(char 배열)로부터 STL string을 초기화합니다:

```
char text[]{ "hello" };
string greeting{ text };
text[0] = 'J';
cout << text << ' ' << greeting << '\n';
```

`출력`

```
Jello hello
```

배열을 변경할 때 string 객체는 변하지 않는다는 것에 주목하세요. 이는 string 생성자가 하위 데이터 복사본을 생성하기 때문입니다.

• string_view에 동일한 작업을 하면 다른 결과가 나옵니다:

```
char text[]{ "hello" };
string_view greeting{ text };
text[0] = 'J';
cout << text << ' ' << greeting << '\n';
```

`출력`

```
Jello Jello
```

string_view 생성자는 하위 데이터에 대한 뷰를 생성합니다. 그리고 자체 복사본을 갖지 않습니다. 이는 상당한 효율성을 제공하지만, 부작용을 유발할 수 있습니다.

- string_view가 하위 데이터에 대한 복사본을 갖지 않기 때문에 원본 데이터는 string_view 객체의 생명 주기 동안 유지되어야 합니다. 따라서 다음은 동작하지 않습니다:

```cpp
string_view sv() {
    const char text[]{ "hello" }; // 임시 저장소
    string_view greeting{ text };
    return greeting;
}
int main() {
    string_view greeting = sv(); // 데이터가 범위를 벗어남
    cout << greeting << '\n';     // 출력은 미정의
}
```

sv() 함수가 반환된 후 하위 데이터가 범위를 벗어나기 때문에, main() 함수의 greeting 객체는 사용 시점에 유효하지 않습니다.

- string_view 클래스는 하위 데이터에 따른 생성자가 있습니다. 여기에는 문자 배열(const char*), 연속된 레인지(std::string 포함), 그리고 다른 string_view 객체가 포함됩니다. 이 예제는 레인지 생성자를 사용합니다:

```cpp
string str{ "hello" };
string_view greeting{ str };
cout << greeting << '\n';
```

`출력`

```
hello
```

- 또한 std::literals 네임스페이스에 정의된 string_view 리터럴 연산자인 sv가 있습니다:

```cpp
using namespace std::literals;
cout << "hello"sv.substr(1, 4) << '\n';
```

위 코드는 constexpr string_view 객체를 생성하고, 해당 객체의 substr() 메서드를 호출하여 인덱스 1부터 시작하는 네 개의 값을 추출합니다.

`출력`

```
ello
```

How it works...

string_view 클래스는 연속된 문자 데이터에 대한 효과적인 **반복자 어댑터**입니다. 구현에는 보통 const CharT* 와 size_t라는 두 멤버가 있습니다. 원본 데이터에 대한 contiguous_iterator를 래핑하여 동작합니다.

따라서 string_view는 몇 개의 중요한 차이를 제외하고는 많은 경우에 std::string 처럼 사용할 수 있습니다.

• 복사 생성자는 데이터를 복사하지 않으므로 string_view 객체 복사본을 만들면 각 복사본은 동일한 하위 데이터로 동작합니다:

```cpp
char text[]{ "hello" };
string_view sv1{ text };
string_view sv2{ sv1 };
string_view sv3{ sv2 };
string_view sv4{ sv3 };
cout << format("{} {} {} {}\n", sv1, sv2, sv3, sv4);
text[0] = 'J';
cout << format("{} {} {} {}\n", sv1, sv2, sv3, sv4);
```

출력

```
hello hello hello hello
Jello Jello Jello Jello
```

• string_view 객체를 함수에 넘기면 복사 생성자가 사용된다는 점을 기억하세요:

```cpp
void f(string_view sv) {
    if(sv.size()) {
        char* x = (char*)sv.data(); // 위험함
        x[0] = 'J'; // 원본을 변경
    }
    cout << format("f(sv): {} {}\n", (void*)sv.data(), sv);
}
int main() {
    char text[]{ "hello" };
    string_view sv1{ text };
    cout << format("sv1: {} {}\n", (void*)sv1.data(), sv1);
    f(sv1);
```

```
    cout << format("sv1: {} {}\n", (void*)sv1.data(), sv1);
}
```

```
sv1: 0x7ffd80fa7b2a hello
f(sv): 0x7ffd80fa7b2a Jello
sv1: 0x7ffd80fa7b2a Jello
```

data() 멤버 함수가 반환하는 하위 데이터의 주소는 모든 string_view 인스턴스에서 동일합
니다. 이는 복사 생성자가 하위 데이터를 복사하지 않기 때문입니다. 멤버 포인터가 const로
지정된 경우라도 const 한정을 제거하는 캐스팅이 가능하긴 합니다. 그러나 이는 예기치 않은
부작용을 초래할 수 있으므로 권장되지 않습니다. 중요한 점은 데이터가 절대 복사되지 않는
다는 것입니다.

• string_view 클래스는 하위 문자열에 직접 동작하는 메서드가 부족합니다. append( ),
  operator+( ), push_back( ), pop_back( ), replace( ), resize( ) 같은 메서드들은 string 에
  서는 지원되지만 string_view에서는 지원되지 않습니다.

  만약 문자열을 +연산자로 접합하려면 std::string이 필요합니다. 예를 들어, 다음은 string_
  view에서 동작하지 않습니다:

```
sv1 = sv2 + sv3 + sv4; // 동작하지 않음
```

대신 string을 사용해야 합니다:

```
string str1{ text };
string str2{ str1 };
string str3{ str2 };
string str4{ str3 };

str1 = str2 + str3 + str4; // 동작함
cout << str1 << '\n';
```

```
JelloJelloJello
```

문자열 접합하기

C++에는 문자열을 접합하는 여러 방법이 있습니다. 이번 레시피에서는 가장 일반적인 세 가지 방법을 살펴보겠습니다. string 클래스의 operator+(), string 클래스의 append() 함수, 그리고 ostringstream 클래스의 operator<<()입니다. C++20에서는 새로운 format() 함수도 사용할 수 있습니다. 이들 각각은 고유한 장점, 단점, 그리고 사용 사례를 가지고 있습니다.

How to do it...

이 레시피에서는 문자열을 연결하는 다양한 방법을 살펴봅니다. 이후 벤치마크를 수행하고 각각의 사용 사례를 고려해 보겠습니다.

- std::string 객체로 시작합니다:

```
string a{ "a" };
string b{ "b" };
```

string 객체들은 리터럴 C 문자열에서 생성됩니다.
C 문자열 생성자는 리터럴 문자열의 복사본을 만들고 string 객체 하위 데이터로서 지역 복사본을 사용합니다.

- 이제 새로운 빈 문자열 객체를 생성하고 구분자와 줄바꿈 문자를 포함하여 a와 b 객체를 접합합니다:

```
string x{};
x += a + ", " + b + "\n";
cout << x;
```

여기서는 string 객체의 += 및 + 연산자를 사용하여 문자열 a와 b를 접합하고, 리터럴 문자열 ", " 및 "\n"도 함께 접합했습니다. 출력 문자열은 요소들이 하나로 접합된 형태를 갖습니다:

```
a, b
```

• 이번에는 string 객체의 append( ) 멤버 함수를 호출합니다:

```
string x{};
x.append(a);
x.append(", ");
x.append(b);
x.append("\n");
cout << x;
```

동일한 출력을 얻습니다:

```
a, b
```

• 혹은 ostringstream 객체를 생성하여 스트림 인터페이스를 사용합니다:

```
ostringstream x{};
x << a << ", " << b << "\n";
cout << x.str();
```

동일한 출력을 얻습니다:

```
a, b
```

• C++20의 format( ) 함수를 사용할 수도 있습니다:

```
string x{};
x = format("{}, {}\n", a, b);
cout << x;
```

이 경우도 동일한 출력을 얻습니다:

```
a, b
```

How it works...

string 객체는 문자열을 접합하는 두 방법인 + 연산자와 append( ) 멤버 함수를 제공합니다. append( ) 멤버 함수는 데이터 끝에 새로운 데이터를 추가합니다. 이를 위해 메모리를 할당하고 관리해야 합니다. +연산자는 operator+( ) 오버로드를 사용하여 기존 데이터와 새로운 데이터를 포함하는 새로운 string 객체를 생성하고 그 새로운 객체를 반환합니다.

ostringstream 객체는 ostream처럼 동작하지만 출력 결과를 문자열처럼 사용하기 위해 저장합니다. C++20의 format( ) 함수는 서식 문자열과 가변 인자를 사용하며 새롭게 생성된 string 객체를 반환합니다.

There's more...

코드에 적합한 문자열 접합 방식을 선택하려면, 우선 벤치마크를 통해 비교하는 것이 좋습니다.

벤치마크

다음은 데비안 리눅스에서 GCC 11로 시험한 결과입니다.

• 먼저 〈chrono〉 라이브러리를 사용하여 timer 함수를 생성합니다:

```
using std::chrono::high_resolution_clock;
using std::chrono::duration;

void timer(string(*f)()) {
    auto t1 = high_resolution_clock::now();
    string s{ f() };
    auto t2 = high_resolution_clock::now();
    duration<double, std::milli> ms = t2 - t1;
    cout << s;
    cout << format("duration: {} ms\n", ms.count());
}
```

timer 함수는 전달된 함수를 호출하여 함수 호출 이전과 이후의 시간을 기록합니다. 그다음 cout을 사용하여 실행 시간을 출력합니다.

- 이제 append( ) 멤버 함수를 호출하여 문자열을 접합하는 함수를 생성합니다:

```
string append_string() {
    cout << "append_string\n";
    string a{ "a" };
    string b{ "b" };
    long n{0};
    while(++n) {
        string x{};
        x.append(a);
        x.append(", ");
        x.append(b);
        x.append("\n");
        if(n >= 10000000) return x;
    }
    return "error\n";
}
```

벤치마킹을 위해 이 함수는 접합을 1,000만 번 반복합니다. 이 함수는 main( ) 함수에서 timer( ) 함수와 함께 호출할 수 있습니다:

```
int main() {
    timer(append_string);
}
```

출력

```
append_string
a, b
duration: 425.361643 ms
```

따라서 이 시스템에서 접합은 1,000만 번을 기준으로 425ms가 소요됐습니다.

- 이제 + 연산자 오버로드를 사용하는 동일한 함수를 만듭니다:

```
string concat_string() {
    cout << "concat_string\n";
    string a{ "a" };
    string b{ "b" };
    long n{0};
```

```
    while(++n) {
        string x{};
        x += a + ", " + b + "\n";
        if(n ≥ 10000000) return x;
    }
    return "error\n";
}
```

벤치마크 출력은 다음과 같습니다:

```
concat_string
a, b
duration: 659.957702 ms
```

이 버전은 1,000만 번 수행에 660ms가 소요됐습니다.

• 이제 ostringstream 버전입니다:

```
string concat_ostringstream() {
    cout << "ostringstream\n";
    string a { "a" };
    string b { "b" };
    long n{0};
    while(++n) {
        ostringstream x{};
        x << a << ", " << b << "\n";
        if(n ≥ 10000000) return x.str();
    }
    return "error\n";
}
```

벤치마크 출력은 다음과 같습니다:

```
ostringstream
a, b
duration: 3462.020587 ms
```

이 버전은 1,000만 번 수행에 약 3.5초가 소요됐습니다.

- format( ) 버전입니다:

```cpp
string concat_format() {
    cout << "append_format\n";
    string a{ "a" };
    string b{ "b" };
    long n{0};
    while(++n) {
        string x{};
        x = format("{}, {}\n", a, b);
        if(n >= 10000000) return x;
    }
    return "error\n";
}
```

벤치마크 출력은 다음과 같습니다:

```
append_format
a, b
duration: 782.800547 ms
```

format( ) 버전은 1,000만 번 수행에 783ms가 소요됐습니다.

- 결과 요약

접합 메서드	벤치마크 시간(ms)
append()	425ms
operator+()	660ms
format()	783ms
ostringstream	3,462ms

접합 성능 비교

성능이 차이나는 이유

벤치마크 결과에 따르면 ostringstream 버전이 string 기반 버전들에 비해 몇 배 더 오래 걸립니다.

append() 메서드가 + 연산자보다 약간 더 빠릅니다. 이는 메모리를 할당해야 하지만 새로운 객체를 생성하지 않기 때문입니다. 반복 작업 덕분에 일부 최적화가 가능할 수도 있습니다. + 연산자 오버로드는 아마도 append() 메서드를 호출합니다. 이 추가 함수 호출로 인해 append() 메서드보다 점진적으로 느려질 수 있습니다.

format() 버전은 새로운 string 객체를 생성하지만 iostream 시스템의 오버헤드는 발생하지 않습니다.

ostringstream 연산자인 << 오버로드는 매번 동작할 때마다 새로운 ostream 객체를 생성합니다. 스트림의 상태를 관리하는 것을 포함하여 스트림 객체의 복잡도로 볼 때, 이러한 과정이 string 기반 버전들보다 훨씬 느려지게 만듭니다

어느 방법을 선택해야 할까?

개인적인 선호도도 선택에 영향을 미칠 수 있습니다. + 또는 << 연산자 오버로드는 편리함을 제공합니다. 성능이 중요한 요소가 아닐 수도 있습니다. ostringstream 클래스는 string 메서드보다 뚜렷한 장점을 가지고 있습니다.

<< 연산자가 각기 다른 타입에 대해 특화되어 있어, 동일한 코드에서 다양한 타입을 처리할 수 있습니다.

format() 함수는 동일한 타입 안정성과 사용자 정의 옵션들을 제공하면서 ostringstream 클래스에 비해 훨씬 더 빠릅니다.

string 객체의 + 연산자 오버로드는 빠르고 사용 및 읽기가 쉽지만, append() 보다는 점진적으로 느립니다.

append() 버전은 가장 빠르지만, 각 항목마다 별도의 함수 호출이 필요합니다.

필자의 경우, 대부분의 상황에서 format() 함수나 string 객체의 + 연산자를 선호합니다. 속도가 가장 중요할 때는 append()를 사용하며, 고유한 기능이 필요하고 성능이 큰 문제가 되지 않을 경우에는 ostringstream를 사용합니다.

문자열 변형하기

예제 파일: chap07/transform.cpp

std::string 클래스는 vector 혹은 array 같은 연속된 컨테이너입니다. 이 클래스는 contiguous_iterator 컨셉과 이에 해당하는 모든 알고리즘을 지원합니다.

string 클래스는 basic_string 클래스의 char 타입 특수화입니다. 즉, 이 컨테이너의 요소는 char 타입입니다. 다른 특화된 버전도 존재하지만, 가장 일반적으로 사용되는 것은 string입니다. string은 본질적으로 char 요소의 연속적인 컨테이너입니다. 따라서 transform() 알고리즘이나 contiguous_iterator 컨셉을 사용하는 다른 기법과 함께 사용할 수 있습니다.

How to do it...

응용 프로그램에 따라 문자열을 변형하는 여러 방법이 있습니다. 이 레시피에서는 몇 가지 방법을 살펴보겠습니다.

- 몇 가지 서술 함수로 시작합니다. 서술 함수는 변형 요소를 받아서 관련된 요소를 반환합니다. 예를 들어 다음은 대문자를 반환하는 단순한 서술입니다:

```
char char_upper(const char& c) {
    return static_cast<char>(std::toupper(c));
}
```

이 함수는 std::toupper()의 래퍼입니다. toupper() 함수는 int 타입을 반환하지만, string의 요소는 char 타입이므로 변환 과정에서 toupper() 함수를 직접 사용할 수 없습니다.

다음은 대응되는 char_lower() 함수입니다:

```
char char_lower(const char& c) {
    return static_cast<char>(std::tolower(c));
}
```

- rot13() 함수[1]는 데모 용도의 재미로 만든 변형 서술입니다. 이 함수는 간단한 치환 암호로, 암호화(encryption)에는 적합하지 않으나, 난독화(obfuscation)에는 널리 사용됩니다:

---

1 **(역자 주)** https://en.wikipedia.org/wiki/ROT13

268   예제로 배우는 C++ STL

```
char rot13(const char& x) {
    auto rot13a = [](char x, char a)→char {
        return a + (x - a + 13) % 26;
    };
    if (x ≥ 'A' && x ≤ 'Z') return rot13a(x, 'A');
    if (x ≥ 'a' && x ≤ 'z') return rot13a(x, 'a');
    return x;
}
```

• 이 서술들을 transform() 알고리즘에 적용할 수 있습니다:

```
main() {
    string s{ "hello jimi\n" };
    cout << s;
    std::transform(s.begin(), s.end(), s.begin(), char_upper);
    cout << s;
    ...
```

transform() 함수는 s의 각 요소에 대해 char_upper() 함수를 호출하고 그 결과를 다시 s에 넣어서 모든 문자들을 대문자로 변환합니다:

```
hello jimi
HELLO JIMI
```

• transform() 대신, 간단한 for 반복문을 사용하여 서술 함수를 적용할 수도 있습니다:

```
for(auto& c : s) c = rot13(c);
cout << s;
```

대문자 문자열 객체에 적용한 출력은 다음과 같습니다:

```
URYYB WVZV
```

- rot13 암호에 대한 흥미로운 사실은 스스로 복호화 된다는 것입니다. ASCII 알파벳에는 26개의 문자가 있으므로, 13만큼 회전한 뒤 다시 13만큼 회전하면 원래 문자열로 복원됩니다. 소문자로 변환하고 rot13을 재 적용하여 문자열을 복원해 봅시다:

```
for(auto& c : s) c = rot13(char_lower(c));
cout << s;
```

```
hello jimi
```

동일한 인터페이스로 인해 서술 함수는 연쇄적으로 서로를 인자로 호출할 수 있습니다. 예를 들어 char_lower(rot13(c))를 사용해도 동일한 결과가 나올 것입니다.

- 요구 사항이 단순한 글자 단위 변환에 비해 훨씬 더 복잡하다면, 연속적인 컨테이너와 마찬가지로 string 반복자를 사용할 수 있습니다. 다음은 소문자 문자열을 타이틀 케이스(Title Case)로 변환하는 단순한 함수입니다. 타이틀 케이스는 첫 번째 문자와 공백 뒤에 오는 문자를 대문자로 만듭니다:

```
string& title_case(string& s) {
    auto begin = s.begin();
    auto end = s.end();
    *begin++ = char_upper(*begin); // 첫 번째 요소
    bool space_flag{ false };
    for(auto it{ begin }; it ≠ end; ++it) {
        if(*it == ' ') {
            space_flag = true;
        } else {
            if(space_flag) *it = char_upper(*it);
            space_flag = false;
        }
    }
    return s;
}
```

변환된 문자열에 대한 참조를 반환하기 때문에 다음과 같이 cout와 함께 호출할 수 있습니다:

```
cout << title_case(s);
Hello Jimi
```

How it works...

std::basic_string 클래스와 그 특수화(string 포함)에는 contiguous_iterator와 완벽하게 호환되는 반복자가 지원됩니다. 이는 연속적인 컨테이너에서 작동하는 모든 기법이 string에서도 동일하게 작동함을 의미합니다.

 Note 이러한 변환은 string_view 객체에서는 동작하지 않습니다. 그 이유는 하위 데이터가 const로 한정되어 있기 때문입니다.

C++20의 format 라이브러리로 텍스트 서식화하기

예제 파일: chap07/format.cpp

C++20에서는 format() 함수가 새롭게 도입되었습니다. 이 함수는 인수들을 사용하여 서식을 적용한 문자열을 반환합니다. format()은 파이썬 스타일의 서식 문자열을 사용하며, 간결한 문법, 타입 안전성, 그리고 뛰어난 성능을 제공합니다.

format() 함수는 서식 문자열과 템플릿인 **파라미터 팩**을 인수로 받습니다:

```
template< class ... Args >
string format(const string_view fmt, Args & ... args );
```

서식 문자열은 중괄호 { }를 플레이스홀더로 사용합니다:

```
const int a{47};
format("a is {}\n", a);
```

 출력

```
a is 47
```

또한 서식 지정자를 위한 괄호를 사용할 수도 있습니다:

```
format("Hex: {:x} Octal: {:o} Decimal {:d} \n", a, a, a);
```

출력

```
Hex: 2f Octal: 57 Decimal 47
```

이 레시피에서는 몇 가지 널리 쓰이는 문자열 서식화 해법을 위한 format() 사용법에 대해 다룹니다.

> **Note** 이 장은 윈도우 10 기반의 마이크로소프트 비주얼 C++ 컴파일러의 프리뷰 버전을 사용하여 개발되었습니다. 글 쓰는 시점을 기준으로 C++20 〈format〉 라이브러리를 완벽히 지원하는 유일한 컴파일러입니다. 최종 구현은 상황에 따라 조금 달라질 수 있습니다.

How to do it...

format()을 사용하는 일반적인 서식화 해법들을 알아봅시다.

* 서식을 적용하기 위한 변수로 시작합니다:

```
const int inta{ 47 };
const char * human{ "earthlings" };
const string_view alien{ "vulcans" };
const double df_pi{ pi };
```

pi 상수는 〈numbers〉 헤더와 std::numbers 네임스페이스에 있습니다.

* cout을 사용하여 변수들을 표시합니다:

```
cout << "inta is " << inta << '\n'
    << "hello, " << human << '\n'
    << "All " << alien << " are welcome here\n"
    << "π is " << df_pi << '\n';
```

출력
```
inta is 47
hello, earthlings
All vulcans are welcome here
π is 3.14159
```

* 이제 C 문자열인 human 변수를 인수로 format()을 호출합니다:

```
cout << format("Hello {}\n", human);
```

이것은 format() 함수의 가장 단순한 형태입니다. 서식 문자열은 하나의 플레이스홀더 {}와 이에 대응되는 변수인 human을 갖습니다. 출력 결과는 다음과 같습니다:

```
Hello earthlings
```

• format() 함수는 문자열을 반환하고 출력하기 위해 cout ≪을 사용합니다.

format() 라이브러리의 초기 제안에는 format()과 동일한 인자를 사용하는 print() 함수를 포함하였습니다. 이를 통해 서식이 적용된 문자열을 한 번에 출력할 수 있었습니다:

```
print("Hello {}\n", cstr);
```

아쉽게도 print() 함수는 C++20 표준에 들어가지 않았습니다. 하지만 C++23에서는 포함될 것으로 예상됩니다.[2]

vformat() 함수를 사용하면 간단한 함수로 동일한 기능을 제공할 수 있습니다:

```
template<typename ... Args>
constexpr void print(const string_view str_fmt, Args && ... args) {
    fputs(std::vformat(str_fmt,
        std::make_format_args(args ... )).c_str(),
        stdout);
}
```

이 간단한 한 줄 함수[3]로 print() 기능을 제공합니다. 이를 cout ≪ format() 조합 대신에 사용할 수 있습니다:

```
print("Hello {}\n", human);
```

출력

```
Hello earthlings
```

이 함수의 더 완전한 버전은 예제 파일의 include 디렉터리에 있습니다.

---

2 **(역자 주)** C++23에는 std::print()가 지원됩니다. 링크: https://en.cppreference.com/w/cpp/io/print

3 **(역자 주)** 여기서 한 줄은 fputs(std::vformat(str_fmt, std::make_format_args(args ...)).c_str(), stdout); 입니다.

- 서식 문자열은 위치 옵션도 제공합니다:

```
print("Hello {} we are {}\n", human, alien);
```

Hello earthlings we are vulcans

위치 옵션을 사용하면 서식 문자열의 인수 순서를 변경할 수 있습니다:

```
print("Hello {1} we are {0}\n", human, alien);
```

출력은 다음과 같습니다:

Hello vulcans we are earthlings

인수들이 동일하게 유지되며, 중괄호 안의 위치 값만 변경되었습니다. 위치 인덱스는 [ ] 연산자처럼 0부터 시작합니다.

이 기능은 어순이 다른 여러 언어의 국제화에 유용할 수 있습니다.

- 숫자를 위한 다양한 서식화 옵션이 있습니다:

```
print("π is {}\n", df_pi);
```

π is 3.141592653589793

숫자의 정밀도를 지정할 수 있습니다:

```
print("π is {:.5}\n", df_pi);
```

π is 3.1416

콜론 문자 : 는 위치 인덱스와 서식화 인수를 구분하는 데 사용됩니다:

```
print("inta is {1:}, π is {0:.5}\n", df_pi, inta);
```

inta is 47, π is 3.1416

- 값이 일정한 공간을 차지하도록 설정하려면 다음과 같이 문자의 개수를 지정할 수 있습니다:

```
print("inta is [{:10}]\n", inta);
```

```
inta is [        47]
```

좌측이나 우측으로 정렬할 수 있습니다:

```
print("inta is [{:<10}]\n", inta);
print("inta is [{:>10}]\n", inta);
```

```
inta is [47        ]
inta is [        47]
```

기본적으로 공백 문자들을 채우지만, 이를 변경할 수도 있습니다:

```
print("inta is [{:*<10}]\n", inta);
print("inta is [{:0>10}]\n", inta);
```

```
inta is [47********]
inta is [0000000047]
```

값을 가운데로 정렬할 수도 있습니다:

```
print("inta is [{:^10}]\n", inta);
print("inta is [{:_^10}]\n", inta);
```

```
inta is [    47    ]
inta is [____47____]
```

• 정숫값 16진수, 8진수 혹은 기본 10진수 표현식으로 출력할 수 있습니다:

```
print("{:>8}: [{:04x}]\n", "Hex", inta);
print("{:>8}: [{:4o}]\n", "Octal", inta);
print("{:>8}: [{:4d}]\n", "Decimal", inta);
```

```
     Hex: [002f]
   Octal: [  57]
 Decimal: [  47]
```

줄을 맞추기 위해 우측 정렬하였습니다.

대문자 16진수로 출력하려면 대문자 X를 사용합니다:

```
print("{:>8}: [{:04X}]\n", "Hex", inta);
```

```
Hex: [002F]
```

> **Tip**
>
> 기본적으로 윈도우는 일반적이지 않은 문자 인코딩을 사용합니다. 최신 버전에서는 기본적으로 UTF-16 또는 UTF-8 BOM을 사용할 수 있습니다. 이전 버전은 ISO 8859-1 ASCII 표준의 확장인 코드 페이지 1252를 기본값으로 설정할 수도 있습니다. 윈도우 시스템의 어떤 버전도 일반적인 UTF-8(비 BOM)을 기본값으로 사용하지 않습니다.
>
> 기본적으로 윈도우는 표준 UTF-8 π 문자를 표시하지 않습니다. 윈도우를 UTF-8 인코딩(그리고 전 세계 표준)과 호환되게 만들려면 컴파일러 스위치 /utf-8을 사용하고, 테스트 시 명령줄에서 `chcp 65001` 명령을 실행하세요. 이제 π를 표시하고 마음껏 사용할 수 있습니다.

How it works...

〈format〉 라이브러리는 템플릿 **파라미터 팩**을 사용하여 포맷터에게 인수를 전달합니다. 이를 통해, 인수를 클래스와 타입에 따라 개별적으로 검사합니다. 라이브러리 함수인 make_format_args()는 파라미터 팩을 받고 서식화에 쓰일 **타입이 소거된** 인수들인 format_args 객체를 반환합니다.

이것이 어떻게 동작하는지 print() 함수로 살펴봅시다:

```cpp
template<typename ... Args>
constexpr void print(const string_view str_fmt, Args && ... args)
{
    fputs(vformat(str_fmt,
        make_format_args(args...)).c_str(), stdout);
}
```

make_format_args() 함수는 파라미터 팩을 받아 format_args 객체를 반환합니다. vformat() 함수는 서식 문자열과 format_args 객체를 받아 std::string을 반환합니다. fputs()를 사용하기 위해 c_str() 메서드를 호출하여 C 문자열을 얻습니다.

There's more...

사용자 정의 클래스의 경우 ostream 〈〈 연산자를 오버로드하는 것이 일반적입니다. 예를 들어 분수 값을 저장하는 Frac 클래스를 가정해 보겠습니다:

```
template<typename T>
struct Frac {
    T n;
    T d;
};
...
Frac<long> n{ 3, 5 };
cout << "Frac: " << n << '\n';
```

이 객체를 3/5와 같은 분수 형태로 출력하고자 한다면, 다음과 같이 단순한 operator 〈〈 연산자 특수화를 작성합니다:

```
template <typename T>
std::ostream& operator<<(std::ostream& os, const Frac<T>& f) {
    os << f.n << '/' << f.d;
    return os;
}
```

출력

Frac: 3/5

사용자 정의 클래스를 위해 format() 지원을 제공하려면, 다음과 같이 formatter 객체 특수화를 생성해야 합니다:

```
template <typename T>
struct std::formatter<Frac<T>> : std::formatter<unsigned> {
    template <typename Context>
    auto format(const Frac<T>& f, Context& ctx) const {
        return format_to(ctx.out(), "{}/{}", f.n, f.d);
    }
};
```

std::formatter 클래스의 특수화는 format() 함수를 오버로딩합니다. 단순화를 위해 formatter〈unsigned〉 특수화를 상속합니다. format() 메서드는 서식이 적용된 문자열을 위한 출력 컨텍스트를 제공하는 Context 객체와 함께 호출됩니다. 반환 값을 위해 ctx.out, 일반 서식 문자열 그리고 인자를 사용하여 format_to() 함수를 호출합니다.

이제 Frac 클래스로 print() 함수를 사용할 수 있습니다:

```
print("Frac: {}\n", n);
```

이제 formatter는 우리의 클래스를 식별하고 원하는 결과를 제공합니다:

```
Frac: 3/5
```

문자열의 공백 제거하기

예제 파일: chap07/trim.cpp

사용자 입력을 받으면 문자열의 양쪽 끝 혹은 한쪽 끝에 불필요한 공백이 포함되는 경우가 흔합니다. 이는 문제를 일으킬 수 있으므로 제거해야 합니다. 이 레시피에서는 string 클래스의 find_first_not_of() 와 find_last_not_of() 메서드를 사용하여 문자열 끝에 있는 공백을 제거합니다.

How to do it...

string 클래스는 문자열 목록에 포함된 요소 또는 포함되지 않은 요소를 찾는 메서드를 제공합니다. 이러한 메서드를 사용하여 string을 다듬을 것입니다.

• 가상의 서투른 사용자로부터 입력받은 string 객체를 정의하는 것으로 시작합니다:

```
int main() {
    string s{" \t ten-thumbed input \t \n \t "};
    cout << format("[{}]\n", s);
...
```

입력값에는 내용 앞뒤로 몇 개의 탭 \t 및 줄바꿈 \n 문자가 포함되어 있습니다. 공백을 표시하기 위해 대괄호를 감싸서 그 내용을 출력합니다:

```
[    ten-thumbed input
        ]
```

- trimstr() 함수는 string 양 끝에 있는 모든 공백 문자를 제거합니다:

```
string trimstr(const string& s) {
    constexpr const char * whitespace{ " \t\r\n\v\f" };
    if(s.empty()) return s;
    const auto first{ s.find_first_not_of(whitespace) };
    if(first == string::npos) return {};
    const auto last{ s.find_last_not_of(whitespace) };
    return s.substr(first, (last - first + 1));
}
```

여기서 공백은 공백, 탭, 리턴, 줄바꿈, 수직 탭[4], 폼 피드(form feed)[5]로 정의했습니다. 이들 중 일부는 더 자주 사용되지만, 이 정도가 표준적인 집합입니다.

이 함수는 string 클래스의 find_first_not_of() 와 find_last_not_of()를 사용하여 집합에 속하지 않는 첫 번째 및 마지막 요소를 찾습니다.

- 이제 함수를 호출하여 원하지 않는 모든 공백을 제거할 수 있습니다:

```
cout << format("[{}]\n", trimstr(s));
```

[ten-thumbed input]   `출력`

How it works...

string 클래스의 다양한 find...() 멤버 함수는 위치를 size_t 값으로 반환합니다:

```
size_t find_first_not_of( const CharT* s, size_type pos = 0 );
size_t find_last_not_of( const CharT* s, size_type pos = 0 );
```

---

4   **(역자 주)** \v는 수직탭 간격 띄우기 (아스키코드 11)

5   **(역자 주)** \f는 프린트 출력 용지를 한 페이지 넘김 (아스키코드 12)

반환 값은 s 리스트에 포함되지 않는 문자와 일치하는 첫 번째 인덱스이며, 만약 그러한 문자가 없는 경우 특수한 값인 string::npos를 반환합니다. npos는 유효하지 않는 위치를 나타내는 정적 멤버 상수입니다.

(first == string::npos) 조건을 확인하고 공백 문자들로만 이루어진 경우 빈 문자열{}을 반환합니다. 그렇지 않은 경우, s.substr() 메서드를 사용하여 첫 번째와 마지막 위치를 기준으로 공백이 제거된 문자열을 반환합니다.

사용자 입력으로 문자열 읽기

예제 파일: chap07/input.cpp

STL은 std::cin 객체를 사용하여 표준 입력 스트림에서 문자 기반의 입력을 제공합니다. cin 객체는 콘솔에서 입력을 읽는 전역 **싱글턴**이며, istream 입력 스트림으로 동작합니다.

기본적으로 cin은 스트림의 끝에 도달할 때까지 **한 번에 한 단어**를 읽습니다:

```
string word{};
cout << "Enter words: ";
while(cin >> word) {
    cout << format("[{}] ", word);
}
cout << '\n';
```

```
$ ./working
Enter words: big light in sky
[big] [light] [in] [sky]
```

이는 활용도가 제한적이고 cin이 최소한의 기능만 제공한다고 생각할 수도 있습니다. cin에는 확실히 몇 가지 특이한 점이 있지만, 약간의 조정을 통해 쉽게 줄 단위 입력을 처리하도록 만들 수 있습니다.

How to do it...

cin에서 기본적인 줄 단위 기능을 얻으려면 두 가지 중요한 동작을 이해해야 합니다. 첫 번째는 단어 단위가 아니라 한 줄씩 입력을 받을 수 있는 기능입니다. 두 번째는 오류 상태 발생 후

스트림을 초기화(reset)할 수 있는 기능입니다. 이제 이를 자세히 살펴보겠습니다.

- 먼저 사용자 입력 프롬프트를 만듭니다. 다음은 단순한 prompt 함수입니다:

```cpp
bool prompt(const string_view s, const string_view s2 = "") {
    if(s2.size()) cout << format("{} ({}): ", s, s2);
    else cout << format("{}: ", s);
    cout.flush();
    return true;
}
```

cout.flush() 함수를 호출하면 모든 출력이 즉시 표시됩니다. 때때로 출력에 줄바꿈이 포함되지 않는다면 출력 스트림이 자동으로 플러시되지 않을 수 있습니다.

- cin 클래스는 입력 스트림에서 한 줄의 텍스트를 얻어 C 문자열 배열에 저장하는 getline() 메서드를 제공합니다:

```cpp
constexpr size_t MAXLINE{1024 * 10};
char s[MAXLINE]{};
const char * p1{ "Words here" };
prompt(p1);
cin.getline(s, MAXLINE, '\n');
cout << s << '\n';
```

```
출력
Words here: big light in sky
big light in sky
```

cin.getline() 메서드는 세 개의 인수들을 받습니다:

```cpp
getline(char* s, size_t count, char delim );
```

첫 번째 인수는 대상이 되는 C 문자열 배열이고, 두 번째는 배열의 크기입니다.
세 번째는 라인 끝을 나타내는 구분자입니다.
함수는 배열에 count-1 개가 넘지 않는 문자를 채우고 마지막에 null 종결자를 넣습니다.
구분자는 기본적으로 줄바꿈 문자 '\n'로 설정됩니다.

- STL은 또한 STL string 객체와 동작하는 독립형 getline() 함수를 제공합니다:

```
string line{};
const char * p1a{ "More words here" };
prompt(p1a, "p1a");
getline(cin, line, '\n');
cout << line << '\n';
```

```
$ ./working
More words here (p1a): slated to appear in east
slated to appear in east
```

독립형 std::getline() 함수는 세 개의 인수를 받습니다:

```
getline(basic_istream&& in, string& str, char delim );
```

첫 번째 인수는 입력 스트림, 두 번째는 string 객체에 대한 참조, 세 번째는 라인 끝 구분자입니다. 지정하지 않으면 구분자는 기본적으로 줄바꿈 문자 '\n'로 설정됩니다. 필자는 cin.getline() 메서드보다 독립형의 getline() 함수가 더 편리하다고 생각합니다.

• cin을 사용하여 입력 스트림에서 특정한 타입을 얻을 수 있습니다. 다만 이를 위해 오류 조건을 처리해야 합니다.

cin은 오류를 만나면 스트림을 오류 조건으로 설정하고 입력을 받지 않습니다. 오류가 발생된 후 입력을 재시도하려면 스트림 상태를 초기화해야 합니다. 다음은 오류 발생 후 입력 스트림을 초기화하는 함수입니다:

```
void clearistream() {
    string s{};
    cin.clear();
    getline(cin, s);
}
```

cin.clear() 함수는 입력 스트림의 오류 플래그를 초기화하지만, 버퍼 내의 텍스트는 그대로 남겨 둡니다. 그 후, 한 라인을 읽고 폐기함으로써 버퍼를 초기화합니다.

• 다음과 같이 cin을 사용하여 수치 입력을 받습니다:

```
double a{};
double b{};
const char * p2{ "Please enter two numbers" };
for(prompt(p2); !(cin >> a >> b); prompt(p2)) {
    cout << "not numeric\n";
    clearistream();
}
cout << format("You entered {} and {}\n", a, b);
```

```
$ ./working
Please enter two numbers: a b
not numeric
Please enter two numbers: 47 73
You entered 47 and 73
```

cin >> a >> b 표현식은 콘솔에서 입력을 받아 첫 두 단어를 double 타입의 a와 b로 변환하려고 시도합니다. 만약 실패하면 clearstream()을 호출하고 다시 시도합니다.

• getline()에 구분자를 제공하여 콤마로 구분된 입력을 받을 수 있습니다:

```
line.clear();
prompt(p3);
while(line.empty()) getline(cin, line);
stringstream ss(line);
while(getline(ss, word, ',')) {
    if(word.empty()) continue;
    cout << format("word: [{}]\n", trimstr(word));
}
```

```
$ ./working
Comma-separated words: this, that, other
word: [this]
word: [that]
word: [other]
```

이 코드는 수치 처리하는 코드 이후에 실행되며, cin이 혼잡한 상태이기 때문에 버퍼에 줄바꿈 값이 남아 있을 수 있습니다. while(line.empty()) 반복문 코드는 선택적으로 그러한 빈 라인을 제거합니다.

우리는 stringstream 객체를 사용하여 단어를 처리하기 때문에 cin으로 처리할 필요가 없습니다. 이것으로 EOF(end-of-file) 상태를 기다리지 않고 getline()을 호출하여 한 라인을 읽어올 수 있습니다.

그 후, stringstream 객체에서 getline()을 호출하여 쉼표로 구분된 단어를 파싱합니다. 이를 통해 단어를 얻을 수 있지만, 단어 앞에 공백이 포함되어 있습니다. 이를 해결하기 위해, 이 장의 **문자열의 공백 제거하기** 레시피에서 소개한 trimstr() 함수를 사용하여 공백을 제거합니다.

How it works...

std::cin 객체는 유용하지만, 사용하기 까다로울 수 있습니다. 스트림에 줄바꿈 문자를 남기는 경향이 있으며, 오류가 발생하면 입력을 무시합니다.

이를 해결하는 방법은 getline()을 사용하고, 필요할 경우 입력된 줄을 stringstream에 넣어 편리하게 파싱하는 것입니다.

파일에 있는 단어 수 세기

예제 파일: chap07/count-words.cpp

기본적으로 basic_istream 클래스는 한 번에 하나의 단어를 읽습니다. istream_iterator를 사용하면 이러한 속성을 이용해 단어 수를 셀 수 있습니다.

How to do it...

다음은 istream_iterator를 사용해 단어 수를 세는 단순한 레시피입니다.

- istream_iterator 객체를 사용해 단어를 세는 단순한 함수로 시작합니다:

```
size_t wordcount(auto& is) {
    using it_t = istream_iterator<string>;
    return distance(it_t{is}, it_t{});
}
```

distance() 함수는 두 반복자를 받아 그 사이의 차이를 반환합니다. using 문장을 사용하여 string으로 특수화된 istream_iterator 클래스를 위한 it_t라는 별칭을 생성합니다. 이후, 입력 스트림으로 초기화된 반복자 it_t{is}와 스트림의 끝을 가리키는 센티널 it_t{} 반복자를 사용하여 distance()를 호출합니다.

- main() 함수에서 wordcount() 함수를 호출합니다:

```
int main() {
    const char * fn{ "the-raven.txt" };
    std::ifstream infile{fn, std::ios_base::in};
    size_t wc{ wordcount(infile) };
    cout << format("There are {} words in the
        file.\n", wc);
}
```

이 코드는 wordcount() 함수에 fstream 객체를 전달하여 파일의 단어 수를 계산합니다. 그리고 결과를 출력합니다. 에드가 앨런 포의 The Raven 원문을 넣으면 다음과 같은 결과가 나옵니다:

```
$ ./count-words < the-raven.txt
There are 1068 words in the file.
```

How it works...

basic_istream 객체는 기본적으로 단어 단위로 읽기 때문에 파일에서 읽힌 수는 단어의 개수가 됩니다. distance() 함수는 두 반복자 사이의 차이를 계산하며, 파일의 처음과 끝에 해당하는 반복자를 넣으면 파일에 있는 단어 수를 셀 수 있습니다.

파일 입력으로 복합 구조 초기화하기　　　　　예제 파일: chap07/initstruct.cpp

입력 스트림의 한 가지 강점은 텍스트 파일에서 서로 다른 타입의 데이터를 파싱하여 각각에 맞는 타입으로 변환할 수 있다는 점입니다. 여기에서는 입력 스트림을 사용하여 데이터를 구조체의 컨테이너로 임포트하는 단순한 기법을 알아봅니다.

How to do it...

이 레시피에서 우리는 데이터 파일을 가져와 다양한 필드를 struct 객체의 vector로 임포트합니다. 데이터 파일은 인구와 지도 좌표를 포함한 도시 정보입니다.

- 읽을 데이터 파일은 cities.txt 입니다:

```
Las Vegas
661903 36.1699 -115.1398
New York City
8850000 40.7128 -74.0060
Berlin
3571000 52.5200 13.4050
Mexico City
21900000 19.4326 -99.1332
Sydney
5312000 -33.8688 151.2093
```

도시 이름은 개별적인 줄에 작성됩니다. 두 번째 줄은 인구, 경도, 위도입니다. 이 패턴이 다섯 도시에 반복됩니다.

- 파일 이름을 나중에 열 수 있도록 상수로 정의하겠습니다:

```
constexpr const char * fn{ "cities.txt" };
```

- 데이터를 저장할 City 구조체입니다:

```
struct City {
    string name;
    unsigned long population;
    double latitude;
    double longitude;
};
```

- 파일을 읽어 생성할 City 객체의 vector 입니다:

```
vector<City> cities;
```

- 입력 스트림을 사용하면 이 작업이 간단해집니다. City 클래스에 대해 operator>>를 다음과 같이 특수화할 수 있습니다:

```
std::istream& operator>>(std::istream& in, City& c) {
    in >> std::ws;
    std::getline(in, c.name);
    in >> c.population >> c.latitude >> c.longitude;
    return in;
}
```

std::ws 입력 조작자로 입력 스트림의 앞쪽 공백을 제거합니다.

도시 이름은 한 단어 이상일 수 있으므로 getline()을 사용해 읽습니다.

이는 >> 연산자를 활용하여 population(unsigned long)과 latitude, longitude(둘 다 double) 요소를 올바른 타입으로 생성합니다.

- 이제 파일을 열고 >> 연산자를 사용하여 읽은 파일을 City 객체의 vector로 직접 가져옵니다:

```
ifstream infile(fn, std::ios_base::in);
if(!infile.is_open()) {
    cout << format("failed to open file {}\n", fn);
    return 1;
}
for(City c{}; infile >> c;) cities.emplace_back(c);
```

- format()을 사용하여 벡터의 내용을 출력합니다:

```
for (const auto& [name, pop, lat, lon] : cities) {
    cout << format("{:.<15} pop {:<10} coords {}, {}\n",
        name, make_commas(pop), lat, lon);
}
```

출력

```
$ ./initialize_container < cities.txt
Las Vegas...... pop 661,903 coords 36.1699, -115.1398
New York City.. pop 8,850,000 coords 40.7128, -74.006
Berlin........ pop 3,571,000 coords 52.52, 13.405
Mexico City.... pop 21,900,000 coords 19.4326, -99.1332
Sydney........ pop 5,312,000 coords -33.8688, 151.2093
```

- make_commas() 함수는 2장 일반적인 STL 기능의 구조적 바인딩을 사용하여 다수의 값 반환 하기 레시피에서도 사용되었습니다. 이 함수는 수치 값을 받아서 가독성을 위해 콤마가 추가된 string 객체를 반환합니다:

```cpp
string make_commas(const unsigned long num) {
    string s{ std::to_string(num) };
    for(int l = s.length() - 3; l > 0; l -= 3) {
        s.insert(l, ",");
    }
    return s;
}
```

How it works...

이 레시피의 핵심은 istream 클래스의 operator>> 오버로드입니다:

```cpp
std::istream& operator>>(std::istream& in, City& c) {
    in >> std::ws;
    std::getline(in, c.name);
    in >> c.population >> c.latitude >> c.longitude;
    return in;
}
```

함수 헤더에 City 클래스를 지정함으로써 이 함수는 입력 스트림 >> 연산자의 우측에 City 객체가 등장할 때마다 호출될 것입니다:

```cpp
City c{};
infile >> c;
```

이는 입력 스트림이 City 객체로 데이터를 읽는 방식을 정확히 지정할 수 있습니다.

There's more...

이 코드를 윈도우 시스템에서 실행하면 첫 번째 행의 첫 번째 단어가 손상되는 것을 확인할 수 있습니다. 이는 윈도우가 항상 바이트 순서 표식(Byte Order Mark, BOM)을 모든 UTF-8 파일 앞에 포함하기 때문입니다. 따라서 윈도우에서 파일을 읽을 때, BOM이 첫 번째 객체에 포함됩니다. BOM은 시대에 뒤떨어진 방식이지만, 작성 시점 기준으로 윈도우에서 이를 방지할 방법은 없습니다. 해결 방법은 파일의 처음 세 바이트를 검사하여 BOM을 확인하는 함수를 호출하는 것입니다. UTF-8의 BOM은 EF BB BF 입니다.

다음은 UTF-8 BOM을 검색하고 건너뛰는 함수입니다:

```cpp
// 윈도우에서 UTF-8의 BOM을 생략
void skip_bom(auto& fs) {
    const unsigned char boms[]{ 0xef, 0xbb, 0xbf };
    bool have_bom{ true };
    for(const auto& c : boms) {
        if((unsigned char)fs.get() ≠ c) have_bom = false;
    }
    if(!have_bom) fs.seekg(0);
    return;
}
```

파일의 처음 세 바이트를 읽고 UTF-8 BOM 시그니처인지를 검사합니다. 세 바이트 중 하나라도 일치하지 않으면 입력 스트림을 파일의 시작 위치로 리셋합니다. 파일에 BOM이 없는 경우에도 아무 문제가 발생하지 않습니다. 파일에서 읽기 작업을 시작하기 전에 이 함수를 호출하면 됩니다:

```cpp
int main() {
    ...
    ifstream infile(fn, std::ios_base::in);
    if(!infile.is_open()) {
        cout << format("failed to open file {}\n", fn);
        return 1;
    }
    skip_bom(infile);
    for(City c{}; infile >> c;) cities.emplace_back(c);
    ...
}
```

이제 파일 첫 문자열에 BOM이 포함되지 않습니다.

cin 입력 스트림은 탐색이 불가능하기 때문에 skip_bom() 함수는 cin 스트림에서 동작하지 않습니다. 이 함수는 탐색 가능한 텍스트 파일에서만 사용할 수 있습니다.

char_traits로 문자열 클래스 커스터마이징하기

예제 파일: chap07/ctraits.cpp

string 클래스는 basic_string 클래스의 별칭으로 시그니처는 다음과 같습니다:

```
class basic_string<char, std::char_traits<char>>;
```

첫 번째 템플릿 인자는 문자의 타입입니다. 두 번째 템플릿 인자는 문자 특성(traits) 클래스로, 기본 문자와 지정된 문자 타입을 위한 문자열 연산을 제공합니다. 보통은 기본 char_traits〈char〉 클래스를 사용합니다.

사용자 정의 문자 특성 클래스를 제공하면 문자열의 동작을 변경할 수 있습니다.

How to do it...

이 레시피에서는 비교를 위해 대소문자를 무시하는 **문자 특성 클래스**를 생성합니다.

- 먼저, 문자를 공통된 대소문자로 변환하는 함수가 필요합니다. 여기서는 소문자를 사용하지만, 이는 임의의 선택이며 대문자를 사용해도 동일하게 작동합니다:

```
constexpr char char_lower(const char& c) {
    if(c >= 'A' && c <= 'Z') return c + ('a' - 'A');
    else return c;
}
```

이 함수는 constexpr로 정의되어야 합니다(C++20 이상 버전). 따라서 기존의 std::tolower() 함수는 여기서 사용할 수 없습니다. 다행히도, 이는 간단한 문제에 대한 간단한 해결책입니다.

- 우리의 특성 클래스는 ci_traits라고 하며, 여기서 ci는 대소문자에 독립적(case-independent)이라는 의미입니다. 이 클래스는 std::char_traits<char>를 상속합니다:

```
class ci_traits : public std::char_traits<char> {
public:
    ...
};
```

상속하였기 때문에 필요한 함수만 오버라이드하면 됩니다.

- 비교 함수인 lt()는 '작다'를, eq()는 '같다'를 나타냅니다:

```
static constexpr bool lt(char_type a, char_type b)
noexcept {
    return char_lower(a) < char_lower(b);
}
static constexpr bool eq(char_type a, char_type b)
noexcept {
    return char_lower(a) == char_lower(b);
}
```

문자열을 소문자로 비교한다는 점에 주목하세요.

- compare() 함수는 두 C 문자열을 비교합니다. 더 크면 +1, 더 작으면 -1, 같으면 0을 반환합니다. 이를 위해 우주선 연산자 <=>를 사용할 수 있습니다:

```
static constexpr int compare(const char_type* s1,
        const char_type* s2, size_t count) {
    for(size_t i{0}; i < count; ++i) {
        auto diff{ char_lower(s1[i]) <=> char_lower(s2[i]) };
        if(diff > 0) return 1;
        if(diff < 0) return -1;
    }
    return 0;
}
```

- 마지막으로 find() 함수를 구현해야 합니다. 이 함수는 찾은 문자의 첫 번째 인스턴스에 대한 포

인터를 반환하며, 찾지 못한 경우에는 nullptr을 반환합니다:

```cpp
static constexpr const char_type* find(const char_type* p,
        size_t count, const char_type& ch) {
    const char_type find_c{ char_lower(ch) };
    for(size_t i{0}; i < count; ++i) {
        if(find_c == char_lower(p[i])) return p + i;
    }
    return nullptr;
}
```

• ci_traits 클래스를 사용하여 string 클래스를 위한 별칭을 정의합니다:

```cpp
using ci_string = std::basic_string<char, ci_traits>;
```

• main() 함수에서 string과 ci_string을 정의합니다:

```cpp
int main() {
    string s{"Foo Bar Baz"};
    ci_string ci_s{"Foo Bar Baz"};
    ...
```

• cout을 사용하여 출력하고 싶지만, 동작하지 않습니다:

```cpp
cout << "string: " << s << '\n';
cout << "ci_string: " << ci_s << '\n';
```

먼저 operator<< 연산자 오버로딩이 필요합니다:

```cpp
std::ostream& operator<<(std::ostream& os,
        const ci_string& str) {
    return os << str.c_str();
}
```

이제 출력을 얻습니다:

```
string: Foo Bar Baz
ci_string: Foo Bar Baz
```

- 대소문자가 다른 두 ci_string 객체를 비교합니다:

```
ci_string compare1{"CoMpArE StRiNg"};
ci_string compare2{"compare string"};
if (compare1 == compare2) {
    cout << format("Match! {} == {}\n", compare1, compare2);
} else {
    cout << format("no match {} ≠ {}\n", compare1, compare2);
}
```

```
Match! CoMpArE StRiNg == compare string
```

비교 결과가 예상대로 나옵니다.

- ci_s 객체의 find() 함수를 사용하여 소문자 b를 검색하면 대문자 B[6]가 나옵니다:

```
size_t found = ci_s.find('b');
cout << format("found: pos {} char {}\n", found,
ci_s[found]);
```

```
found: pos 4 char B
```

> Note
> fmt.dev 참조 구현에서 format( ) 함수는 특수화가 필요하지 않았습니다. 하지만 MSVC의 format()의 프리뷰 릴리즈에서는 특수화를 넣어도 동작하지 않았습니다. 미래의 버전에서는 수정되기 바랍니다.[7]

How it works...

이 레시피는 string 클래스의 템플릿 특수화에서 std::char_traits 클래스를 사용자 정의 클

---

6 **(역자 주)** ci_s 변수의 값은 "Foo Bar Baz" 입니다.

7 **(역자 주)** GCC 13에서는 특수화 없이 잘 동작합니다.

래스인 ci_traits로 교체합니다. basic_string 클래스는 비교나 검색 같은 기본적인 문자 관련 기능을 위해 특성(traits) 클래스를 사용합니다. 이를 사용자 정의 클래스로 교체하면 이러한 기본 동작을 변경할 수 있습니다.

There's more...

소문자를 저장하는 클래스를 생성하기 위해 assign()과 copy() 멤버 함수를 오버라이드할 수 있습니다:

```cpp
class lc_traits : public std::char_traits<char> {
public:
    static constexpr void assign( char_type& r, const char_type& a )
            noexcept {
        r = char_lower(a);
    }
    static constexpr char_type* assign( char_type* p,
            std::size_t count, char_type a ) {
        for(size_t i{}; i < count; ++i) p[i] = char_lower(a);
        return p;
    }
    static constexpr char_type* copy(char_type* dest,
            const char_type* src, size_t count) {
        for(size_t i{0}; i < count; ++i) {
            dest[i] = char_lower(src[i]);
        }
        return dest;
    }
};
```

이제 lc_string 별칭을 생성할 수 있으며, 해당 객체는 소문자를 저장합니다:

```cpp
using lc_string = std::basic_string<char, lc_traits>;
...
lc_string lc_s{"Foo Bar Baz"};
cout << "lc_string: " << lc_s << '\n';
```

```
lc_string: foo bar baz
```
출력

정규 표현식으로 문자열 파싱하기

예제 파일: chap07/regex.cpp

정규 표현식(일반적으로 regex로 줄여 불림)은 텍스트 스트림의 어휘 분석과 패턴 매칭에 자주 사용됩니다. 이는 grep, awk, sed 같은 유닉스 텍스트 처리 유틸리티에서 흔히 사용되며, Perl 언어의 핵심 요소이기도 합니다. 정규 표현식의 문법에는 몇 가지 변형이 존재합니다. 1992년에 POSIX 표준이 승인되었지만, 다른 일반적인 변형으로는 Perl 및 ECMAScript (JavaScript) 언어가 포함됩니다. C++ regex 라이브러리는 기본적으로 ECMAScript 언어를 사용합니다. regex 라이브러리는 C++11에서 STL에 처음 도입되었으며, 텍스트 파일에서 패턴을 찾는 데 매우 유용하게 사용할 수 있습니다.

How to do it...

이 레시피는 HTML 파일에서 하이퍼링크를 추출합니다. 하이퍼링크는 HTML에서 다음과 같이 표현됩니다:

```
<a href="http://example.com/file.html">Text goes here</a>
```

regex 객체를 사용하여 링크와 텍스트를 두 개의 개별 문자열로 추출하겠습니다.

• 예제는 the-end.html 파일을 사용합니다. 이 파일은 다음 깃허브에서 받을 수 있습니다.

  • https://github.com/Youngjin-com/CPP-STL/blob/main/chap07/the-end.html

```
const char * fn{ "the-end.html" };
```

• 다음과 같은 정규 표현식 문자열로 regex 객체를 정의합니다:

```
const std::regex
    link_re{ "<a href=\"([^\"]*)\"[^<]*>([^<]*)</a>" };
```

정규 표현식은 처음 보면 복잡해 보일 수 있지만, 사실은 꽤 간단합니다[8].
파싱되는 순서는 다음과 같습니다.

    Ⅰ. 문자열 전체를 매칭시킵니다.

    Ⅱ. 문자열에서 〈a href="를 찾습니다.

    Ⅲ. 다음 "까지의 모든 내용을 하위 매치 1로 저장합니다.

    Ⅳ. 〉 문자를 지나갑니다.

    Ⅴ. 문자열 〈/a〉까지의 모든 내용을 하위 매치 2로 저장합니다.

• 파일 전체를 문자열로 읽어옵니다:

```
string in{};
std::ifstream infile(fn, std::ios_base::in);
for(string line{}; getline(infile, line);) in += line;
```

이는 HTML 파일을 열고, 한 행씩 읽은 다음, 각 행을 string 객체 in에 추가합니다.

• 링크 부분을 추출하기 위해 sregex_token_iterator 객체를 설정하여 파일을 순회하고 일치하
는 각 요소를 추출합니다:

```
std::sregex_token_iterator it{ in.begin(), in.end(),
    link_re, {1, 2} };
```

1과 2는 정규 표현식의 하위 매치에 해당합니다.

• 다음은 반복자로 결과를 따라 순회하는 함수입니다:

```
template<typename It>
void get_links(It it) {
```

---

8   **(역자 주)** 간단하지는 않은 것 같습니다. 정규 표현식은 배우기에 진입 장벽이 높은 편입니다.

```
    for(It end_it{}; it != end_it; ) {
        const string link{ *it++ };
        if(it == end_it) break;
        const string desc{ *it++ };
        cout << format("{:.<24} {}\n", desc, link);
    }
}
```

regex 반복자로 해당 함수를 호출합니다:

```
get_links(it);
```

다음과 같이 제목과 링크가 포함된 출력을 얻을 수 있습니다:

```
Bill Weinman........... https://bw.org/
courses............... https://bw.org/courses/
music................. https://bw.org/music/
books................. https://packt.com/
back to the internet.... https://duckduckgo.com/
```

How it works...

STL regex 엔진은 한 번에 하나의 결과를 평가하고 산출하는 생성기(generator)로 동작합니다. sregex_iterator 혹은 sregex_token_iterator를 사용하여 반복자를 설정합니다. sregex_token_iterator는 하위 매치를 지원하지만 sregex_iterator는 그렇지 않습니다. 정규 표현식의 괄호는 각 하위 매치에 대해 1번, 2번의 번호를 붙입니다:

```
const regex link_re{ "<a href=\"([^\"]*)\"[^<]*([^<]*)</a>" };
```

regex 매치 각 부분은 다음과 같습니다:

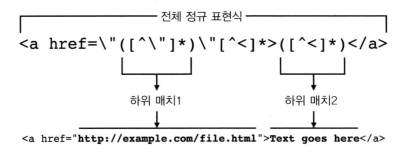

그림 7.1 하위 매치를 포함한 정규 표현식

이를 통해 문자열을 매칭하고 해당 문자열의 일부를 결과로 사용할 수 있습니다:

```
sregex_token_iterator it{ in.begin(), in.end(), link_re, {1, 2} };
```

하위 매치는 1번부터 번호가 매겨집니다. 하위 매치 0은 전체 매칭을 나타내는 특수한 값입니다.

반복자를 얻은 후에는 다른 반복자처럼 사용할 수 있습니다:

```
for(It end_it{}; it ≠ end_it; ) {
    const string link{ *it++ };
    if(it == end_it) break;
    const string desc{ *it++ };

    cout << format("{:.<24} {}\n", desc, link);
}
```

regex 반복자로 결과를 순회하면 다음과 같이 서식화가 적용된 출력을 얻을 수 있습니다:

```
Bill Weinman........... https://bw.org/
courses................ https://bw.org/courses/
music.................. https://bw.org/music/
books.................. https://packt.com/
back to the internet.... https://duckduckgo.com/
```

8장

유틸리티 클래스

C++

C++ 표준 라이브러리는 특정 작업을 위해 설계된 다양한 유틸리티 클래스를 포함하고 있습니다. 이들 중 일부는 일반적으로 사용되며, 이 책의 다른 레시피에서 이미 여러 번 보았습니다. 이 장에서는 아래의 주제와 함께 시간 측정, 제네릭 타입, 스마트 포인터 등을 포함한 다양한 유틸리티를 다룹니다.

- std::optional로 선택적 값 관리하기
- 타입 안정성을 위해 std::any 사용하기
- std::variant로 서로 다른 타입 저장하기
- std::chrono로 시간 이벤트 다루기
- 가변 튜플을 위한 폴드 표현식 사용하기
- std::unique_ptr로 할당된 메모리 관리하기
- std::shared_ptr로 객체 공유하기
- 공유된 객체를 위한 약한 포인터 사용하기
- 관리 객체의 멤버 공유하기
- 난수 엔진 비교하기
- 난수 분포 생성기 비교하기

예제 코드

이 장의 코드는 아래 깃허브 사이트에서 찾을 수 있습니다.

- https://github.com/Youngjin-com/CPP-STL/tree/main/chap08

std::optional로 선택적 값 관리하기

예제 파일: chap08/optional.cpp

C++17에 도입된 std::optional 클래스는 선택적 값을 저장합니다.

값을 반환할 수도 있고 반환하지 않을 수도 있는 함수의 경우를 생각해 보세요. 예를 들어, 어떤 수가 소수(prime)인지 확인하고, 소수라면 첫 번째 요소를 반환하는 함수입니다. 이 함수는 값을 반환하거나 bool 상태를 반환합니다. 다음은 값과 상태를 포함하는 struct 예제입니다:

```
struct factor_t {
    bool is_prime;
    long factor;
};
factor_t factor(long n) {
    factor_t r{};
    for(long i = 2; i ≤ n / 2; ++i) {
        if (n % i == 0) {
            r.is_prime = false;
            r.factor = i;
            return r;
        }
    }
    r.is_prime = true;
    return r;
}
```

조금 어설픈 해결책이지만 잘 작동하고, 흔히 볼 수 있는 방식입니다.
optional 클래스를 사용하면 훨씬 더 간단하게 만들 수 있습니다:

```
optional<long> factor(long n) {
for (long i = 2; i ≤ n / 2; ++i) {
        if (n % i == 0) return {i};
    }
    return {};
}
```

optional은 값 또는 값이 아닌 것(non-value)을 반환할 수 있습니다.
다음과 같이 호출할 수 있습니다:

```
long a{ 42 };
long b{ 73 };
auto x = factor(a);
auto y = factor(b);
if(x) cout << format("lowest factor of {} is {}\n", a, *x);
else cout << format("{} is prime\n", a);
```

```
if(y) cout << format("lowest factor of {} is {}\n", b, *y);
else cout << format("{} is prime\n", b);
```

```
lowest factor of 42 is 2
73 is prime
```

optional 클래스는 선택적 값을 반환하고 해당 값을 쉽게 확인할 수 있도록 해줍니다.

How to do it...

이 레시피에서 우리는 optional 클래스를 사용하는 예제를 살펴볼 것입니다.

• optional 클래스는 꽤 단순합니다. 표준 템플릿 표기법을 사용하여 선택적 값을 생성합니다:

```
optional<int> a{ 42 };
cout << *a << '\n';
```

optional 값에 접근할 때는 * 포인터 역참조 연산자를 사용합니다:

```
42
```

• optional 객체에 값이 있는지 시험할 때는 bool 연산자를 사용합니다:

```
if(a) cout << *a << '\n';
else cout << "no value\n";
```

변수 a에 값이 없는 경우:

```
optional<int> a{};
```

출력은 else 조건을 반영합니다:

```
no value
```

- 타입 별칭을 선언하여 이를 더욱 간단하게 만들 수 있습니다:

```
using oint = std::optional<int>;
oint a{ 42 };
oint b{ 73 };
```

- 만약 oint 객체를 대상으로 연산을 수행하고 결과도 oint 객체로 얻고자 한다면, 연산자 오버로드를 제공할 수 있습니다:

```
oint operator+(const oint& a, const oint& b) {
    if(a && b) return *a + *b;
    else return {};
}
oint operator+(const oint& a, const int b) {
    if(a) return *a + b;
    else return {};
}
```

이제 oint 객체를 직접 연산할 수 있습니다:

```
auto sum{ a + b };
if(sum) {
    cout << format("{} + {} = {}\n", *a, *b, *sum);
} else {
    cout << "NAN\n";
}
```

```
42 + 73 = 115
```

- b를 기본 생성자로 선언한다고 가정해 보겠습니다:

```
oint b{};
```

이제 else 분기 출력 결과를 얻습니다:

```
NAN
```

How it works...

std::optional 클래스는 단순성을 위해 설계되었습니다. 많은 일반 함수들에 대해 연산자 오버로딩을 제공합니다. 또한, 추가적인 유연성을 위한 멤버 함수들도 포함하고 있습니다. optional 클래스는 객체에 값이 있는지를 확인하기 위해 operator bool 오버로드를 제공합니다:

```
optional<int> n{ 42 };
if(n) ...  // 값을 가짐
```

혹은 has_value() 멤버 함수를 사용할 수 있습니다:

```
if(n.has_value()) ...  // 값을 가짐
```

값에 접근하려면 operator* 오버로드를 사용할 수 있습니다:

```
x = *n;        // *는 값을 반환함
```

혹은 value() 멤버 함수를 사용할 수 있습니다:

```
x = n.value()  // value()는 값을 반환함
```

reset() 멤버 함수는 값을 파괴하고 optional 객체의 상태를 리셋합니다:

```
n.reset();      // 더 이상 값이 없음
```

There's more...

optional 클래스는 value() 메서드를 통해 예외 처리를 지원합니다:

```
b.reset();
try {
    cout << b.value() << '\n';
} catch(const std::bad_optional_access& e) {
    cout << format("b.value(): {}\n", e.what());
```

```
    }
```

```
b.value(): bad optional access
```

value() 메서드만 예외를 던집니다. 유효하지 않는 값에 대해 * 포인터 역참조 연산자의 동작은 미정의입니다.

타입 안정성을 위해 std::any 사용하기

예제 파일: chap08/any.cpp

C++17에서 도입된 std::any 클래스는 단일 객체를 임의의 타입으로 안전하게 저장할 수 있는 타입 안전 컨테이너를 제공합니다.

예를 들어 이것은 기본 생성자로 생성된 any 객체입니다:

```
any x{};
```

이 객체에는 값이 없습니다. has_value() 메서드를 호출하여 시험해 보겠습니다:

```
if(x.has_value()) cout << "have value\n";
else cout << "no value\n";
```

```
no value
```

any 객체에 할당 연산자를 통해 값을 할당합니다:

```
x = 42;
```

이제 any 객체는 값과 타입을 가지게 됩니다:

```
if(x.has_value()) {
    cout << format("x has type: {}\n", x.type().name());
    cout << format("x has value: {}\n", any_cast<int>(x));
} else {
```

```
    cout << "no value\n";
  }
```

```
x has type: i
x has value: 42
```

type() 메서드는 type_info 객체를 반환합니다. type_info::name() 메서드는 C 문자열로 구현 정의된 타입 이름을 반환합니다. 이 경우 GCC에서 i는 int 타입을 의미합니다.

비 멤버 함수 any_cast⟨type⟩( )를 사용하여 사용 가능한 타입으로 캐스팅하였습니다. 다른 타입의 값으로 any 객체를 다시 할당할 수도 있습니다:

```
x = "abc"s;
cout << format("x is type {} with value {}\n",
    x.type().name(), any_cast<string>(x))
```

```
x is type NSt7__cxx1112basic_string... with value abc
```

GCC에서 반환되는 긴 타입 이름을 줄였지만, 개념은 이해하셨을 겁니다. int 값을 가졌던 동일한 any 객체는 이제 STL string 객체를 가지게 되었습니다.

any 클래스의 주요한 유용성은 다형적인 함수를 생성하는 데 있습니다. 이제 이를 구현하는 방법을 살펴보겠습니다.

How to do it...

이 레시피에서는 any 클래스를 사용하여 서로 다른 타입의 객체를 인자로 받는 다형적인 함수를 만듭니다.

• 우리의 다형적 함수는 any 객체를 받고 타입과 값을 출력합니다:

```
void p_any(const any& a) {
    if (!a.has_value()) {
        cout << "None.\n";
    } else if (a.type() == typeid(int)) {
        cout << format("int: {}\n", any_cast<int>(a));
    } else if (a.type() == typeid(string)) {
```

```
            cout << format("string: \"{}\"\n",
                any_cast<const string&>(a));
        } else if (a.type() == typeid(list<int>)) {
            cout << "list<int>: ";
            for(auto& i : any_cast<const list<int>&>(a))
                cout << format("{} ", i);
                cout << '\n';
        } else {
            cout << format("something else: {}\n",
            a.type().name());
        }
    }
```

p_any() 함수는 먼저 해당 객체가 값이 있는지 검사합니다. 그 후, type() 메서드를 사용하여 다양한 타입을 검사하고 각 타입에 맞는 적절한 동작을 수행합니다.

any 클래스가 도입되기 전에는 이 함수를 위해 네 가지 서로 다른 특수화를 작성해야 했으며, 기본값[1]을 쉽게 처리할 수도 없었습니다.

• 다음과 같이 main() 함수에서 이 함수를 호출합니다:

```
p_any({});
p_any(47);
p_any("abc"s);
p_any(any(list{ 1, 2, 3 }));
p_any(any(vector{ 1, 2, 3 }));
```

```
None.
int: 47
string: "abc"
list<int>: 1 2 3
something else: St6vectorIiSaIiEE
```

다형적 함수는 최소한의 코드로 다양한 타입을 처리할 수 있습니다.

---

1 **(역자 주)** 여기에서 기본값은 else 경우를 의미합니다.

How it works...

std::any 복사 생성자와 할당 연산자는 직접 초기화(direct initialization)를 사용하여 대상 객체의 const가 아닌 복사본을 포함된(contained) 객체로 만듭니다. 포함된 객체의 타입은 typeid 객체로 별도로 저장됩니다.

초기화가 되면 any 객체는 다음과 같은 메서드를 갖습니다.

- emplace( )는 포함된 객체를 대체하며, 새로운 객체를 해당 위치에 생성합니다.
- reset( )는 포함된 객체를 삭제합니다.
- has_value( )는 포함된 객체가 존재하면 true를 반환합니다.
- type( )는 포함된 객체의 타입을 의미하는 typeid 객체를 반환합니다.
- operator=( )는 복사 또는 이동 연산을 통해 포함된 객체를 대체합니다.

any 클래스는 다음과 같은 비 멤버 함수도 지원합니다.

- any_cast⟨T⟩( )는 템플릿 함수로, 포함된 객체에 대해 타입 안전한 접근을 제공합니다. any_cast⟨T⟩( ) 함수는 포함된 객체의 복사본을 반환한다는 점을 유념하세요. 참조를 반환하려면 any_cast⟨T&⟩( )를 사용할 수 있습니다.
- std::swap( )은 std::swap 알고리즘을 특수화합니다.

any 객체를 잘못된 타입으로 캐스팅하면 bad_any_cast 예외가 발생합니다:

```
try {
    cout << any_cast<int>(x) << '\n';
} catch(std::bad_any_cast& e) {
    cout << format("any: {}\n", e.what());
}
```

출력

any: bad any_cast

std::variant로 서로 다른 타입 저장하기

예제 파일: chap08/variant.cpp

C++17에서 도입된 std::variant 클래스는 한 번에 하나의 다른 값을 가질 수 있으며, 각 값은 동일하게 할당된 메모리 공간에 저장되어야 합니다. 이는 단일 컨텍스트에서 대안적인 타입들을 보관하는데 유용합니다.

원시적인 union 구조체와의 차이점

variant 클래스는 태그된(tagged) union 입니다. 이는 한 번에 하나의 타입만 유효할 수 있다는 점에서 원시적인 union 구조체와 다릅니다.

C에서 상속된 원시적인 union 타입은 같은 데이터를 서로 다른 타입으로 접근할 수 있는 구조체입니다. 예를 들어 다음 코드를 봅시다:

```
union ipv4 {
    struct {
        uint8_t a; uint8_t b; uint8_t c; uint8_t d;
    } quad;
    uint32_t int32;
} addr;
addr.int32 = 0×2A05A8C0;
cout << format("ip addr dotted quad: {}.{}.{}.{}\n",
    addr.quad.a, addr.quad.b, addr.quad.c, addr.quad.d);
cout << format("ip addr int32 (LE): {:08X}\n", addr.int32);
```

```
ip addr dotted quad: 192.168.5.42
ip addr int32 (LE): 2A05A8C0
```

이 예에서 union은 struct와 uint32_t 타입의 두 멤버를 가집니다. struct에는 4개의 uint8_t 멤버가 있습니다. 이것은 동일한 32비트 메모리 공간에 대해 두 가지 다른 관점을 제공합니다. 동일한 ipv4 주소를 32비트의 부호 없는 정수(Little Endian 또는 LE)로 보거나 일반적으로 사용되는 점으로 구분된 4개의 8비트의 부호 없는 정수로 볼 수 있습니다. 이것은 시스템 레벨에서 유용하게 쓰일 수 있는 비트 수준의 다형성(polymorphy)를 제공합니다.

그러나 variant는 그렇게 동작하지 않습니다. variant 클래스는 태그된 union으로, 각 데이터는 그 타입과 함께 태그가 붙습니다. 만약 값을 uint32_t로 저장하면, 우리는 이를 uint32_t로만 접근할 수 있습니다. 이는 variant가 타입 안정성을 제공하지만 union을 대체할 수는 없다는 것을 의미합니다.

How to do it...

이 레시피에서 우리는 std::variant를 사용하여 다양한 종의 애완동물을 위한 작은 책자를 만듭니다.

• 다음은 Animal을 담는 단순한 클래스입니다:

```
class Animal {
    string_view _name{};
    string_view _sound{};
    Animal();
public:
    Animal(string_view n, string_view s)
        : _name{ n }, _sound{ s } {}
    void speak() const {
        cout << format("{} says {}\n", _name, _sound);
    }
    void sound(string_view s) {
        _sound = s;
    }
};
```

동물의 이름과 동물의 소리는 생성자를 통해 전달됩니다.

• 각 종 클래스는 Animal 클래스를 상속합니다:

```
class Cat : public Animal {
public:
    Cat(string_view n) : Animal(n, "meow") {}
};
class Dog : public Animal {
public:
    Dog(string_view n) : Animal(n, "arf!") {}
```

```
};
class Wookie : public Animal {
public:
    Wookie(string_view n) : Animal(n, "grrraarrgghh!") {}
};
```

자식 클래스 각각은 해당 종에 고유한 소리를 설정할 때 부모 클래스의 생성자를 호출합니다.

• variant 타입의 별칭을 정의합니다:

```
using v_animal = std::variant<Cat, Dog, Wookie>;
```

이 variant는 Cat, Dog, Wookie 타입 중 하나를 저장할 수 있습니다.

• main() 함수에서 v_animal 타입의 list를 생성합니다:

```
int main() {
    list<v_animal> pets{
        Cat{"Hobbes"}, Dog{"Fido"}, Cat{"Max"}, Wookie{"Chewie"}
    };
    ...
```

리스트에 있는 각 요소는 variant 정의에 포함된 타입입니다.

• variant 클래스는 요소에 접근하는 여러 가지 방법을 제공합니다. 먼저 visit() 함수를 봅시다.
visit() 함수는 현재 variant에 포함된 객체를 사용하여 펑터를 호출합니다. 먼저, 애완동물의
타입을 받는 펑터를 정의합니다:

```
struct animal_speaks {
    void operator()(const Dog& d) const { d.speak(); }
    void operator()(const Cat& c) const { c.speak(); }
    void operator()(const Wookie& w) const { w.speak(); }
};
```

이것은 단순한 펑터 클래스로 Animal의 각 하위 클래스를 오버로드합니다.
우리는 리스트의 각 요소에 대해 visit()을 사용하여 이를 호출합니다:

```
    for (const v_animal& a : pets) {
        visit(animal_speaks{}, a);
    }
```

```
Hobbes says meow
Fido says arf!
Max says meow
Chewie says grrraarrgghh!
```

- 또한 variant 클래스는 index() 메서드를 제공합니다:

```
for(const v_animal &a : pets) {
    auto idx{ a.index() };
    if(idx == 0) get<Cat>(a).speak();
    if(idx == 1) get<Dog>(a).speak();
    if(idx == 2) get<Wookie>(a).speak();
}
```

```
Hobbes says meow
Fido says arf!
Max says meow
Chewie says grrraarrgghh!
```

각 variant 객체는 템플릿 인수로 선언된 타입의 순서대로 인덱스가 매겨져 있습니다. v_animal 타입은 std::variant〈Cat, Dog, Wookie〉로 정의되어 있고, 이들 타입은 그 순서대로 0부터 2까지의 인덱스를 갖습니다.

get_if〈T〉() 함수는 주어진 요소가 T 타입인지 검사합니다:

```
for (const v_animal& a : pets) {
    if(const auto c{ get_if<Cat>(&a) }; c) {
        c→speak();
    } else if(const auto d{ get_if<Dog>(&a) }; d) {
        d→speak();
    } else if(const auto w{ get_if<Wookie>(&a) }; w) {
        w→speak();
    }
```

```
}
```

```
Hobbes says meow
Fido says arf!
Max says meow
Chewie says grrraarrgghh!
```

get_if⟨T⟩() 함수는 요소의 타입이 T와 맞으면 포인터를 반환하고 그렇지 않으면 nullptr를 반환합니다.

• 마지막으로 holds_alternative⟨T⟩() 함수는 true 혹은 false를 반환합니다. 이 함수를 사용하면 값을 반환하지 않고 요소의 타입을 검사할 수 있습니다:

```
size_t n_cats{}, n_dogs{}, n_wookies{};
for(const v_animal& a : pets) {
    if(holds_alternative<Cat>(a)) ++n_cats;
    if(holds_alternative<Dog>(a)) ++n_dogs;
    if(holds_alternative<Wookie>(a)) ++n_wookies;
}
cout << format("there are {} cat(s), "
            "{} dog(s), "
            "and {} wookie(s)\n",
            n_cats, n_dogs, n_wookies);
```

```
there are 2 cat(s), 1 dog(s), and 1 wookie(s)
```

How it works...

std::variant 클래스는 단일 객체를 위한 컨테이너입니다. variant⟨X, Y, Z⟩의 인스턴스는 X, Y, Z 중 정확히 하나의 타입의 객체를 포함해야 합니다. 이 클래스는 현재 객체의 값과 타입을 모두 저장합니다.

index() 메서드는 현재 객체의 타입을 반환합니다:

```
if(v.index() == 0) // 만약 variant의 타입이 X인 경우
```

비 멤버 함수인 holds_alternative⟨T⟩()는 현재 객체의 타입이 T라면 true를 반환합니다:

```
if(holds_alternative<X>(v)) // 현재 variant 객체가 X 타입
```

현재 객체는 비 멤버 함수인 get()을 호출하여 얻을 수 있습니다:

```
auto o{ get<X>(v) }; // 현재 variant 객체는 X 타입
```

타입 검사와 get_if() 비 멤버 함수 호출을 합칠 수도 있습니다:

```
auto* p{ get_if<X>(v) }; // 현재 객체가 X 타입이 아니라면 nullptr 반환
```

비 멤버 함수인 visit()는 현재 variant 객체를 단일 인자로 사용하여 호출 가능한(callable) 객체를 실행(invoke)합니다:

```
visit(f, v); // 현재 variant 객체로 f(v) 호출
```

visit() 함수는 타입을 검사하지 않고 객체를 가져올 수 있는 유일한 방법입니다. 각 타입을 처리하는 펑터와 결합하면 매우 유연하게 사용할 수 있습니다:

```cpp
struct animal_speaks {
    void operator()(const Dog& d) const { d.speak(); }
    void operator()(const Cat& c) const { c.speak(); }
    void operator()(const Wookie& v) const { v.speak(); }
};
main() {
    for (const v_animal& a : pets) {
        visit(animal_speaks{}, a);
    }
}
```

출력

```
Hobbes says meow
Fido says arf!
Max says meow
Chewie says grrraarrgghh!
```

std::chrono로 시간 이벤트 다루기

std::chrono 라이브러리는 시간과 간격을 측정하고 보고하는 도구들을 제공합니다. 이러한 클래스와 함수의 대부분은 C++11에서 도입되었습니다. C++20에서는 상당한 변경 및 업데이트가 이루어졌지만, 이 글을 작성할 당시에는 제가 테스트한 시스템에서 이러한 업데이트가 아직 구현되지 않은 경우가 많았습니다.

이 레시피에서는 chrono 라이브러리를 사용하여 시간 이벤트를 다루는 방법을 배웁니다.

How to do it...

system_clock 클래스는 현재 날짜와 시간을 보고하는 데 사용됩니다. steady_clock과 high_resolution_clock 클래스는 시간 이벤트를 위해 사용됩니다. 이 시계들의 차이점에 대해 알아봅시다.

- 클래스 이름이 길고 다루기 불편하기 때문에 이 레피시에서는 타입 별칭을 사용합니다:

```
using std::chrono::system_clock;
using std::chrono::steady_clock;
using std::chrono::high_resolution_clock;
using std::chrono::duration;
using seconds = duration<double>;
using milliseconds = duration<double, std::milli>;
using microseconds = duration<double, std::micro>;
using fps24 = duration<unsigned long, std::ratio<1, 24>>;
```

duration 클래스는 시간의 두 시점 사이의 간격을 의미합니다. 이러한 별칭은 서로 다른 간격을 사용할 때 편리합니다.

- system_clock 클래스를 사용하면 현재 시간과 날짜를 얻을 수 있습니다:

```
auto t = system_clock::now();
cout << format("system_clock::now is {:%F %T}\n", t);
```

system_clock::now() 함수는 time_point 객체를 반환합니다. 〈chrono〉 라이브러리는 strftime() 서식 지정자를 사용하는 time_point 타입에 대한 format() 특수화를 포함합니다.

출력은 다음과 같습니다:

```
system_clock::now is 2022-02-05 13:52:15
```

⟨iomanip⟩ 헤더는 strftime()과 유사하게 ostream에서 동작하는 put_time()을 포함합니다:

```
std::time_t now_t = system_clock::to_time_t(t);
cout << "system_clock::now is "
     << std::put_time(std::localtime(&now_t), "%F %T")
<< '\n';
```

put_time( ) 함수는 C 스타일의 time_t* 값에 대한 포인터를 받습니다. system_clock::to_time_t 함수는 time_point 객체를 time_t로 변환합니다.
이는 format( ) 예제와 동일한 출력을 보입니다:

```
system_clock::now is 2022-02-05 13:52:15
```

• system_clock을 사용하여 이벤트 시간을 측정할 수 있습니다. 먼저 시간을 측정할 대상이 필요합니다. 다음은 소수의 개수를 세는 함수입니다:

```
constexpr uint64_t MAX_PRIME{ 0x1FFFF }
    constexpr auto is_prime = [](const uint64_t n) {
        for(uint64_t i{ 2 }; i < n / 2; ++i) {
            if(n % i == 0) return false;
        }
        return true;
    };
    uint64_t count{ 0 };
    uint64_t start{ 2 };
    uint64_t end{ MAX_PRIME };
    for(uint64_t i{ start }; i <= end ; ++i) {
        if(is_prime(i)) ++count;
    }
    return count;
}
```

이 함수는 2와 0x1FFFF (131,071) 사이에 존재하는 소수의 개수를 계산하며, 이는 대부분의 현대 시스템에서 몇 초 정도 소요됩니다.

- 이제 count_primes()의 실행 시간을 측정하기 위해 timer 함수를 작성합니다:

```cpp
seconds timer(uint64_t(*f)()) {
    auto t1{ system_clock::now() };
    uint64_t count{ f() };
    auto t2{ system_clock::now() };
    seconds secs{ t2 - t1 };
    cout << format("there are {} primes in range\n", count);
    return secs;
}
```

이 함수는 함수 f를 받아서 duration⟨double⟩을 반환합니다. system_clock::now() 함수를 호출하여 f() 함수 호출 전후의 시간을 기록합니다. 그리고 두 시간의 차이를 계산하여 duration 객체로 반환합니다.

- main() 함수에서는 우리가 만든 timer() 함수를 호출합니다:

```cpp
int main() {
    auto secs{ timer(count_primes) };
    cout << format("time elapsed: {:.3f} seconds\n",
        secs.count());
    ...
```

여기서 count_primes() 함수를 timer()에게 넘기고 duration 객체를 secs 변수에 저장합니다.

출력

```
there are 12252 primes in range
time elapsed: 3.573 seconds
```

duration 객체의 count() 메서드는 지정된 단위로 기간을 반환합니다. 이 경우 초 단위의 double 값이 됩니다.

이 실험은 GCC 컴파일러를 사용한 데비안 리눅스의 VM에서 측정되었습니다. 정확한 시간은 시스템에 따라 달라질 수 있습니다.

- system_clock은 현재의 벽시계 시간(wall clock time)[2]을 제공하도록 설계되었습니다. 해상도는 시간 측정을 지원하지만, 단조적(monotonic)임이 보장되지는 않습니다. 즉, 항상 일관된 틱(tick, 시간 간격)을 제공하지 않을 수 있습니다.

chrono 라이브러리는 시간 측정 목적으로 더 적합한 steady_clock을 제공합니다. system_clock과 동일한 인터페이스를 갖지만, 시간 측정 목적으로 더 신뢰할 수 있는 틱을 제공합니다:

```cpp
seconds timer(uint64_t(*f)()) {
    auto t1{ steady_clock::now() };
    uint64_t count{ f() };
    auto t2{ steady_clock::now() };
    seconds secs{ t2 - t1 };
    cout << format("there are {} primes in range\n", count);
    return secs;
}
```

steady_clock 클래스는 일관된 단조적 틱 수를 제공하도록 설계되어 시간 측정에 적합합니다. 상대적 시간 참조를 사용하기 때문에 벽시계 시간으로는 유용하지 않습니다. system_clock이 시간을 고정된 시점(1970년 1월 1일, 00:00 UTC)부터 측정하는 반면, steady_clock은 상대적 시간을 사용하여 측정합니다.

또 다른 옵션으로는 high_resolution_clock이 있습니다. 이는 주어진 시스템에서 사용 가능한 가장 짧은 틱 주기를 제공하지만, 구현 간 일관성이 없습니다. high_resolution_clock은 시스템에 따라 system_clock 또는 steady_clock의 별칭일 수 있으며, 단조적일 수도 있고 아닐 수도 있습니다. 따라서 high_resolution_clock은 일반적인 용도로 사용하는 것이 권장되지 않습니다.

- timer() 함수는 duration⟨double⟩의 별칭인 seconds를 반환합니다:

```cpp
using seconds = duration<double>;
```

duration 클래스는 선택적으로 두 번째 템플릿 인자인 std::ratio 클래스를 받습니다:

---

2 **(역자 주)** 현재 시간을 표현하려면 system_clock을, 시간 간격을 측정하려면 steady_clock을 사용해야 합니다. 그 이유는 system_clock의 경우 OS 시간 동기화 등의 영향으로 측정 중에 시간이 변할 수 있지만, steady_clock은 그렇지 않기 때문입니다.

```
template<class Rep, class Period = std::ratio<1>>
class duration;
```

〈chrono〉 헤더는 편의를 위해 milli와 micro를 포함하여 다양한 10진수 비율을 제공합니다:

```
using milliseconds = duration<double, std::milli>;
using microseconds = duration<double, std::micro>;
```

다른 비율이 필요하다면, 직접 정의하여 사용할 수도 있습니다:

```
using fps24 = duration<unsigned long, std::ratio<1, 24>>;
```

fps24는 초당 표준 24 프레임 기준으로 필름 샷의 프레임 수를 표현합니다. 이 비율은 1/24초에 해당합니다.

이를 통해 다양한 기간 범위 간의 변환을 쉽게 수행할 수 있습니다:

```
cout << format("time elapsed: {:.3f} sec\n", secs.count());
cout << format("time elapsed: {:.3f} ms\n",
    milliseconds(secs).count());
cout << format("time elapsed: {:.3e} μs\n",
    microseconds(secs).count());
cout << format("time elapsed: {} frames at 24 fps\n",
    floor<fps24>(secs).count());
```

```
time elapsed: 3.573 sec
time elapsed: 3573.077 ms
time elapsed: 3.573e+06 μs
time elapsed: 85 frames at 24 fps
```

fps24 별칭은 double 대신 unsigned long을 사용하기 때문에 타입 변환이 필요합니다. floor 함수는 소수점을 제거하기 위해 사용되었습니다. 이 컨텍스트에서는 round()와 ceil() 도 가능합니다.

- 편의를 위해 chrono 라이브러리는 표준 duration 비율에 대한 format() 특수화도 제공합니다:

```
cout << format("time elapsed: {:.3}\n", secs);
cout << format("time elapsed: {:.3}\n", milliseconds(secs));
cout << format("time elapsed: {:.3}\n", microseconds(secs));
```

```
                                                            출력
time elapsed: 3.573s
time elapsed: 3573.077ms
time elapsed: 3573076.564µs
```

이들 출력은 구현에 따라 달라질 수 있습니다.

How it works...

chrono 라이브러리는 크게 clock 클래스와 duration 클래스로 이루어져 있습니다.

clock 클래스

clock 클래스에는 다음이 포함됩니다.

- system_clock - 벽시계 시간을 제공.
- steady_clock - 기간 측정을 위한 보장된 단조 틱 수를 제공.
- high_resolution_clock - 가능한 가장 작은 틱 간격을 제공. 시스템에 따라 system_clock 혹은 steady_clock의 별칭일 수도 있음.

현재 시간과 날짜를 표시할 때는 system_clock을 사용합니다. 시간 간격을 측정할 때는 steady_clock을 사용합니다.

각 시계 클래스는 now() 메서드를 가지며, 이는 시계의 현재 값을 나타내는 time_point를 반환합니다. now() 함수는 정적 멤버 함수이기 때문에 인스턴스화된 객체 대신에 클래스로 호출됩니다:

```
auto t1{ steady_clock::now() };
```

std::duration 클래스

duration 클래스는 시간 간격을 담는데 쓰입니다. 즉, 두 time_point 객체의 간격입니다. 일반적으로 time_point 객체의 뺄셈으로 생성됩니다:

```
duration<double> secs{ t2 - t1 };
```

duration 객체의 생성자로서 double 타입의 time_point 뺄셈 연산자를 사용하였습니다:

```
template<class C, class D1, class D2>
constexpr duration<D1,D2>
operator-( const time_point<C,D1>& pt_lhs,
    const time_point<C,D2>& pt_rhs );
```

duration 클래스는 타입 표현식과 ratio 객체를 위한 템플릿 인자를 갖습니다:

```
template<class Rep, class Period = std::ratio<1>>
class duration;
```

Period 템플릿 인자는 기본적으로 1:1 비율로 설정되며, 이는 초를 나타냅니다.
이 라이브러리는 micro와 milli와 같은 ratio 별칭을 제공하며 그 범위는 atto(1/1,000,000,000,000,000,000)부터 exa(1,000,000,000,000,000,000/1) 까지입니다. 이를 통해 다음과 같이 표준 기간을 생성할 수 있습니다:

```
using milliseconds = duration<double, std::milli>;
using microseconds = duration<double, std::micro>;
```

count() 메서드는 Rep 타입으로 기간을 반환합니다:

```
constexpr Rep count() const;
```

이것으로 기간을 쉽게 표시하거나 기타 용도로 사용할 수 있습니다:

```
cout << format("duration: {}\n", secs.count());
```

가변 튜플을 위한 폴드 표현식 사용하기

예제 파일: chap08/tuple.cpp

std::tuple 클래스는 본질적으로 더 복잡하고 덜 편리한 struct입니다. tuple의 인터페이스는 클래스 템플릿 인수 추론(class template argument deduction)과 구조적 바인딩(structured binding)으로 약간 쉬워지긴 했지만 그래도 여전히 복잡합니다.

필자는 대부분의 응용 프로그램에 tuple보다 struct를 선호합니다. 그러나 한 가지 눈에 띄는 tuple의 장점은, 가변 컨텍스트에서 폴드 표현식(fold expression)과 함께 사용할 수 있다는 점입니다.

폴드 표현식

가변 파라미터 팩의 확장을 쉽게 만들도록 설계된 폴드 표현식은 C++17의 신기능입니다. 폴드 표현식 이전에는 파라미터 팩을 확장하기 위해 재귀 함수가 필요했습니다:

```cpp
template<typename T>
void f(T final) {
    cout << final << '\n';
}
template<typename T, typename ... Args>
void f(T first, Args ... args) {
    cout << first;
    f(args...);
}
int main() {
    f("hello", ' ', 47, ' ', "world");
}
```

`출력`

```
hello 47 world
```

폴드 표현식을 사용하면 훨씬 단순해집니다:

```cpp
template<typename ... Args>
    void f(Args ... args) {
    (cout << ... << args);
cout << '\n';
}
```

```
hello 47 world
```

폴드 표현식은 네 가지 형태가 있습니다:

- 단항 우측 폴드: (args op ...)
- 단항 좌측 폴드: (... op args)
- 이항 우측 폴드: (args op ... op init)
- 이항 좌측 폴드: (init op ... op args)

위 예제의 표현식은 이항 좌측 폴드입니다:

```
(cout << ... << args);
```

이것은 다음과 같이 확장됩니다:

```
cout << "hello" << ' ' << 47 << ' ' << "world";
```

폴드 표현식은 다양한 용도에서 매우 편리합니다. 이제 이를 튜플과 함께 어떻게 사용할 수 있는지 살펴보겠습니다.

How to do it...

이 레시피에서는 서로 다른 개수와 타입의 요소를 가진 튜플에 동작하는 템플릿 함수를 만듭니다.

- 이 레시피의 핵심은 알려지지 않은 크기와 타입의 튜플을 받아서 각 요소를 format()으로 출력하는 함수입니다:

```
template<typename ... T>
constexpr void print_t(const tuple<T ... >& tup) {
    auto lpt =
        [&tup] <size_t... I> (std::index_sequence<I ... >) constexpr {
            ( ..., ( cout << format((I? ", {}" : "{}"), get<I>(tup))
        ));
        cout << '\n';
```

```
    };
    lpt(std::make_index_sequence<sizeof ... (T)>());
}
```

이 함수의 핵심은 람다 표현식에 있습니다. 람다 표현식은 index_sequence 객체를 사용하여 인덱스 값의 파라미터 팩을 생성합니다. 그다음 폴드 표현식을 사용하여 각 인덱스 값으로 get⟨I⟩를 호출합니다. 템플릿 람다는 C++20을 필요로 합니다.

람다 대신 별도의 함수를 사용할 수도 있지만, 단일 범위 내에 유지하는 것이 좋습니다.

• main() 함수에서 다양한 튜플을 사용하여 이를 호출할 수 있습니다:

```
int main() {
    tuple lables{ "ID", "Name", "Scale" };
    tuple employee{ 123456, "John Doe", 3.7 };
    tuple nums{ 1, 7, "forty-two", 47, 73L, -111.11 };

    print_t(lables);
    print_t(employee);
    print_t(nums);
}
```

```
ID, Name, Scale
123456, John Doe, 3.7
1, 7, forty-two, 47, 73, -111.11
```

How it works...

tuple의 단점은 제한적인 인터페이스입니다. std::tie()로 **구조적 바인딩**을 사용하거나 std::get⟨⟩ 사용하여 요소를 가져올 수 있지만, 이러한 기법들은 tuple의 요소 개수와 타입을 모를 경우에는 유용하지 않습니다.

이러한 제한을 극복하기 위해 index_ sequence 클래스를 사용합니다. index_sequence는 integer_sequence의 특수화로, size_t 요소의 파라미터 팩을 제공하여 tuple의 인덱싱에 사용할 수 있습니다. make_index_sequence를 사용하여 람다 함수에 파라미터 팩을 설정하고 해당 람다 함수를 호출합니다:

```
lpt(std::make_index_sequence<sizeof ... (T)>());
```

템플릿 람다는 get() 함수를 위한 size_t 인덱스의 파라미터 팩으로 생성됩니다:

```
[&tup] <size_t ... I> (std::index_sequence<I ... >) constexpr {
 ...
 }
```

get() 함수는 템플릿 인자로 인덱스 값을 받습니다. 단항 좌측 폴드 표현식을 사용하여 get⟨I⟩()를 호출합니다:

```
( ... , ( cout << format("{} ", std::get<I>(tup))));
```

폴드 표현식은 함수의 파라미터 팩의 각 요소를 받아 콤마 연산자를 적용합니다. 콤마의 우변은 튜플의 각 요소를 출력하는 format() 함수가 있습니다.

이를 통해 튜플의 요소 개수를 유추할 수 있어 가변 길이 컨텍스트에서 사용할 수 있습니다. 일반적인 템플릿 함수와 마찬가지로, 컴파일러는 tuple 인자의 각 조합에 대해 별도의 특수화를 생성합니다.

There's more...

이 기법을 다른 작업에도 사용할 수 있습니다. 예를 들어 크기를 알 수 없는 tuple의 모든 int 값의 합을 반환하는 함수가 있습니다:

```
template<typename ... T>
constexpr int sum_t(const tuple<T ... >& tup) {
    int accum{};
    auto lpt = [&tup, &accum] <size_t ... I> (std::index_sequence<I ... >)
        constexpr {
            ( ... , (
                accum += get<I>(tup)
            ));
        };
    lpt(std::make_index_sequence<sizeof ... (T)>());
    return accum;
```

```
    }
```

이를 다양한 개수의 int 값을 가진 여러 tuple 객체로 호출할 수 있습니다:

```
tuple ti1{ 1, 2, 3, 4, 5 };
tuple ti2{ 9, 10, 11, 12, 13, 14, 15 };
tuple ti3{ 47, 73, 42 };
auto sum1{ sum_t(ti1) };
auto sum2{ sum_t(ti2) };
auto sum3{ sum_t(ti3) };
cout << format("sum of ti1: {}\n", sum1);
cout << format("sum of ti2: {}\n", sum2);
cout << format("sum of ti3: {}\n", sum3);
```

```
sum of ti1: 15
sum of ti2: 84
sum of ti3: 162
```

std::unique_ptr로 할당된 메모리 관리하기

예제 파일: chap08/unique_ptr.cpp

스마트 포인터(smart pointers)는 할당된 힙 메모리를 관리하는 탁월한 도구입니다.

힙 메모리는 가장 저수준의 C 함수인 malloc()과 free()로 관리됩니다. malloc()은 힙에서 메모리 블록을 할당하며, free()는 이를 다시 힙에 반환합니다. 이 함수들은 초기화를 수행하지 않으며, 생성자나 소멸자를 호출하지 않습니다. 만약 할당된 메모리를 free()를 사용해 힙에 반환하지 않으면, 이후 동작은 정의되지 않으며, 종종 메모리 누수와 보안 취약점으로 이어집니다.

C++는 malloc()과 free() 대신에 new와 delete 연산자를 제공하여 힙 메모리를 할당하고 해제합니다. new와 delete 연산자는 객체의 생성자와 소멸자를 호출하지만 메모리를 관리하지는 않습니다. new를 사용해 메모리를 할당한 후 delete로 이를 해제하지 않으면 메모리 누

수가 발생합니다.

C++14에서 도입된 스마트 포인터는 자원 획득이 초기화(Resource Acquisition Is Initialization; RAII)라는 관용구를 준수합니다. 즉, 객체를 위해 메모리가 할당되면 해당 객체의 생성자가 호출되며, 객체의 소멸자가 호출될 때 메모리가 자동으로 힙에 반환됩니다.

예를 들어 make_unique()를 호출하여 새로운 스마트 포인터를 생성해 보겠습니다:

```
{   // 범위의 시작
    auto p = make_unique<Thing>();  // 메모리 할당
                                    // 생성자 호출
    process_thing(p); // p는 unique_ptr<Thing>
}   // 범위 종료, 소멸자 호출, 메모리 해제
```

make_unique() 함수는 Thing 객체를 위한 메모리를 할당하고 Thing의 기본 생성자를 호출합니다. 그리고 unique_ptr〈Thing〉 객체를 생성하고 unique_ptr을 반환합니다. p 변수가 범위를 벗어나면 Thing의 소멸자가 호출되고 메모리는 자동으로 힙으로 반환됩니다.

메모리 관리 외에도 스마트 포인터는 원시 포인터와 매우 유사하게 동작합니다:

```
auto x = *p;        // *p는 포인터를 역참조하여 Thing 객체를 반환
auto y = p→thname;  // p→는 포인터를 역참조하여 멤버를 반환
```

unique_ptr는 포인터의 단일 인스턴스만 허용하는 스마트 포인터입니다. 이동은 가능하지만 복사는 불가능합니다. 이제 unique_ptr의 사용 방법을 자세히 살펴보겠습니다.

How to do it...

이 레시피에서는 생성자와 소멸자가 언제 호출되는지 출력하는 데모용 클래스로 std::unique_ptr을 살펴봅니다.

• 먼저 단순한 데모용 클래스를 생성합니다:

```
struct Thing {
    string_view thname{ "unk" };
    Thing() {
        cout << format("default ctor: {}\n", thname);
    }
```

```
    Thing(const string_view& n) : thname(n) {
        cout << format("param ctor: {}\n", thname);
    }
    ~Thing() {
        cout << format("dtor: {}\n", thname);
    }
};
```

이 클래스는 기본 생성자, 인자를 가진 생성자, 그리고 소멸자가 있습니다. 각각은 단순히 언제 호출되는지 알려주는 출력문만 포함합니다.

- unique_ptr를 단순히 생성만 할 경우, 메모리를 할당하거나 관리 객체(managed object)를 생성하지 않습니다:

```
int main() {
    unique_ptr<Thing> p1;
    cout << "end of main()\n";
}
```

```
end of main()
```

- new 연산자를 사용하면 메모리를 할당하고 Thing 객체를 생성합니다:

```
int main() {
    unique_ptr<Thing> p1{ new Thing };
    cout << "end of main()\n";
}
```

```
default ctor: unk
end of main()
dtor: unk
```

new 연산자는 기본 생성자를 호출하여 Thing 객체를 생성합니다. 스마트 포인터가 범위를 벗어나면 unique_ptr〈Thing〉의 소멸자는 Thing의 소멸자를 호출합니다.

Thing 기본 생성자는 thname 문자열을 초기화하지 않고 기본 값인 'unk'를 그대로 둡니다.

- make_unique() 함수를 사용하여 동일한 결과를 만들 수 있습니다:

```
int main() {
    auto p1 = make_unique<Thing>();
    cout << "end of main()\n";
}
```

```
default ctor: unk
end of main()
dtor: unk
```

make_unique() 헬퍼 함수는 메모리 할당을 처리하고 unique_ptr 객체를 반환합니다. 이는 unique_ptr을 생성할 때 권장되는 방법입니다.

- make_unique() 함수에 넘기는 인수들은 대상 객체를 생성하는 데 사용됩니다:

```
int main() {
    auto p1 = make_unique<Thing>("Thing 1");
    cout << "end of main()\n";
}
```

```
param ctor: Thing 1
end of main()
dtor: Thing 1
```

인자를 가진 생성자는 thname 멤버에 값을 할당하므로, 이제 Thing 객체는 'Thing 1'이 됩니다.

- unique_ptr〈Thing〉 인수를 받는 함수를 작성합니다:

```
void process_thing(unique_ptr<Thing> p) {
    if(p) cout << format("processing: {}\n",
        p→thname);
    else cout << "invalid pointer\n";
}
```

만약 unique_ptr을 이 함수에 넘기면 컴파일러 오류가 발생합니다[3]:

```
process_thing(p1);
```

컴파일러 오류:
```
error: use of deleted function...
```

이는 함수 호출 시 unique_ptr 객체를 복사하려 하기 때문입니다. 그러나 unique_ptr의 복사 생성자는 복사 방지를 위해 삭제된 상태입니다. 해결책은 함수에 const& 참조를 전달하는 것입니다:

```
void process_thing(const unique_ptr<Thing>& p) {
    if(p) cout << format("processing: {}\n",
    p→thname);
    else cout << "invalid pointer\n";
}
```

출력
```
param ctor: Thing 1
processing: Thing 1
end of main()
dtor: Thing 1
```

• 임시 객체로 process_thing() 함수를 호출할 수 있으며, 이 객체는 함수의 범위를 벗어나면 즉시 파괴됩니다:

```
int main() {
    auto p1{ make_unique<Thing>("Thing 1") };
    process_thing(p1);
    process_thing(make_unique<Thing>("Thing 2"));
    cout << "end of main()\n";
}
```

출력
```
param ctor: Thing 1
```

---

3   **(역자 주)** 저장소에 있는 예제 코드의 process_thing() 함수는 p 인수를 참조로 받기 때문에 호출을 해도 컴파일러 오류가 발생하지 않습니다.

```
processing: Thing 1
param ctor: Thing 2
processing: Thing 2
dtor: Thing 2
end of main()
dtor: Thing 1
```

How it works...

스마트 포인터는 다른 객체의 자원을 소유하고 관리하면서 포인터에 대한 인터페이스를 제공하는 객체입니다.

unique_ptr 클래스는 복사 생성자와 복사 할당 연산자가 제거되어서 스마트 포인터가 복사될 수 없습니다.

따라서 unique_ ptr 객체는 복사할 수 없습니다:

```
auto p2 = p1;
```

컴파일러 오류:
```
error: use of deleted function...
```

하지만 unique_ptr을 이동시킬 수는 있습니다:

```
auto p2 = std::move(p1);
process_thing(p1);
process_thing(p2);
```

이동 후, p1은 무효화되고 p2는 'Thing 1'이 됩니다.

```
invalid pointer
processing: Thing 1
end of main()
dtor: Thing 1
```

unique_ptr 인터페이스에는 포인터를 리셋하는 메서드가 있습니다:

```
p1.reset(); // pointer가 이제 무효화됨
process_thing(p1);
```

```
dtor: Thing 1
invalid pointer
```

reset( ) 메서드는 관리 객체를 같은 타입의 다른 객체로 교체하는 기능도 포함합니다:

```
p1.reset(new Thing("Thing 3"));
process_thing(p1);
```

```
param ctor: Thing 3
dtor: Thing 1
processing: Thing 3
```

std::shared_ptr로 객체 공유하기

예제 파일: chap08/shared_ptr.cpp

std::shared_ptr 클래스는 관리 객체를 소유하고 복사본을 추적하기 위해 **사용 카운터(use counter)**를 유지하는 스마트 포인터입니다. 이 레시피에서는 shared_ptr를 사용하여 포인터의 복사본을 공유하고 메모리를 관리하는 방법을 살펴봅니다.

> **Note** 스마트 포인터에 관한 더 자세한 내용은 이전의 std::unique_ptr로 할당된 메모리 관리하기 레시피의 도입 부분을 참고하세요.

How to do it...

이 레시피에서는 생성자와 소멸자가 언제 호출되는지 출력하는 데모 클래스와 함께 std::shared_ptr을 살펴봅니다.

- 먼저 단순한 데모 클래스를 생성합니다:

```
struct Thing {
    string_view thname{ "unk" };
    Thing() {
        cout << format("default ctor: {}\n", thname);
    }
    Thing(const string_view& n) : thname(n) {
        cout << format("param ctor: {}\n", thname);
    }
    ~Thing() {
        cout << format("dtor: {}\n", thname);
    }
};
```

이 클래스에는 기본 생성자, 인자를 가진 생성자, 그리고 소멸자가 있습니다.
이들은 단지 호출되었다는 것을 알려주는 단순한 출력문만 포함합니다.

- shared_ptr 클래스는 new 연산자 또는 헬퍼 함수인 make_shared() 함수를 통해 생성된다는
  점에서 다른 스마트 포인터와 매우 유사하게 동작합니다:

```
int main() {
    shared_ptr<Thing> p1{ new Thing("Thing 1") };
    auto p2 = make_shared<Thing>("Thing 2");
    cout << "end of main()\n";
}
```

```
param ctor: Thing 1
param ctor: Thing 2
end of main()
dtor: Thing 2
dtor: Thing 1
```

make_shared() 함수는 생성 과정을 관리하고 오류 발생 가능성이 적기 때문에 권장됩니다.
다른 스마트 포인터와 마찬가지로, 관리 객체는 포인터가 범위를 벗어나면 파괴되고 메모리는
힙에 반환됩니다.

- 다음은 share_ptr 객체의 사용 카운터를 검사하는 함수입니다:

```
void check_thing_ptr(const shared_ptr<Thing>& p) {
    if(p) cout << format("{} use count: {}\n",
        p->thname, p.use_count());
    else cout << "invalid pointer\n";
}
```

thname은 Thing 클래스의 멤버이기 때문에 p-> 멤버 포인터 역참조 연산자로 접근합니다.
use_count() 함수는 shared_ptr 클래스의 멤버로 객체 멤버 연산자(p.)를 사용하여 접근합니다.

이제 포인터를 넣어 이 함수를 호출합니다:

```
check_thing_ptr(p1);
check_thing_ptr(p2);
```

```
Thing 1 use count: 1
Thing 2 use count: 1
```

• 포인터의 복사본을 만들면 사용 카운터가 증가되지만 새로운 객체가 생성되는 것은 아닙니다:

```
cout << "make 4 copies of p1:\n";
auto pa = p1;
auto pb = p1;
auto pc = p1;
auto pd = p1;
check_thing_ptr(p1);
```

```
make 4 copies of p1:
Thing 1 use count: 5
```

• 다른 복사본을 검사하면 동일한 결과를 얻습니다:

```
check_thing_ptr(pa);
check_thing_ptr(pb);
check_thing_ptr(pc);
check_thing_ptr(pd);
```

```
Thing 1 use count: 5
Thing 1 use count: 5
Thing 1 use count: 5
Thing 1 use count: 5
```

각 포인터는 동일한 사용 카운터를 보고합니다.

• 복사본이 범위를 벗어나면 파괴되고 사용 카운터는 감소합니다:

```
{    // 새로운 범위
    cout << "make 4 copies of p1:\n";
    auto pa = p1;
    auto pb = p1;
    auto pc = p1;
    auto pd = p1;
    check_thing_ptr(p1);
}    // 범위 끝
check_thing_ptr(p1);
```

```
make 4 copies of p1:
Thing 1 use count: 5
Thing 1 use count: 1
```

• 복사본을 파괴하면 사용 카운터는 감소하지만, 관리 객체는 파괴되지 않습니다. 최종 복사본이 범위를 벗어나고 사용 카운터가 0이 되면 객체가 파괴됩니다:

```
{
    cout << "make 4 copies of p1:\n";
    auto pa = p1;
    auto pb = p1;
    auto pc = p1;
    auto pd = p1;
    check_thing_ptr(p1);
    pb.reset();
    p1.reset();
    check_thing_ptr(pd);
}    // 범위 끝
```

```
make 4 copies of p1:
Thing 1 use count: 5
Thing 1 use count: 3
dtor: Thing 1
```

pb(복사본)과 p1(원본)을 파괴하면 포인터의 세 복사본(pa, pc, pd)이 남고 관리 객체도 남습니다. 남은 세 개의 포인터 복사본은 생성된 범위를 벗어날 때 파괴됩니다. 그다음 객체가 파괴되고 할당된 메모리도 힙으로 반환됩니다.

How it works...

shared_ptr 클래스는 동일한 관리 객체에 대해 다수의 포인터를 관리할 수 있다는 점에서 차별화됩니다.

shared_ptr 객체의 복사 생성자와 복사 할당 연산자는 **사용 카운터**를 증가시킵니다. 소멸자는 사용 카운트를 감소시키며, 사용 카운트가 0이 되면 관리 객체를 파괴하고 메모리를 힙에 반환합니다.

shared_ptr 클래스는 관리 객체와 힙에 할당된 **제어 블록**(control block)을 모두 관리합니다. 제어 블록은 사용 카운터와 기타 관리용 객체를 포함합니다. 제어 블록은 관리 객체와 그 복사본들 사이에 관리되고 공유됩니다. 이를 통해 원본 shared_ptr 객체는 해당 객체의 제어권를 복사본에 넘길 수 있으며, 마지막으로 남은 shared_ptr이 객체와 그 메모리를 관리할 수 있도록 합니다.

공유된 객체를 위한 약한 포인터 사용하기

예제 파일: chap08/weak_ptr.cpp

엄격하게 말하면 std::weak_ptr은 스마트 포인터가 아닙니다. 대신 shared_ptr과 협력하여 동작하는 **옵저버**(observer)입니다. weak_ptr 객체는 그 자체로 포인터를 갖지 않습니다. 일부 상황에서는 shared_ptr 객체가 댕글링 포인터(dangling pointers) 혹은 경쟁 조건(race condition)을 만들어 메모리 누수나 기타 문제로 이어질 수 있습니다. 이를 해결하기 위한 방법은 shared_ptr에 weak_ptr을 사용하는 것입니다.

How to do it...

이 레시피에서는 생성자와 소멸자가 언제 호출되는지 출력하는 데모 클래스를 통해 std::shared_ptr와 std::weak_ptr의 사용법을 알아보겠습니다.

- shared_ptr와 unique_ptr을 시연할 때 사용한 동일한 클래스로 시작합니다:

```cpp
struct Thing {
    string_view thname{ "unk" };
    Thing() {
        cout << format("default ctor: {}\n", thname);
    }
    Thing(const string_view& n) : thname(n) {
        cout << format("param ctor: {}\n", thname);
    }
    ~Thing() {
        cout << format("dtor: {}\n", thname);
    }
};
```

이 클래스는 기본 생성자, 인자를 가진 생성자, 그리고 소멸자를 갖습니다. 이들 각각에는 언제 호출되었는지 알려주는 단순한 출력문이 있습니다.

- 우리는 weak_ptr 객체를 시험하는 함수를 필요로 합니다:

```cpp
void get_weak_thing(const weak_ptr<Thing>& p) {
    if(auto sp = p.lock()) cout <<
        format("{}: count {}\n", sp→thname, p.use_count());
    else cout << "no shared object\n";
}
```

weak_ptr은 자체적으로 포인터로 동작하지 않으며 shared_ptr을 사용해야 합니다. lock() 함수는 shared_ptr 객체를 반환하며, 이를 통해 관리 객체에 접근할 수 있습니다.

- weak_ptr이 연관된 shared_ptr을 필요로 하기 때문에 main() 함수에서 shared_ptr ⟨Thing⟩ 객체를 생성합니다. shared_ptr을 할당하지 않고 weak_ptr 객체를 생성하면 expired 플래그가 true로 초기화됩니다:

```
int main() {
    auto thing1 = make_shared<Thing>("Thing 1");
    weak_ptr<Thing> wp1;
    cout << format("expired: {}\n", wp1.expired());
    get_weak_thing(wp1);
}
```

```
param ctor: Thing 1
expired: true
no shared object
```

make_shared() 함수는 메모리를 할당하고 Thing 객체를 생성합니다.

weak_ptr〈Thing〉 선언은 shared_ptr을 할당하지 않고, weak_ptr 객체를 생성합니다. 따라서 expired 플래그를 검사하면 true가 반환되며, 이는 연관된 shared_ptr가 없다는 뜻입니다.

get_weak_thing() 함수는 사용 가능한 shared_ptr이 없기 때문에 잠금을 얻을 수 없습니다.

- shared_ptr을 weak_ptr에 할당하면 weak_ptr을 사용하여 관리 객체에 접근할 수 있습니다:

```
wp1 = thing1;
get_weak_thing(wp1);
```

```
Thing 1: count 2
```

get_weak_thing() 함수는 이제 잠금을 얻어 관리 객체에 접근할 수 있습니다. lock() 함수는 shared_ptr을 반환하며, use_count()는 이제 Thing 객체를 관리하는 두 번째 shared_ptr이 있다는 사실을 반영합니다.

새로운 shared_ptr인 변수 sp는 get_weak_thing() 범위의 끝에서 파괴됩니다.

- weak_ptr 클래스는 shared_ptr 인자를 받는 생성자도 제공합니다:

```
weak_ptr<Thing> wp2(thing1);
get_weak_thing(wp2);
```

```
Thing 1: count 2
```

use_count()는 다시 2가 됩니다. 이전의 shared_ptr은 get_weak_thing() 범위가 끝에 도달하였을 때 파괴되었다는 점을 기억하세요.

- shared_ptr을 리셋하면 연관된 weak_ptr 객체들이 만료됩니다:

```
thing1.reset();
get_weak_thing(wp1);
get_weak_thing(wp2);
```

```
dtor: Thing 1
no shared object
no shared object
```

reset() 후에는 사용 카운터가 0이 되고 관리 객체는 파괴되고 메모리도 해제되었습니다.

How it works...

weak_ptr은 shared_ptr 객체에 대해 소유권이 없는 참조를 갖는 **옵저버**입니다. weak_ptr 은 shared_ptr의 관리 객체가 사용 가능한지를 관찰합니다. 이를 통해 관리 객체가 활성 상태인지 항상 알 수 없는 상황에서도 shared_ptr을 사용할 수 있습니다.

weak_ptr 클래스는 shared_ptr의 사용 카운트를 반환하거나, 관리 객체가 삭제된 경우 0을 반환하는 use_count() 함수를 제공합니다:

```
long use_count() const noexcept;
```

또한 weak_ptr은 관리 객체의 삭제 여부를 알려주는 expired() 함수를 제공합니다:

```
bool expired() const noexcept;
```

lock() 함수는 공유된 포인터에 접근할 때 선호되는 방법입니다. 관리 객체가 사용 가능한지 는 expired() 함수로 확인합니다. 만약 사용 가능하면 관리 객체와 소유권을 공유하는 새로운 shared_ptr을 반환합니다 그렇지 않은 경우 빈 shared_ptr을 반환합니다. 모든 것이 이 원 자적 함수 하나로 가능합니다:

```
std::shared_ptr<T> lock() const noexcept;
```

There's more...

weak_ptr의 중요한 사용 사례 중 하나는 shared_ptr에 순환 참조 가능성이 있는 경우입니다. 예를 들어, 두 클래스가 서로를 참조하는 경우(아마도 계층 구조에서)를 생각해 볼 수 있습니다:

```
struct circB;
struct circA {
    shared_ptr<circB> p;
    ~circA() { cout << "dtor A\n"; }
};
struct circB {
    shared_ptr<circA> p;
    ~circB() { cout << "dtor B\n"; }
};
```

소멸자에 출력문이 있으므로, 해당 객체가 파괴되는 시점을 알 수 있습니다. 이제 shared_ptr로 서로를 참조하는 두 객체를 생성합니다:

```
int main() {
    auto a{ make_shared<circA>() };
    auto b{ make_shared<circB>() };
    a->p = b;
    b->p = a;
    cout << "end of main()\n";
}
```

이 코드를 실행하면 소멸자가 호출되지 않음을 확인할 수 있습니다:

```
end of main()
```

객체들이 서로를 참조하는 공유 포인터를 유지하기 때문에 사용 카운터는 0이 되지 않고 관리 객체는 파괴되지 않습니다.

이 문제는 클래스 중 하나에서 weak_ptr을 사용하도록 변경하면 해결할 수 있습니다:

```
struct circB {
    weak_ptr<circA> p;
```

```
        ~circB() { cout << "dtor B\n"; }
    };
```

main()의 코드는 같지만 출력은 다릅니다:

```
 end of main()
 dtor A
 dtor B
```

하나의 shared_ptr을 weak_ptr로 변경함으로써 순환 참조 문제가 해결되었으며, 이제 객체들이 자신의 범위를 벗어나면 제대로 파괴됩니다.

관리 객체의 멤버 공유하기

예제 파일: chap08/alias_ptr.cpp

std::shared_ptr 클래스는 동일한 자원에 대해 다른 독립적인 포인터로 공유할 수 있는 별칭 생성자(aliasing constructor)를 제공합니다:

```
 shared_ptr( shared_ptr<Y>& ref, element_type* ptr ) noexcept;
```

이것은 ref의 자원을 사용하지만 ptr에 대한 포인터를 반환하는 별칭 shared_ptr 객체를 반환합니다. use_count는 ref로 공유됩니다. 삭제자(deleter)는 ref로 공유됩니다. 하지만 get()은 ptr을 반환합니다. 이를 통해 전체 객체를 공유하지 않고도 관리 객체의 멤버를 공유할 수 있으며, 멤버를 사용하는 동안 전체 객체를 삭제할 수 없습니다.

How to do it...

이 레시피에서는 관리 객체를 생성하고 그 객체의 멤버들을 공유합니다.

• 관리 객체를 위한 클래스로 시작합니다:

```
 struct animal {
     string name{};
```

```
        string sound{};
        animal(const string& n, const string& a) : name{n}, sound{a} {
            cout << format("ctor: {}\n", name);
        }
        ~animal() {
            cout << format("dtor: {}\n", name);
        }
    };
```

이 클래스는 animal 객체의 string 타입 name와 sound 멤버를 갖습니다. 또한 생성자와 소멸자를 위한 출력문을 포함합니다.

• 동물 객체는 생성하지만 오직 이름과 소리만 공유하는 함수가 필요합니다:

```
auto make_animal(const string& n, const string& s) {
    auto ap = make_shared<animal>(n, s);
    auto np = shared_ptr<string>(ap, &ap→name);
    auto sp = shared_ptr<string>(ap, &ap→sound);
    return tuple(np, sp);
}
```

이 함수는 이름과 소리를 받아서 animal 객체에 대한 shared_ptr을 생성합니다. 그다음 이름과 소리를 위한 별칭 shared_ptr 객체를 생성합니다. name과 sound를 반환하면 animal 포인터는 범위를 벗어납니다. 별칭 포인터의 사용 카운터가 0이 되지 않았기 때문에 animal 포인터는 제거되지 않습니다.

• main()에서 make_animal()을 호출하고 결과를 관찰합니다:

```
int main() {
    auto [name, sound] =
        make_animal("Velociraptor", "Grrrr!");
    cout << format("The {} says {}\n", *name, *sound);
    cout << format("Use count: name {}, sound {}\n",
        name.use_count(), sound.use_count());
}
```

```
ctor: Velociraptor
```

```
The Velociraptor says Grrrr!
Use count: name 2, sound 2
dtor: Velociraptor
```

별칭된 포인터 각각의 use_count가 2임을 확인할 수 있습니다. make_animal() 함수가 별칭 포인터를 생성할 때, 각각은 animal 포인터의 사용 카운터를 증가시킵니다. 함수가 종료되면 animal 포인터는 범위를 벗어나며, 사용 카운터는 별칭 포인터를 반영해 2로 남습니다. 별칭 포인터가 main()의 끝에 도달하여 범위를 벗어나면, animal 포인터가 파괴됩니다.

How it works...

별칭 공유 포인터는 다소 추상적으로 보일 수 있지만, 실제로는 간단합니다.

공유 포인터는 제어 블록을 사용하며 자원을 관리합니다. 하나의 제어 블록은 하나의 관리 객체와 연계되고 그 객체를 공유하는 포인터들 사이에 공유됩니다. 제어 블록은 일반적으로 다음을 포함합니다.

- 관리 객체에 대한 포인터
- 삭제자
- 할당자
- 관리 객체를 소유하는 shared_ptr 객체의 수 (사용 카운터)
- 관리 객체를 참조하는 weak_ptr 객체의 수

별칭 공유 포인터의 경우 제어 블록은 별칭 객체에 대한 포인터를 포함합니다. 그 외의 것은 동일하게 유지됩니다.

별칭 공유 포인터는 다른 별칭이 아닌 일반적인 공유 포인터처럼 사용 카운터에 반영되며, 사용 카운터가 0에 이르기 전까지는 관리 객체가 파괴되지 않습니다. 삭제자는 변경되지 않으므로 관리 객체를 파괴합니다.

> **Note**
> 어떤 포인터든 별칭 공유 포인터를 생성하는 것이 가능합니다. 보통 그 포인터는 별칭 객체의 멤버를 참조합니다. 만약 별칭 포인터가 관리 객체의 요소(멤버)를 참조하지 않는 경우, 해당 포인터의 생성과 소멸을 별도로 관리해야 합니다.

난수 엔진 비교하기

random 라이브러리는 다양한 전략과 속성을 가진 여러 난수 생성기를 제공합니다. 이 레시피에서는 출력된 히스토그램을 통해 다양한 선택들을 비교하는 함수를 만듭니다.

How to do it...

이 레시피에서는 C++ random 라이브러리에서 제공되는 다양한 난수 생성기를 비교합니다.

• 난수 생성기에 공통적으로 설정되는 인자를 위한 상수를 정의합니다:

```cpp
constexpr size_t n_samples{ 1000 };
constexpr size_t n_partitions{ 10 };
constexpr size_t n_max{ 50 };
```

n_samples는 시험할 표본의 개수, n_partitions는 표본을 출력할 때 사용되는 분할의 개수, 그리고 n_max는 히스토그램 막대의 최대 크기 (라운드에 따라 조금 달라질 수 있음) 입니다.

이들 숫자는 엔진에 따른 차이점을 적절히 보여주기 위함입니다. 분할에 대한 표본의 비율이 커지면 곡선이 부드러워지고 엔진 간의 차이는 모호해집니다.

• 다음은 난수 표본을 수집하고 히스토그램을 출력하는 함수입니다:

```cpp
template <typename RNG>
void histogram(const string_view& rng_name) {
    auto p_ratio = (double)RNG::max() / n_partitions;
    RNG rng{}; // 엔진 객체 생성

    // 표본 수집
    vector<size_t> v(n_partitions);
    for(size_t i{}; i < n_samples; ++i) {
        ++v[rng() / p_ratio];
    }

    // 히스토그램 출력
    auto max_el = std::max_element(v.begin(), v.end());
```

8장 유틸리티 클래스   345

```
        auto v_ratio = *max_el / n_max;
        if(v_ratio < 1) v_ratio = 1;
        cout << format("engine: {}\n", rng_name);
        for(size_t i{}; i < n_partitions; ++i) {
            cout << format("{:02}:{:*<{}}\n", i + 1, ' ', v[i] / v_ratio);
        }
        cout << '\n';
    }
```

요약하면 이 함수는 수집된 표본의 히스토그램을 vector에 저장합니다. 그런 다음, 히스토그램을 별표(*)로 콘솔에 출력합니다.

• main()에서는 histogram() 함수를 호출합니다:

```
int main() {
    histogram<std::random_device>("random_device");
    histogram<std::default_random_engine>
        ("default_random_engine");
    histogram<std::minstd_rand0>("minstd_rand0");
    histogram<std::minstd_rand>("minstd_rand");
    histogram<std::mt19937>("mt19937");
    histogram<std::mt19937_64>("mt19937_64");
    histogram<std::ranlux24_base>("ranlux24_base");
    histogram<std::ranlux48_base>("ranlux48_base");
    histogram<std::ranlux24>("ranlux24");
    histogram<std::ranlux48>("ranlux48");
    histogram<std::knuth_b>("knuth_b");
}
```

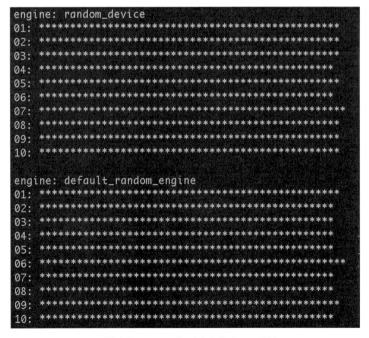

```
engine: random_device
01: *****************************************
02: ***********************************
03: ***********************************
04: **********************************
05: ********************************
06: **********************************
07: ***************************************
08: *******************************
09: **********************************
10: ********************************
```

```
engine: default_random_engine
01: **********************************
02: ****************************
03: ****************************
04: **********************************
05: ***************************************
06: ****************************
07: ****************************
08: ****************************
09: ****************************
10: *******************************
```

그림 8.1 첫 번째 두 난수 엔진에 대한 스크린샷

이 스크린샷은 처음 두 난수 엔진의 히스토그램을 보여줍니다. 출력은 실행할 때마다 달라질 수 있습니다.

n_samples을 100,000으로 올리면 엔진들의 변화를 구별하기 점점 어려워집니다:

그림 8.2 100,000개 표본의 출력 스크린샷

How it works...

각 난수 엔진은 수열에서 다음 난수를 반환하는 펑터 인터페이스를 가집니다:

```
result_type operator()();
```

펑터는 min()과 max() 값 사이에 균일하게 분포된 난수를 반환합니다. 모든 난수 엔진은 공통적으로 해당 인터페이스를 가집니다.

histogram() 함수는 템플릿으로 난수 엔진 클래스를 넘겨서 이러한 균일성을 활용합니다:

```
template <typename RNG>
```

(RNG는 난수 생성기(Random Number Generator)의 약자입니다. 라이브러리 문서는 이들을 엔진(engines)이라고 부릅니다)

RNG 클래스로 객체를 인스턴스화하고 vector에 히스토그램을 생성합니다:

```
RNG rng{};
vector<size_t> v(n_partitions);
for(size_t i{}; i < n_samples; ++i) {
    ++v[rng() / p_ratio];
}
```

이것으로 다양한 난수 엔진의 결과를 쉽게 비교할 수 있습니다.

There's more...

라이브러리의 각 난수 생성 엔진은 서로 다른 방법론과 특성을 가지고 있습니다. 히스토그램을 여러 번 실행하면 대부분의 엔진이 매번 동일한 분포를 생성한다는 것을 알 수 있습니다. 그 이유는 이들이 **결정적**(deterministic)이며, 매번 동일한 수열을 생성하기 때문입니다. 반면, std::random_device는 대부분의 시스템에서 비결정적입니다. 더 많은 변화를 원할 경우 이를 사용하여 다른 엔진 중 하나에 시드로 심으면 됩니다. 또한 현재 날짜와 시간으로 시드하는 것도 일반적인 방법입니다.

std::default_random_engines 클래스는 대부분의 목적에 적절한 선택입니다.

난수 분포 생성기 비교하기

예제 파일: chap08/distribution.cpp

C++ 표준 라이브러리는 각기 고유한 특성을 가진 여러 난수 분포 생성기를 제공합니다. 이 레시피에서는 각 난수 분포 생성기의 출력 결과를 히스토그램으로 생성하여 서로 다른 부분을 비교하는 함수를 살펴보겠습니다.

How to do it...

난수 엔진과 마찬가지로, 분포 생성기도 몇 가지 공통 인터페이스 요소를 가지고 있습니다. 하지만 난수 엔진과는 달리, 분포 생성기에는 설정할 수 있는 다양한 속성이 있습니다. 우리는 템플릿 함수를 생성하여 다양한 분포의 히스토그램을 출력할 수 있지만, 각 분포 생성기의 초기화 방식은 크게 다릅니다.

• 다음과 같이 필요한 상수를 정의합니다:

```
constexpr size_t n_samples{ 10 * 1000 };
constexpr size_t n_max{ 50 };
```

n_samples 상수는 각 히스토그램을 위해 생성되는 표본의 개수를 나타내며, 이 경우 10,000 개입니다.

n_max 상수는 히스토그램을 생성할 때 사용되는 제수(divisor)입니다.

• 히스토그램 함수는 분포 생성기를 인수로 받고 분포 알고리즘에 대한 히스토그램을 출력합니다:

```
void dist_histogram(auto distro, const string_view& dist_name) {
    std::default_random_engine rng{};
    map<long, size_t> m;

    // 히스토그램 맵 생성
    for(size_t i{}; i < n_samples; ++i)
    ++m[(long)distro(rng)];

    // 히스토그램 출력
    auto max_elm_it = max_element(m.begin(), m.end(),
        [](const auto& a, const auto& b)
```

```
            { return a.second < b.second; }
        );
        size_t max_elm = max_elm_it→second;
        size_t max_div = std::max(max_elm / n_max, size_t(1));
        cout << format("{}:\n", dist_name);
        for (const auto [randval, count] : m) {
            if (count < max_elm / n_max) continue;
            cout << format("{:3}:{:*<{}}\n", randval, ' ', count / max_div);
        }
    }
```

dist_histogram() 함수는 map을 사용하여 히스토그램을 저장합니다. 그다음 콘솔에 일련의 별표를 사용하여 히스토그램을 표시합니다.

• main() 함수에서 dist_histogram() 함수를 호출합니다:

```
  int main() {
      dist_histogram(std::uniform_int_distribution<int>
          {0, 9}, "[u450]uniform_int_distribution");
      dist_histogram(std::normal_distribution<double>
          {0.0, 2.0}, "normal_distribution");
  ...
```

dist_histogram() 함수를 호출하는 과정은 난수 생성기보다 더 복잡합니다. 각 난수 분포 클래스는 알고리즘에 따라 서로 다른 인자 집합을 가집니다. 전체 목록은 깃허브 저장소에 있는 distribution.cpp 파일을 참고하세요.

```
uniform_int_distribution:
  0: ****************************************
  1: ****************************************
  2: ****************************************
  3: ****************************************
  4: ****************************************
  5: ******************************************
  6: ****************************************
  7: ****************************************
  8: *****************************************
  9: ****************************************
normal_distribution:
 -4: *
 -3: *****
 -2: *********
 -1: *****************
  0: ****************************************
  1: *****************
  2: *********
  3: ****
  4:
bernoulli_distribution:
  0: ***************
  1: ****************************************
discrete_distribution:
  0: *****
  1: **********
  2: *********************
  3: *****************************************
```

그림 8.3 난수 분포 히스토그램의 스크린샷

각 분포 알고리즘은 매우 다른 결과를 보여줍니다. 각 난수 분포 생성기에 대해 다양한 옵션을
실험해 보는 것이 좋습니다.

How it works...

각 분포 생성기는 난수 분포에 대해 다음 값을 반환하는 펑터를 제공합니다:

```
result_type operator()( Generator& g );
```

그 펑터는 난수 생성기(RNG) 객체를 인수로 받습니다:

```
std::default_random_engine rng{};
map<long, size_t> m;
for (size_t i{}; i < n_samples; ++i) ++m[(long)distro(rng)];
```

우리는 RNG 객체로 std::default_random_engine 클래스를 사용하였습니다.
RNG 히스토그램과 마찬가지로, 이는 random 라이브러리에서 제공하는 다양한 난수 분포 알고리즘을 시각화하는 데 유용한 도구입니다. 각 알고리즘의 다양한 인자를 실험해 보는 것이 좋습니다.

9장
동시성과 병렬성

C++

동시성(concurrency)과 병렬성(parallelism)은 코드를 별도의 실행 스레드(threads of execution)에서 동작시키는 능력을 말합니다.

더 구체적으로 동시성은 스레드를 백그라운드에서 실행하는 능력이고 병렬성은 스레드를 프로세서의 별도 코어에서 동시에 실행하는 능력입니다. 호스트 운영 체제와 런타임 라이브러리는 주어진 하드웨어 환경에서 주어진 스레드에 대해 동시 실행 모델과 병렬 실행 모델 중 하나를 선택합니다.

현대의 멀티태스킹 운영 체제에서 main() 함수는 이미 하나의 스레드 실행을 의미합니다. 새로운 스레드가 시작되면, 기존 스레드에 의해 부화된다(spawned)고 표현하고 스레드 그룹은 스웜(swarm)이라고 부릅니다.

C++ 표준 라이브러리에서 std::thread 클래스는 스레드 실행의 기본 단위를 제공합니다. thread를 기반으로, 다른 클래스는 잠금(locks), 뮤텍스(mutexs) 및 기타 동시성 패턴들을 제공합니다. 시스템 아키텍처에 따라 실행 스레드는 하나의 프로세서에서 동시적으로 실행되거나, 별도의 코어에서 병렬로 실행될 수 있습니다.

이 장에서는 다음과 같은 레시피를 다룹니다.

- 특정 시간 동안 슬립하기
- 동시성을 위해 std::thread 사용하기
- 동시성을 위해 std::async 사용하기
- 실행 정책에 따라 STL 알고리즘 병렬로 실행하기
- 뮤텍스와 잠금으로 데이터 안전하게 공유하기
- std::atomic으로 플래그와 값 공유하기
- std::call_once로 스레드 초기화하기
- std::condition_variable을 사용하여 생산자–소비자 문제 해결하기
- 다수의 생산자와 소비자 구현하기

예제 코드

이 장의 코드는 아래 깃허브 사이트에서 찾을 수 있습니다.

- https://github.com/Youngjin-com/CPP-STL/tree/main/chap09

특정 시간 동안 슬립하기

예제 파일: chap09/sleep.cpp

⟨thread⟩ 헤더는 스레드를 일시 슬립시키기 위한 두 가지 함수 sleep_for()와 sleep_un-til()을 제공합니다. 이 두 함수는 std::this_thread 네임스페이스에 포함되어 있습니다. 이 레시피에서는 이 두 가지 함수의 사용법을 살펴봅니다. 그리고 이후 다른 장에서도 이를 활용할 예정입니다.

How to do it...

sleep_for()와 sleep_until() 함수를 사용하는 방법에 대해 알아봅시다.

- 슬립에 관련된 함수들은 std::this_thread 네임스페이스에 있습니다. 여기에는 몇 개의 심볼만 포함되어 있으므로, std::this_thread와 std::chrono_literals에 대해 using 지시문을 사용합니다:

```
using namespace std::this_thread;
using namespace std::chrono_literals;
```

chrono_literals 네임스페이스는 기간을 나타내는 심볼들로 1s는 1초를, 100ms는 100 밀리초를 의미합니다.

- main() 에서 steady_clock::now()로 현재 시간을 찍어 테스트를 진행합니다:

```
int main() {
    auto t1 = steady_clock::now();
    cout << "sleep for 1.3 seconds\n";
    sleep_for(1s + 300ms);
    cout << "sleep for 2 seconds\n";
    sleep_until(steady_clock::now() + 2s);
    duration<double> dur1 = steady_clock::now() - t1;
    cout << format("total duration: {:.5}s\n", dur1.count());
}
```

sleep_for() 함수는 duration 객체를 받아 슬립할 시간을 설정합니다. 인수 (1s +300ms)는 chrono_literals 연산자를 사용하여 1.3초를 의미하는 duration 객체를 반환합니다.

sleep_until() 함수는 특정 시간에 깨어나도록 하기 위해 time_point 객체를 인수로 받습니다. 이 경우 chrono_literals 연산자를 사용하여 steady_clock::now()로부터 반환된 time_point 객체를 수정합니다.

출력은 다음과 같습니다:

```
sleep for 1.3 seconds
sleep for 2 seconds
total duration: 3.3005s
```

How it works...

sleep_for(duration) 함수와 sleep_until(time_point) 함수는 지정된 duration 또는 time_point에 도달할 때까지 현재 스레드 실행을 중단합니다.

sleep_for() 함수는 지원되는 경우 steady_clock 구현을 사용합니다. 그렇지 않은 경우 duration은 시간 조정에 영향을 받을 수 있습니다. 두 함수 모두 스케줄링이나 리소스 지연으로 인해 더 오래 블록 될 수 있습니다.

There's more...

일부 시스템은 POSIX 함수인 sleep()을 지원하며, 이는 지정된 초 단위만큼 실행을 중단합니다:

```
unsigned int sleep(unsigned int seconds);
```

sleep() 함수는 POSIX 표준의 일부이지만 C++ 표준은 아닙니다.

동시성을 위해 std::thread 사용하기   예제 파일: chap09/thread.cpp

스레드는 동시성의 단위입니다. main() 함수는 실행의 메인 스레드(main thread of execution)로 간주됩니다. 운영체제 관점에서 메인 스레드는 다른 프로세스가 소유한 다른 스레드들과 동시에 실행됩니다.

std::thread 클래스는 STL에서 동시성의 기반이 되는 요소이며, 모든 다른 동시성 기능은 이 thread 클래스를 기반으로 구축됩니다.

이 레시피에서는 std::thread의 기본과 join() 및 detach()가 스레드의 실행 컨텍스트를 어떻게 결정하는지 살펴보겠습니다.

How to do it...

이 레시피에서는 몇 가지 std::thread 객체를 생성하고 실행 옵션들을 실험합니다.

• 밀리초 단위로 스레드를 슬립시키는 함수로 시작합니다:

```
void sleepms(const unsigned ms) {
    using std::chrono::milliseconds;
    std::this_thread::sleep_for(milliseconds(ms));
}
```

sleep_for() 함수는 duration 객체를 받아 지정된 기간 동안 현재 스레드의 실행을 블록시킵니다. 그리고 이 sleepms() 함수는 슬립할 밀리초 단위의 시간을 unsigned 값으로 받는 래퍼입니다.

• 이제 스레드를 위한 함수가 필요합니다. 이 함수는 정수 타입 인자를 받아 일정 시간(밀리초) 동안 슬립합니다:

```
void fthread(const int n) {
    cout << format("This is t{}\n", n);

    for(size_t i{}; i < 5; ++i) {
        sleepms(100 * n);
        cout << format("t{}: {}\n", n, i + 1);
    }
    cout << format("Finishing t{}\n", n);
}
```

fthread() 함수는 sleepms() 함수를 다섯 번 호출하여 매번 100 * n 밀리초만큼 슬립합니다.

• 이 함수를 main()에서 std::thread를 사용하여 별도의 스레드에서 실행합니다:

```
int main() {
```

```
    thread t1(fthread, 1);
    cout << "end of main()\n";
}
```

컴파일은 되지만 실행하면 다음과 같은 오류가 발생합니다:

```
terminate called without an active exception
Aborted
```

(여러분의 오류 메시지는 다를 수 있습니다. 이것은 GCC 기반의 데비안 기준입니다.)

문제는 운영 체제가 thread 객체가 범위를 벗어났을 때 무엇을 해야 할지 모른다는 것입니다. 따라서 호출자가 스레드를 기다릴지 또는 분리(detach)하고 독립적으로 실행할지 여부를 명시해야 합니다.

• 다음은 호출자가 스레드가 종료될 때까지 기다리도록 join() 메서드를 사용합니다:

```
int main() {
    thread t1(fthread, 1);
    t1.join();
    cout << "end of main()\n";
}
```

```
This is t1
t1: 1
t1: 2
t1: 3
t1: 4
t1: 5
Finishing t1
end of main()
```

이제 main() 함수는 스레드가 끝날 때까지 대기합니다.

• 만약 join() 대신 detach() 함수를 호출하면, main()은 기다리지 않으며 스레드가 실행되기도 전에 프로그램이 종료됩니다:

```
thread t1(fthread, 1);
```

```
t1.detach();
```

```
end of main()
```

- 스레드가 분리되면 실행할 시간을 제공해야 합니다:

```
thread t1(fthread, 1);
t1.detach();
cout << "main() sleep 2 sec\n";
sleepms(2000);
```

```
main() sleep 2 sec
This is t1
t1: 1
t1: 2
t1: 3
t1: 4
t1: 5
Finishing t1
end of main()
```

- 두 번째 스레드를 시작하고 분리한 다음 어떤 일이 발생하는지 확인해 봅시다:

```
int main() {
    thread t1(fthread, 1);
    thread t2(fthread, 2);
    t1.detach();
    t2.detach();
    cout << "main() sleep 2 sec\n";
    sleepms(2000);
    cout << "end of main()\n";
}
```

```
main() sleep 2 sec
This is t1
This is t2
t1: 1
```

```
t2: 1
t1: 2
t1: 3
t2: 2
t1: 4
t1: 5
Finishing t1
t2: 3
t2: 4
t2: 5
Finishing t2
end of main()
```

fthread() 함수는 해당 인자를 sleepms()의 배수로 사용하기 때문에 두 번째 스레드는 첫 번째 스레드보다 약간 느리게 실행됩니다. 두 스레드의 출력이 서로 꼬인 것을 볼 수 있습니다.

• detach() 대신 join() 함수를 호출하면 비슷한 결과가 나옵니다:

```
int main() {
    thread t1(fthread, 1);
    thread t2(fthread, 2);
    t1.join();
    t2.join();
    cout << "end of main()\n";
}
```

```
This is t1
This is t2
t1: 1
t2: 1
t1: 2
t1: 3
t2: 2
t1: 4
t1: 5
Finishing t1
t2: 3
t2: 4
```

```
t2: 5
Finishing t2
end of main()
```

join() 함수는 스레드가 끝날 때까지 기다리기 때문에 main() 스레드에서 더 이상 2초를 쉬는 sleepms()를 호출할 필요가 없습니다.

How it works...

std::thread는 스레드의 실행을 의미합니다. 객체와 스레드는 1대1 관계에 있습니다. 하나의 thread 객체는 하나의 스레드를 나타내고 하나의 스레드는 하나의 thread 객체로 표현됩니다. thread 객체는 복사되거나 할당될 수 없으나 이동은 가능합니다.

thread 생성자는 다음과 같습니다:

```
explicit thread( Function&& f, Args&&… args );
```

스레드는 함수 포인터와 0개 이상의 인수를 사용하여 생성됩니다. 함수는 제공된 인수들로 즉시 호출됩니다:

```
thread t1(fthread, 1);
```

이것은 t1 객체를 만들고 즉시 값 1을 인수로 하여 fthread(int) 함수를 호출합니다.

스레드가 생성된 후에는 반드시 해당 스레드에 join() 또는 detach()를 사용해야 합니다:

```
t1.join();
```

join() 메서드는 t1 스레드가 완료될 때까지 호출 스레드의 실행을 중단합니다:

```
t1.detach();
```

detach() 메서드는 호출 스레드가 t1 스레드와 독립적으로 계속 동작하게 합니다.

There's more...

C++20은 std::jthread 클래스를 제공하며, 이는 범위가 끝날 때 호출자와 자동으로 합류합니다:

```
int main() {
    std::jthread t1(fthread, 1);
    cout << "end of main()\n";
}
```

```
end of main()
This is t1
t1: 1
t1: 2
t1: 3
t1: 4
t1: 5
Finishing t1
```

여기에서 t1 스레드는 독립적으로 실행되고 스레드 변수의 범위가 끝났을 때 자동으로 호출자인 main() 스레드에 합류합니다.

동시성을 위해 std::async 사용하기

예제 파일: chap09/async.cpp

std::async()는 대상 함수를 비동기적으로 실행하고 대상 함수의 반환값을 전달하는 std::future 객체를 반환합니다. 이러한 방식으로 async() 함수는 std::thread 클래스와 유사하게 동작하지만, 반환 값을 처리할 수 있다는 점에서 차이가 있습니다.

몇 가지 예제를 통해 std::async() 사용법을 알아봅시다.

How to do it...

가장 단순한 형태의 std::async() 함수는 std::thread처럼 작업을 실행하지만 join() 혹은 detach()를 필요로 하지 않고 std::future 객체를 통해 반환 값을 받을 수 있습니다.

이 레시피에서는 특정 범위에 있는 소수의 개수를 세는 함수를 사용합니다. 각 스레드의 실행 시간은 chrono::steady_clock 클래스로 측정합니다.

- 편의를 위해 몇 개의 별칭을 정의합니다:

```
using launch = std::launch;
using secs = std::chrono::duration<double>;
```

std::launch에는 async()를 호출할 때 사용하는 실행 정책 상수들을 포함합니다. secs은 소수 계산 시간을 측정하기 위한 duration 클래스의 별칭입니다.

- 우리의 대상 함수는 특정 범위에서 소수를 세는 작업을 수행합니다. 이는 일부 실행 클럭(clock cycles)를 소모하여 실행 정책(execution policies)을 이해하는 방법입니다:

```
struct prime_time {
    secs dur{};
    uint64_t count{};
};
prime_time count_primes(const uint64_t& max) {
    prime_time ret{};
    constexpr auto isprime = [](const uint64_t& n) {
        for(uint64_t i{ 2 }; i < n / 2; ++i) {
            if(n % i == 0) return false;
        }
        return true;
    };
    uint64_t start{ 2 };
    uint64_t end{ max };
    auto t1 = steady_clock::now();
    for(uint64_t i{ start }; i <= end ; ++i) {
        if(isprime(i)) ++ret.count;
    }
    ret.dur = steady_clock::now() - t1;
    return ret;
}
```

prime_time 구조체는 반환 값을 위한 것으로, 지속 시간과 개수를 나타내는 요소를 포함합니다. 이를 통해 반복문의 시간을 측정할 수 있습니다. isprime 람다는 값이 소수인지 여부를 판별하여 true를 반환합니다. steady_clock 클래스는 소수를 세는 반복문의 실행 시간을 계산합니다.

- main()에서 해당 함수를 호출하고 결과를 출력합니다:

```
int main() {
    constexpr uint64_t MAX_PRIME{ 0x1FFFF };
    auto pt = count_primes(MAX_PRIME);
    cout << format("primes: {} {:.3}\n", pt.count, pt.dur);
}
```

```
primes: 12252 1.88008s
```

- 이제 std::async() 함수로 count_primes() 함수를 비동기로 실행합니다:

```
int main() {
    constexpr uint64_t MAX_PRIME{ 0x1FFFF };
    auto primes1 = async(count_primes, MAX_PRIME);
    auto pt = primes1.get();
    cout << format("primes: {} {:.3}\n", pt.count, pt.dur);
}
```

여기서 count_primes 함수와 MAX_PRIME 인자를 사용하여, async() 함수를 호출합니다. 호출된 count_primes() 함수는 백그라운드에서 실행됩니다.

async()는 비동기 작업의 반환 값을 포함하는 std::future 객체를 반환합니다. future 객체의 get() 메서드는 비동기 함수 실행이 완료될 때까지 블록되며, 이후 함수의 반환 객체를 반환합니다.

출력은 async() 함수가 없을 때와 대동소이합니다:

```
primes: 12252 1.97245s
```

- async() 함수는 선택적으로 첫 번째 인자로 실행 정책 플래그를 받습니다:

```
auto primes1 = async(launch::async, count_primes, MAX_PRIME);
```

선택지는 async 또는 deferred이며, 이러한 플래그는 std::launch 네임스페이스에 있습니다. async 플래그는 비동기 실행을 활성화하고 deferred 플래그는 지연 계산(lazy evaluation)을 활성화합니다. 이 플래그들은 비트로 매핑되어 비트 OR 연산자 |로 설정할 수 있습니다. 기본값은 두 비트가 모두 설정된 async | deferred 입니다.

• async()을 사용하여 함수의 여러 인스턴스를 동시에 실행할 수 있습니다:

```cpp
int main() {
    constexpr uint64_t MAX_PRIME{ 0x1FFFF };
    list<std::future<prime_time>> swarm;
    cout << "start parallel primes\n";
    auto t1{ steady_clock::now() };
    for(size_t i{}; i < 15; ++i) {
        swarm.emplace_back(
            async(launch::async, count_primes, MAX_PRIME)
        );
    }

    for(auto& f : swarm) {
        static size_t i{};
        auto pt = f.get();
        cout << format("primes({:02}): {} {:.5}\n", ++i, pt.count, pt.dur);
    }
    secs dur_total{ steady_clock::now() - t1 };
    cout << format("total duration: {:.5}s\n", dur_total.count());
}
```

async 함수가 future 객체를 반환합니다. 따라서, future 객체를 컨테이너에 저장하여 15개의 스레드를 실행할 수 있습니다. 다음은 6 코어 i7 윈도우의 출력입니다:

```
start parallel primes
primes(01): 12252 4.1696s
primes(02): 12252 3.7754s
primes(03): 12252 3.78089s
primes(04): 12252 3.72149s
primes(05): 12252 3.72006s
primes(06): 12252 4.1306s
primes(07): 12252 4.26015s
```

```
primes(08): 12252 3.77283s
primes(09): 12252 3.77176s
primes(10): 12252 3.72038s
primes(11): 12252 3.72416s
primes(12): 12252 4.18738s
primes(13): 12252 4.07128s
primes(14): 12252 2.1967s
primes(15): 12252 2.22414s
total duration: 5.9461s
```

6코어 i7은 모든 프로세스를 별도의 코어에서 실행할 수는 없지만, 그래도 15개의 인스턴스를 6초 이내에 완료합니다. 처음 13개의 스레드는 약 4초 만에 완료되며, 마지막 2개의 스레드를 완료하는 데 추가로 2초가 소요되었습니다. 이는 일부 상황에서 한 코어에서 2개의 스레드를 실행할 수 있게 해주는 인텔의 하이퍼 스레딩(Hyper-Threading) 기술을 활용한 결과로 보입니다.

다음은 12코어의 제온(Xeon) 결과입니다:

```
start parallel primes
primes(01): 12252 0.96221s
primes(02): 12252 0.97346s
primes(03): 12252 0.92189s
primes(04): 12252 0.97499s
primes(05): 12252 0.98135s
primes(06): 12252 0.93426s
primes(07): 12252 0.90294s
primes(08): 12252 0.96307s
primes(09): 12252 0.95015s
primes(10): 12252 0.94255s
primes(11): 12252 0.94971s
primes(12): 12252 0.95639s
primes(13): 12252 0.95938s
primes(14): 12252 0.92115s
primes(15): 12252 0.94122s
total duration: 0.98166s
```

12 코어의 제온은 1초 이내에 15개 프로세스를 모두 실행하였습니다.

How it works...

std::async를 이해하는 핵심은 std::promise와 std::future 클래스입니다.

promise 클래스는 스레드를 비동기적으로 실행하고 future 객체로 그 결과를 나중에 얻어올 수 있도록 합니다.

예를 들어 다음과 같은 함수를 정의합니다:

```
void f() {
    cout << "this is f()\n";
}
```

std::thread로 실행하면 다음과 같습니다:

```
int main() {
    std::thread t1(f);
    t1.join();
    cout << "end of main()\n";
}
```

반환 값이 없는 단순한 함수 실행에는 충분합니다. 만약 f() 함수의 반환값을 얻으려면 promise 와 future 클래스를 사용할 수 있습니다.

main() 스레드에서 promise와 future 객체를 설정합니다:

```
int main() {
    std::promise<int> value_promise;
    std::future<int> value_future =
        value_promise.get_future();
    std::thread t1(f, std::move(value_promise));
    t1.detach();
    cout << format("value is {}\n", value_future.get());
    cout << "end of main()\n";
}
```

그리고 promise 객체를 함수에 넘깁니다:

```
void f(std::promise<int> value) {
    cout << "this is f()\n";
```

```
        value.set_value(47);
    }
```

promise 객체는 복사될 수 없기 때문에 std::move()를 사용하여 함수에 넘깁니다.

promise 객체는 future 객체와의 가교 역할을 하며 반환 값이 준비되었을 때 가져올 수 있도록 합니다.

std::async() 함수는 단순히 promise와 future 객체 생성을 단순화하는 헬퍼 함수입니다.

async()로 앞의 모든 것을 다음과 같이 할 수 있습니다:

```
int f() {
    cout << "this is f()\n";
    return 47;
}

int main() {
    auto value_future = std::async(f);
    cout << format("value is {}\n", value_future.get());
    cout << "end of main()\n";
}
```

이것이 async() 함수의 장점입니다. 많은 경우에 promise와 future의 사용을 훨씬 더 쉽게 만들어 줍니다.

실행 정책에 따라 STL 알고리즘 병렬로 실행하기

예제 파일: chap09/parallel-algorithms.cpp

C++17부터 많은 표준 STL 알고리즘은 병렬 실행(parallel execution)으로 동작할 수 있습니다. 이 기능은 알고리즘의 작업을 하위 작업(sub-tasks)으로 분할하여 다수의 코어에서 동시에 실행하는 것을 허용합니다. 이러한 알고리즘은 알고리즘에 적용되는 병렬 처리 유형을 지정하는 실행 정책 객체를 받습니다. 이 기능은 하드웨어 지원이 필요합니다.

How to do it...

실행 정책들은 〈execution〉 헤더와 std::execution 네임스페이스에 정의되어 있습니다. 이 레시피에서는 std::transform() 알고리즘을 사용하여 사용 가능한 정책들을 시험합니다.

- 시간 측정을 위해 std::milli 비율을 사용하는 duration 객체를 활용하여 밀리초 단위로 측정합니다:

```
using dur_t = duration<double, std::milli>;
```

- 시연을 위해 천만 개의 난수를 갖는 int 타입의 vector를 정의합니다:

```
int main() {
    std::vector<unsigned> v(10 * 1000 * 1000);
    std::random_device rng;
    for(auto &i : v)  i = rng() % 0×FFFF;
     ...
```

- 이제 단순한 변형을 적용합니다:

```
auto mul2 = [](int n){ return n * 2; };
auto t1 = steady_clock::now();
std::transform(v.begin(), v.end(), v.begin(), mul2);
dur_t dur1 = steady_clock::now() - t1;
cout << format("no policy: {:.3}ms\n", dur1.count());
```

mul2 람다는 입력된 값을 2배로 반환합니다. transform() 알고리즘은 벡터의 모든 요소에 대해 mul2를 적용합니다. 이 변형에는 특정한 실행 정책을 적용하지 않았습니다.

`출력`

```
no policy: 4.71ms
```

- 알고리즘의 첫 번째 인수로 실행 정책을 지정할 수 있습니다:

```
std::transform(execution::seq,
    v.begin(), v.end(), v.begin(), mul2);
```

seq 정책은 알고리즘이 병렬로 실행되지 않음을 의미합니다. 이는 실행 정책을 지정하지 않은 경우와 동일합니다.

```
execution::seq: 4.91ms
```

해당 측정 시간이 정책이 없을 때와 대략적으로 비슷하다는 점에 주목하세요. 실행할 때마다 다소 차이가 발생하므로 정확히 일치하지는 않습니다.

• execution::par 정책은 알고리즘의 작업 부하를 병렬 실행합니다:

```
std::transform(execution::par,
    v.begin(), v.end(), v.begin(), mul2);
```

```
execution::par: 3.22ms
```

병렬 실행 정책으로 알고리즘의 속도가 조금 향상되었습니다.

• execution::par_unseq 정책은 작업 부하를 비 순차적으로 병렬 실행합니다:

```
std::transform(execution::par_unseq,
    v.begin(), v.end(), v.begin(), mul2);
```

```
execution::par_unseq: 2.93ms
```

여기서 이 정책을 사용하면 성능이 또 한 번 향상되는 것을 확인할 수 있습니다. execution::par_unseq 정책은 알고리즘에 더 엄격한 요구 사항을 적용합니다. 알고리즘은 동시적(concurrent) 혹은 순차적 실행을 수행해서는 안 됩니다.

How it works...

실행 정책 인터페이스는 알고리즘의 작업 부하가 어떻게 병렬화되는지 명시하지 않습니다. 그리고 다양한 하드웨어와 프로세서에서 다양한 부하와 상황에 작동하도록 설계되었습니다. 실행 정책은 라이브러리 내에서 완전히 구현되거나 컴파일러 또는 하드웨어 지원에 의존할 수 있습니다.

병렬화는 O(n)보다 큰 복잡도를 가지는 알고리즘에서 가장 큰 향상을 보입니다. 예를 들어, sort() 함수는 병렬화를 통해 극적인 성능 개선을 보일 수 있습니다. 다음은 병렬화를 사용하지 않은 sort()의 예제입니다:

```
auto t0 = steady_clock::now();
std::sort(v.begin(), v.end());
dur_t dur0 = steady_clock::now() - t0;
cout << format("sort: {:.3}ms\n", dur0.count());
```

출력

```
sort: 751ms
```

execution::par로 지정하면 상당한 성능이 향상됩니다:

```
std::sort(execution::par, v.begin(), v.end());
```

출력

```
sort: 163ms
```

execution::par_unseq은 더 나은 향상을 보입니다:

```
std::sort(execution::par_unseq, v.begin(), v.end());
```

출력

```
sort: 152ms
```

병렬화된 알고리즘을 사용할 때는 충분한 테스트를 수행하는 것이 좋습니다. 알고리즘이나 서술이 병렬화에 적합하지 않다면, 성능 향상이 미미하거나 의도치 않은 부작용이 발생할 수 있기 때문입니다.

> **Note**
> 이 글을 작성할 당시, 실행 정책은 GCC에서 지원이 미흡하며, LLVM/Clang에서는 아직 지원되지 않았습니다. 이 예제는 Windows 10에서 6코어 i7 프로세서를 사용하여 실행되었으며, Visual C++의 프리뷰 버전에서 테스트되었습니다.

뮤텍스와 잠금으로 데이터 안전하게 공유하기

예제 파일: chap09/mutex.cpp

뮤텍스(mutex)라는 용어는 공유 자원에 대한 상호 배타적 접근을 의미합니다. 뮤텍스는 일반적으로 여러 실행 스레드가 동일한 데이터를 접근하려고 시도함에 따라 발생하는 데이터 오염과 경쟁 상태를 방지하기 위해 사용됩니다. 뮤텍스는 일반적으로 하나의 스레드만 접근할 수 있도록 제한하기 위해 잠금(lock)을 사용합니다.

STL은 〈mutex〉 헤더에 mutex와 lock 클래스를 제공합니다.

How to do it...

이 레시피에서는 간단한 Animal 클래스를 사용하여 뮤텍스의 잠금과 잠금 해제를 시험합니다.

• mutex 객체를 만듭니다:

```
std::mutex animal_mutex;
```

mutex는 전역 범위로 선언되었기 때문에 모든 관련 객체들이 접근할 수 있습니다.

• Animal 클래스는 이름과 친구 목록을 저장합니다:

```
class Animal {
    using friend_t = list<Animal>;
    string_view s_name{ "unk" };
    friend_t l_friends{};
public:
    Animal() = delete;
    Animal(const string_view n) : s_name{n} {}
     ...
}
```

친구 추가와 삭제는 mutex를 테스트하는 데 유용한 사례가 될 것입니다.

- 우리가 필요한 연산자는 등호 연산자 하나뿐입니다:

```
bool operator==(const Animal& o) const {
    return s_name.data() == o.s_name.data();
}
```

s_name 멤버는 string_view 객체이기 때문에 동등 비교를 위해 저장된 데이터의 주소를 비교합니다.

- is_friend() 메서드는 또 다른 Animal 객체가 l_friends 목록에 있는지 검사합니다:

```
bool is_friend(const Animal& o) const {
    for(const auto& a : l_friends) {
        if(a == o) return true;
    }
    return false;
}
```

- find_friend() 메서드는 optional 객체를 반환하며, 찾은 경우 해당 Animal 객체에 대한 반복자를 포함합니다:

```
optional<friend_t::iterator>
find_friend(const Animal& o) noexcept {
    for(auto it{l_friends.begin()}; it != l_friends.end(); ++it) {
        if(*it == o) return it;
    }
    return {};
}
```

- print() 메서드는 s_name과 l_friends 목록에 있는 Animal 객체의 각 이름을 출력합니다:

```
void print() const noexcept {
    auto n_animals{ l_friends.size() };
    cout << format("Animal: {}, friends: ", s_name);
    if(!n_animals) cout << "none";
    else {
        for(auto n : l_friends) {
```

```
            cout << n.s_name;
            if(--n_animals) cout << ", ";
        }
    }
    cout << '\n';
}
```

- add_friend() 메서드는 l_friends 목록에 Animal 객체를 추가합니다:

```
bool add_friend(Animal& o) noexcept {
    cout << format("add_friend {} → {}\n", s_name, o.s_name);
    if(*this == o) return false;
    std::lock_guard<std::mutex> l(animal_mutex);
    if(!is_friend(o)) l_friends.emplace_back(o);
    if(!o.is_friend(*this))
        o.l_friends.emplace_back(*this);
    return true;
}
```

- delete_friend() 메서드는 l_friends 목록에 있는 Animal 객체를 삭제합니다:

```
bool delete_friend(Animal& o) noexcept {
    cout << format("delete_friend {} → {}\n", s_name, o.s_name);
    if(*this == o) return false;
    if(auto it = find_friend(o))
        l_friends.erase(it.value());
    if(auto it = o.find_friend(*this))
        o.l_friends.erase(it.value());
    return true;
}
```

- main() 함수에서는 몇 개의 Animal 객체를 생성합니다:

```
int main() {
    auto cat1 = std::make_unique<Animal>("Felix");
    auto tiger1 = std::make_unique<Animal>("Hobbes");
```

```
auto dog1 = std::make_unique<Animal>("Astro");
auto rabbit1 = std::make_unique<Animal>("Bugs");
...
```

• 우리가 생성한 객체로 add_friends() 메서드를 async()와 함께 호출하여 별도의 스레드에서 실행합니다:

```
auto a1 = std::async([&]{ cat1→add_friend(*tiger1); });
auto a2 = std::async([&]{ cat1→add_friend(*rabbit1); });
auto a3 = std::async([&]{ rabbit1→add_friend(*dog1); });
auto a4 = std::async([&]{ rabbit1→add_friend(*cat1); });
a1.wait();
a2.wait();
a3.wait();
a4.wait();
```

wait() 메서드를 호출하여 스레드가 완료될 때가지 기다린 후에 다음 작업을 계속 진행합니다.

• print() 메서드를 호출하여 Animal 객체와 그 관계를 출력합니다:

```
auto p1 = std::async([&]{ cat1→print(); });
auto p2 = std::async([&]{ tiger1→print(); });
auto p3 = std::async([&]{ dog1→print(); });
auto p4 = std::async([&]{ rabbit1→print(); });
p1.wait();
p2.wait();
p3.wait();
p4.wait();
```

• 마지막으로 delete_friend() 메서드를 호출하여 관계 중 하나를 제거합니다:

```
auto a5 = std::async([&]{ cat1→delete_friend(*rabbit1);});
a5.wait();
auto p5 = std::async([&]{ cat1→print(); });
auto p6 = std::async([&]{ rabbit1→print(); });
```

- 이 시점에서 출력은 다음과 같습니다:

```
add_friend Bugs → Felix
add_friend Felix → Hobbes
add_friend Felix → Bugs
add_friend Bugs → Astro
Animal: Felix, friends: Bugs, Hobbes
Animal: Hobbes, friends: Animal: Bugs, friends:
FelixAnimal: Astro, friends: Felix
, Astro
Bugs
delete_friend Felix → Bugs
Animal: Felix, friends: Hobbes
Animal: Bugs, friends: Astro
```

출력 결과가 다소 뒤섞여 나타나며, 결과는 실행할 때마다 달라질 수 있습니다. 때로는 문제가 없어 보일 수 있지만, 이에 속지 마십시오. 우리는 뮤텍스 잠금을 사용하여 데이터 접근을 통제해야 합니다.

- mutex를 사용하는 유일한 방법은 lock() 및 unlock() 메서드를 이용하는 것입니다. 이들을 add_friend() 함수에 추가해 보겠습니다:

```
bool add_friend(Animal& o) noexcept {
    cout << format("add_friend {} → {}\n", s_name, o.s_name);
    if(*this == o) return false;
    animal_mutex.lock();
    if(!is_friend(o)) l_friends.emplace_back(o);
    if(!o.is_friend(*this)) o.l_friends.emplace_back(*this);
    animal_mutex.unlock();
    return true;
}
```

lock() 메서드는 mutex에 대한 잠금을 획득하려 시도합니다. mutex가 이미 잠겨 있다면, 잠금 해제될 때까지 대기(실행을 중단)합니다.

- 또한 delete_friend() 함수에도 잠금을 추가해야 합니다:

```
bool delete_friend(Animal& o) noexcept {
```

```
        cout << format("delete_friend {} → {}\n",
            s_name, o.s_name);
        if(*this == o) return false;
        animal_mutex.lock();
        if(auto it = find_friend(o))
            l_friends.erase(it.value());
        if(auto it = o.find_friend(*this))
            o.l_friends.erase(it.value());
        animal_mutex.unlock();
        return true;
    }
```

- 이제 출력하는 동안 데이터가 변경되지 않도록 print() 메서드에도 잠금을 걸어야 합니다:

```
void print() const noexcept {
    animal_mutex.lock();
    auto n_animals{ l_friends.size() };
    cout << format("Animal: {}, friends: ", s_name);
    if(!n_animals) cout << "none";
    else {
        for(auto n : l_friends) {
            cout << n.s_name;
            if(--n_animals) cout << ", ";
        }
    }
    cout << '\n';
    animal_mutex.unlock();
}
```

그러면 출력 결과가 올바르게 나옵니다:

```
add_friend Bugs -> Felix
add_friend Bugs -> Astro
add_friend Felix -> Hobbes
add_friend Felix -> Bugs
Animal: Felix, friends: Bugs, Hobbes
Animal: Hobbes, friends: Felix
Animal: Astro, friends: Bugs
```

```
Animal: Bugs, friends: Felix, Astro
delete_friend Felix -> Bugs
Animal: Felix, friends: Hobbes
Animal: Bugs, friends: Astro
```

비동기 작업으로 인해 출력 행의 순서는 다를 수 있습니다.

- lock() 및 unlock() 메서드는 직접 호출되는 일이 거의 없습니다. std::lock_guard 클래스는 적절한 자원 획득이 초기화(Resource Acquisition Is Initialization, RAII) 패턴으로 잠금을 관리하며 lock_guard 객체가 파괴될 때 자동으로 잠금이 해제됩니다. 다음은 lock_guard를 사용한 add_friend() 메서드입니다:

```
bool add_friend(Animal& o) noexcept {
    cout << format("add_friend {} → {}\n", s_name, o.s_name);
    if(*this == o) return false;
    std::lock_guard<std::mutex> l(animal_mutex);
    if(!is_friend(o)) l_friends.emplace_back(o);
    if(!o.is_friend(*this))
        o.l_friends.emplace_back(*this);
    return true;
}
```

lock_guard 객체는 생성되면서 잠금을 획득하며, 소멸될 때까지 해당 잠금을 유지합니다. lock() 메서드와 마찬가지로, lock_guard도 잠금이 가능할 때까지 블록됩니다.

- delete_friend()와 print() 메서드에도 lock_guard 클래스를 적용해 봅시다.

다음은 delete_friend() 메서드입니다:

```
bool delete_friend(Animal& o) noexcept {
    cout << format("delete_friend {} → {}\n",
        s_name, o.s_name);
    if(*this == o) return false;
    std::lock_guard<std::mutex> l(animal_mutex);
    if(auto it = find_friend(o))
        l_friends.erase(it.value());
    if(auto it = o.find_friend(*this))
```

```
        o.l_friends.erase(it.value());
    return true;
}
```

다음은 print() 메서드입니다:

```
void print() const noexcept {
    std::lock_guard<std::mutex> l(animal_mutex);
    auto n_animals{ l_friends.size() };
    cout << format("Animal: {}, friends: ", s_name);
    if(!n_animals) cout << "none";
    else {
        for(auto n : l_friends) {
            cout << n.s_name;
            if(--n_animals) cout << ", ";
        }
    }
    cout << '\n';
}
```

출력은 일관성을 유지합니다:

```
add_friend Felix -> Hobbes
add_friend Bugs -> Astro
add_friend Felix -> Bugs
add_friend Bugs -> Felix
Animal: Felix, friends: Bugs, Hobbes
Animal: Astro, friends: Bugs
Animal: Hobbes, friends: Felix
Animal: Bugs, friends: Astro, Felix
delete_friend Felix -> Bugs
Animal: Felix, friends: Hobbes
Animal: Bugs, friends: Astro
```

이전과 마찬가지로, 비동기 작업으로 인해 출력 행의 순서는 달라질 수 있습니다.

How it works...

mutex는 데이터를 잠그는 것이 아니라 실행을 중단한다는 점을 이해하는 것이 중요합니다. 이 예제에서처럼, mutex를 객체 메서드에 적용하면 데이터에 대한 상호 배타적 접근을 강제할 수 있습니다. 한 스레드가 lock() 또는 lock_guard를 사용해 mutex를 잠그면, 그 스레드가 mutex를 소유한다(own)고 말합니다. 다른 스레드가 동일한 mutex를 잠그려고 시도하면, 소유자가 잠금을 해제할 때까지 실행이 중단됩니다.

mutex 객체는 어떤 스레드가 소유하고 있는 동안 파괴되어서는 안 됩니다. 마찬가지로, mutex를 소유한 스레드도 파괴되어서는 안 됩니다. lock_guard와 같은 RAII 호환 래퍼를 사용하면 이러한 문제가 발생하지 않도록 보장할 수 있습니다.

There's more...

std::mutex는 다양한 용도에 적합한 독점적인 뮤텍스를 제공하지만, STL에서는 몇 가지 다른 선택지도 제공합니다.

- shared_mutex 클래스는 여러 스레드가 동시에 뮤텍스를 소유할 수 있도록 허용합니다.
- recursive_mutex 클래스는 하나의 스레드가 단일 뮤텍스에 대해 다수의 잠금을 중첩할 수 있도록 허용합니다.
- timed_mutex 클래스는 뮤텍스 잠금에 타임아웃을 제공합니다. shared_mutex와 recursive_mutex 모두 타임아웃 기능이 포함된 버전도 제공됩니다.

std::atomic으로 플래그와 값 공유하기

예제 파일: chap09/atomic.cpp

std::atomic 클래스는 단일 객체를 캡슐화하며, 해당 객체가 원자적(atomic)임을 보장합니다. 원자 객체(atomic object)에 대한 쓰기는 메모리 순서 정책들(memory-order policies)에 의해 통제되며 읽기는 동시에 발생할 수 있습니다. 이는 주로 서로 다른 스레드 간의 접근을 동기화하기 위해 사용됩니다.

std::atomic은 템플릿 타입으로부터 원자적 타입(atomic type)을 정의합니다. 타입은 단순한 구조(trivial)여야 합니다. 단순한 구조는 연속된 메모리를 차지하고, 사용자 정의 생성자가 없으며, virtual 멤버 함수가 없어야 합니다. 모든 기본 타입은 단순한 구조 타입에 해당합니다. 단순한 구조 타입으로 원자 객체를 생성할 수 있지만 std::atomic은 대부분 bool, int, long, float, double 같은 단순한 기본 타입과 함께 사용됩니다.

How to do it...

이 레시피는 카운터를 반복하는 간단한 함수를 사용하여 원자 객체를 공유하는 방법을 보여줍니다. 우리는 이러한 반복문을 원자 값을 공유하는 스레드로 생성할 것입니다.

- 원자 객체는 보통 전역 네임스페이스에 위치합니다. 이는 해당 값을 공유해야 하는 모든 스레드에서 접근할 수 있어야 하기 때문입니다:

```
std::atomic<bool> ready{};
std::atomic<uint64_t> g_count{};
std::atomic_flag winner{};
```

ready 객체는 모든 스레드가 카운팅을 시작할 준비가 되면 true로 설정되는 bool 타입입니다. g_count 객체는 전역 카운터이며, 각 스레드가 이를 증가시킵니다. winner 객체는 특별한 atomic_flag 타입으로, 어떤 스레드가 가장 먼저 종료되는지를 나타내는 데 사용됩니다.

- 스레드의 개수와 각 스레드가 실행할 반복 횟수를 제어하기 위해 몇 가지 상수를 사용합니다:

```
constexpr int max_count{1000 * 1000};
constexpr int max_threads{100};
```

필자는 100개의 스레드를 실행하도록 설정했으며, 각 스레드에서 1,000,000번 반복 계수합니다.

- countem() 함수는 각 스레드에서 생성됩니다. max_count만큼 반복하고, 매번 g_count 변수를 증가시킵니다. 이 과정에서 우리는 원자 값을 사용합니다:

```
void countem (int id) {
    while(!ready) std::this_thread::yield();
    for(int i{}; i < max_count; ++i) ++g_count;
```

```
    if(!winner.test_and_set()) {
        std::cout << format("thread {:02} won!\n", id);
    }
};
```

ready 원자 값은 스레드 동기화에 사용됩니다. 각 스레드는 ready 값이 true로 설정될 때까지 yield()를 호출합니다. yield() 함수는 실행을 다른 스레드에 양보합니다.

for 반복문의 각 반복에서 g_count 원자 값이 증가합니다. 최종 값은 max_count * max_threads와 같아야 합니다.

반복가 완료된 후, winner 객체의 test_and_set() 메서드를 사용하여 승리한 스레드를 보고합니다. test_and_set()은 atomic_flag 클래스의 메서드로, 플래그를 설정하고 설정 이전의 bool 값을 반환합니다.

• 이전에 사용한 make_commas() 함수는 숫자를 천 단위로 콤마를 붙여 반환합니다:

```
string make_commas(const uint64_t& num) {
    string s{ std::to_string(num) };
    for(long l = s.length() - 3; l > 0; l -= 3) {
        s.insert(l, ",");
    }
    return s;
}
```

• main() 함수는 스레드를 생성하고 결과를 출력합니다:

```
int main() {
    vector<std::thread> swarm;
    cout << format("spawn {} threads\n", max_threads);
    for(int i{}; i < max_threads; ++i) {
        swarm.emplace_back(countem, i);
    }
    ready = true;
    for(auto& t : swarm) t.join();
    cout << format("global count: {}\n", make_commas(g_count));
    return 0;
}
```

생성된 스레드를 저장하기 위한 vector〈std::thread〉 객체를 생성합니다.
for 반복문에서 emplace_back() 메서드를 호출하여 vector에 각 thread를 저장합니다.
스레드가 생성되면 ready 플래그를 true로 설정하여 스레드의 반복문이 실행될 수 있도록 합니다.

출력

```
spawn 100 threads
thread 67 won!
global count: 100,000,000
```

매번 실행할 때마다 서로 다른 스레드가 승리할 것입니다.

How it works...

std::atomic 클래스는 여러 스레드 간의 접근을 동기화하기 위해 객체를 캡슐화합니다. 캡슐화된 객체는 반드시 **단순한 구조 타입(trivial type)**이어야 합니다. 단순한 구조 타입이란, 연속된 메모리를 차지하며 사용자 정의 생성자가 없으며, 가상 멤버 함수를 가지지 않는 타입을 의미합니다. int 등 모든 원시 타입은 단순한 구조 타입입니다.
atomic으로 단순한 구조체를 사용하는 것이 가능합니다:

```
struct Trivial {
    int a;
    int b;
};
std::atomic<Trivial> triv1;
```

이러한 사용은 가능하지만 실용적이지 않습니다. 복합적인 값을 단순히 설정하거나 읽는 것 외의 작업은 원자성의 장점을 살릴 수 없고 결국 mutex를 사용하도록 만듭니다. 따라서 원자적 클래스는 스칼라 값일 때 가장 적합합니다.

특수화

atomic 클래스는 몇 가지 다른 목적을 위해 특수화를 제공합니다.

- 포인터 및 스마트 포인터: std::atomic<U*> 특수화 버전은 원자적 포인터 연산을 지원하며, fetch_add()를 이용한 덧셈과 fetch_sub()를 이용한 뺄셈 연산을 포함합니다.
- 부동소수점 타입: float, double, long double 같은 부동소수점 타입과 함께 사용할 때, std::atomic은 원자적 부동소수점 연산을 지원하며, fetch_add()를 이용한 덧셈과 fetch_sub()를 이용한 뺄셈을 포함합니다.
- 정수형(Integral) 타입[1]: 정수형 타입과 함께 사용할 때, std::atomic은 fetch_add( ), fetch_sub( ), fetch_and( ), fetch_or( ), fetch_xor( ) 같은 추가적인 원자적 연산을 지원합니다.

표준 별칭들

STL은 모든 표준 스칼라 정수형 타입에 대한 타입 별칭을 제공합니다.

이로 인해 다음과 같은 선언은:

```
std::atomic<bool> ready{};
std::atomic<uint64_t> g_count{};
```

이렇게 변경할 수 있습니다:

```
std::atomic_bool ready{};
std::atomic_uint64_t g_count{};
```

46개의 표준 별칭들이 있으며 각각은 표준 정수형 타입을 대표합니다.

---

1   **(역자 주)** C++에서 integral types에는 bool, char, char8_t(since C++20), char16_t, char32_t, wchar_t, short, int, long, long long 등이 있으며 std::is_integral로 확인할 수 있습니다.

`atomic_bool`	`atomic_uint64_t`
`atomic_char`	`atomic_int_least8_t`
`atomic_schar`	`atomic_uint_least8_t`
`atomic_uchar`	`atomic_int_least16_t`
`atomic_short`	`atomic_uint_least16_t`
`atomic_ushort`	`atomic_int_least32_t`
`atomic_int`	`atomic_uint_least32_t`
`atomic_uint`	`atomic_int_least64_t`
`atomic_long`	`atomic_uint_least64_t`
`atomic_ulong`	`atomic_int_fast8_t`
`atomic_llong`	`atomic_uint_fast8_t`
`atomic_ullong`	`atomic_int_fast16_t`
`atomic_char8_t`	`atomic_uint_fast16_t`
`atomic_char16_t`	`atomic_int_fast32_t`
`atomic_char32_t`	`atomic_uint_fast32_t`
`atomic_wchar_t`	`atomic_int_fast64_t`
`atomic_int8_t`	`atomic_uint_fast64_t`
`atomic_uint8_t`	`atomic_intptr_t`
`atomic_int16_t`	`atomic_uintptr_t`
`atomic_uint16_t`	`atomic_size_t`
`atomic_int32_t`	`atomic_ptrdiff_t`
`atomic_uint32_t`	`atomic_intmax_t`
`atomic_int64_t`	`atomic_uintmax_t`

락 프리 변형들

대부분의 현대 아키텍처는 원자적 연산을 수행하는 **원자적 CPU 명령어(atomic CPU instruc-tions)**를 제공합니다. std::atomic은 하드웨어에서 원자적 명령어를 지원하는 경우 이를 활용해야 합니다. 하지만 일부 원자적 타입은 특정 하드웨어에서 지원되지 않을 수도 있습니다. 이러한 경우, std::atomic은 스레드 안전한 연산을 보장하기 위해 뮤텍스를 사용할 수 있으며, 이로 인해 다른 스레드의 연산이 완료될 때까지 대기하면서 스레드가 블록될 수 있습니다. 하드웨어가 지원되는 특수화를 **락 프리(lock-free)**라고 부르는데 그 이유는 뮤텍스가 필요하지 않기 때문입니다.

is_lock_free() 메서드는 특정 특수화가 락 프리인지 검사합니다:

```
cout << format("is g_count lock-free? {}\n",
g_count.is_lock_free());
```

is g_count lock-free? true

이 출력은 대부분의 현대 아키텍처에서 true일 것입니다.

std::atomic에는 몇 가지 락 프리가 보장된 변형이 있습니다. 이러한 특수화는 각 목적에 맞게 가장 효율적인 하드웨어 원자적 연산의 사용을 보장합니다.

- std::atomic_signed_lock_free는 부호 있는 정수형 타입 중 가장 효율적인 락 프리 특수화 버전의 별칭입니다.
- std::atomic_unsigned_lock_free는 부호 없는 정수형 타입 중 가장 효율적인 락 프리 특수화 버전의 별칭입니다.
- std::atomic_flag 클래스는 락 프리 원자적 bool 타입을 제공합니다.

> **Note**
> 현재 윈도우 시스템은 64비트 시스템에서도 64 비트 하드웨어 정수 타입을 지원하지 않습니다. 필자의 연구실에 있는 시스템으로 이 코드를 시험했을 때 std::atomic<uint64_t>을 std::atomic_unsigned_lock_free로 교체했을 때 3배의 성능 향상이 있었습니다. 반면, 64비트 리눅스와 맥 시스템에서는 성능 변화가 없었습니다.

There's more...

여러 스레드가 동시에 변수를 읽고 쓰는 경우, 한 스레드는 변경 사항이 쓰여진 순서와 다르게 관찰될 수 있습니다. std::memory_order는 원자적 연산에 대해 메모리 접근 순서를 명시합니다.

std::atomic은 관리되는 값에 접근하고 변경하는 메서드를 제공합니다. 연관 연산자와 달리, 이러한 액세스 메서드는 memory_order를 지정할 인자를 제공합니다. 예를 들어 다음 코드를 봅시다:

```
g_count.fetch_add(1, std::memory_order_seq_cst);
```

이 경우 memory_order_seq_cst 인수는 **순차적으로 일관된** 순서를 지정합니다. 따라서 이 fetch_add() 호출은 순차적으로 일관된 순서로 g_count에 1을 추가합니다.

사용 가능한 memory_order 상수는 다음과 같습니다.

- memory_order_relaxed: 느슨한(relaxed) 연산입니다. 동기화나 순서 제약이 부과되지 않으며, 연산의 원자성만 보장됩니다.
- memory_order_consume: 소비(consume) 연산입니다. 값에 의존하는 현재 스레드가 접근할 때, 그 값이 로딩되기 전에는 순서가 변경될 수 없습니다. 이는 컴파일러 최적화에만 영향을 줍니다.
- memory_order_acquire: 획득(acquire) 연산입니다. 로딩되기 전에는 순서가 변경될 수 없습니다.
- memory_order_release: 저장(store) 연산입니다. 현재 스레드에서의 접근은 이 저장 후에 순서가 변경될 수 없습니다.
- memory_order_acq_rel: 획득(acquire)과 해제(release)를 모두 포함합니다. 현재 스레드에서의 접근은 이 저장 전후로 순서가 변경될 수 없습니다.
- memory_order_seq_cst: 순차적으로 일관된 순서 지정 방식입니다. 컨텍스트에 따라 획득 또는 해제를 수행합니다. 로딩은 획득을 수행하고, 저장은 해제를 수행하며, 읽기/쓰기/수정 연산은 둘 다 수행합니다. 모든 스레드는 모든 수정 사항을 동일한 순서로 관찰합니다.

만약 memory_order가 지정되지 않으면, 기본값은 memory_order_seq_cst입니다.

std::call_once로 스레드 초기화하기

예제 파일: chap09/call-once.cpp

여러 스레드에서 동일한 코드를 실행하지만 초기화는 한 번만 실행되어야 하는 경우가 있습니다. 하나의 해법은 스레드를 실행하기 전에 초기화 코드를 호출하는 것입니다. 이 방법은 작동할 수 있지만 몇 가지 단점이 있습니다. 초기화가 분리되면 불필요한 시점에 호출되거나, 필요한 시점에 누락될 수 있습니다.

std::call_onse 함수는 더 견고한 해법을 제공합니다. call_once는 〈mutex〉 헤더에 있습니다.

How to do it...

이 레시피에서는 초기화가 호출되는 시점을 명확히 확인할 수 있도록 초기화에 print 함수를 사용합니다.

- 생성되는 스레드 개수를 위한 상수를 정의합니다:

```
constexpr size_t max_threads{ 25 };
```

- std::call_once를 동기화하는 std::once_flag가 필요합니다:

```
std::once_flag init_flag;
```

- 초기화 함수는 단순히 호출되었다는 사실을 문자열로 출력합니다:

```
void do_init(size_t id) {
    cout << format("do_init ({}): ", id);
}
```

- 작업 함수인 do_print()는 std::call_once를 사용하여 초기화 함수를 호출하고 id를 출력합니다:

```
void do_print(size_t id) {
    std::call_once(init_flag, do_init, id);
    cout << format("{} ", id);
}
```

- main() 함수에서는 list 컨테이너를 사용하여 thread 객체들을 관리합니다:

```
int main() {
    list<thread> spawn;
    for (size_t id{}; id < max_threads; ++id) {
        spawn.emplace_back(do_print, id);
    }
    for (auto& t : spawn) t.join();
    cout << '\n';
}
```

다음 출력을 통해 초기화가 처음 한 번만 실행되었음을 보여줍니다:

```
do_init (8): 12 0 2 1 9 6 13 10 11 5 16 3 4 17 7 15 8 14 18 19 20 21 22 23 24
```

주의할 점은 항상 첫 번째로 생성된 스레드(0)가 초기화 함수를 호출하는 것은 아니지만, 초기화 함수는 항상 가장 먼저 호출된다는 점입니다. 이를 반복적으로 실행해 보면, 스레드 0이 초기화를 수행하는 경우가 자주 발생하지만, 매번 그런 것은 아닙니다. CPU 코어 수가 적은 경우 스레드 0이 초기화를 수행하는 경우가 더 자주 나타날 수 있습니다.

How it works...

std::call_once는 플래그, callable(함수나 펑터) 그리고 인수의 파라미터 팩을 받는 템플릿 함수입니다:

```
template<class Callable, class ... Args>
void call_once(once_flag& flag, Callable& f, Args& ... args);
```

callable f는 오직 한 번만 호출됩니다. call_once가 다수의 스레드에 의해 동시에 호출되더라도 f는 여전히 한 번만 호출됩니다.

이를 조율하기 위해 std::once_flag 객체가 필요합니다. once_flag 생성자는 callable이 아직 호출되지 않았음을 나타내는 상태를 설정합니다.

call_once가 callable을 호출하면 동일한 once_flag를 갖는 다른 호출들은 그 callable이 반환될 때까지 중단됩니다. callable이 반환되면 once_flag는 설정되고 call_once에 대한 모든 호출은 f를 실행하지 않고 즉시 반환됩니다.

std::condition_variable을 사용하여
생산자-소비자 문제 해결하기

예제 파일: chap09/producer-consumer.cpp

가장 단순한 버전의 생산자-소비자 문제(producer-consumer problem)는 하나의 프로세스가 데이터를 생성하고, 다른 프로세스가 데이터를 소비하며, 데이터를 저장하기 위해 하나의 버퍼나 컨테이너를 사용하는 경우입니다. 이를 위해서는 버퍼를 관리하고 원치 않는 부작용을 방지하기 위해 생산자와 소비자 간의 조정이 필요합니다.

How to do it...

이 레시피에서는 std::condition_variable을 사용하여 프로세스를 조정하는 생산자-소비자 문제의 간단한 해결책을 살펴봅니다.

- 편의를 위해 네임스페이스와 별칭들을 선언합니다:

```
using namespace std::chrono_literals;
namespace this_thread = std::this_thread;
using guard_t = std::lock_guard<std::mutex>;
using lock_t = std::unique_lock<std::mutex>;
```

lock_guard와 unique_locks 별칭은 이러한 타입을 보다 쉽고 오류 없이 사용할 수 있도록 합니다.

- 몇 개의 상수를 사용합니다:

```
constexpr size_t num_items{ 10 };
constexpr auto delay_time{ 200ms };
```

이 값을 한곳에 모아 두면 더 안전하고 다양한 값을 실험하기도 쉬워집니다.

- 데이터 저장소를 조정하기 위한 전역 변수입니다:

```
std::deque<size_t> q{};
std::mutex mtx{};
std::condition_variable cond{};
bool finished{};
```

deque을 사용하여 선입선출(FIFO) 큐로 데이터를 저장합니다.
생산자에서 소비자로의 데이터 이동을 조정하기 위해 mutex가 condition_value와 함께 사용됩니다.
finished 플래그는 더 이상 데이터가 없음을 나타냅니다.

- 생산자 스레드는 이 함수를 사용합니다:

```
void producer() {
    for(size_t i{}; i < num_items; ++i) {
```

```
            this_thread::sleep_for(delay_time);
            guard_t x{ mtx };
            q.push_back(i);
            cond.notify_all();
        }
        guard_t x{ mtx };
        finished = true;
        cond.notify_all();
    }
```

producer() 함수는 num_items 만큼 반복하며, 매 반복마다 deque에 숫자를 넣습니다. sleep_for() 함수를 호출하여 매번 값을 생산할 때 약간의 지연을 발생시킵니다. conditional_variable은 동작하기 위해 mutex 잠금을 필요로 합니다. lock_guard(별 칭 guard_t)를 사용하여 잠금을 획득합니다. 그리고 값을 deque에 추가하고, condition_variable에 notify_all() 메서드를 호출합니다. 이것으로 소비자 스레드에게 새로운 값이 사용 가능함을 알립니다.

반복문이 끝나면 finished 플래그를 설정하고 소비자 스레드에 생산이 완료되었음을 알립니다.

• 소비자 스레드는 생산자로부터 각 값을 기다렸다가 해당 값을 콘솔에 출력하며, finished 플래그를 기다립니다:

```
void consumer() {
    while(!finished) {
        lock_t lck{ mtx };
        cond.wait(lck, [] { return !q.empty() || finished; });
        while(!q.empty()) {
            cout << format("Got {} from the queue\n", q.front());
            q.pop_front();
        }
    }
}
```

wait() 메서드는 생산자로부터 알림이 올 때까지 대기합니다. 람다를 서술로 사용하여 deque 가 비어 있지 않거나 finished 플래그가 설정될 때까지 대기합니다.

값을 가져오면 이를 출력한 후 deque에서 제거합니다.

- 간단한 스레드 객체를 사용하여 main()에서 이를 실행합니다:

```
int main() {
    thread t1{ producer };
    thread t2{ consumer };
    t1.join();
    t2.join();
    cout << "finished!\n";
}
```

```
Got 0 from the queue
Got 1 from the queue
Got 2 from the queue
Got 3 from the queue
Got 4 from the queue
Got 5 from the queue
Got 6 from the queue
Got 7 from the queue
Got 8 from the queue
Got 9 from the queue
finished!
```

각 행 사이에는 200ms의 지연이 있음을 주목하세요. 이것이 생산자-소비자 조정이 예상한대로 동작하였음을 말합니다.

How it works...

생산자-소비자 문제는 버퍼나 컨테이너를 쓰고 읽는 작업의 조정을 필요로 합니다. 이 예제에서 우리는 deque⟨size_t⟩를 컨테이너로 사용하였습니다:

```
std::deque<size_t> q{};
```

condition_variable 클래스는 공유된 변수를 변경하는 동안 하나 이상의 스레드를 중단시킬 수 있습니다. 그 후 다른 스레드에 값이 사용 가능함을 알릴 수 있습니다.
condition_variable은 잠금을 걸기 위해 mutex를 필요로 합니다:

```
std::lock_guard x{ mtx };
q.push_back(i);
cond.notify_all();
```

std::lock_guard는 잠금을 얻으면 deque에 값을 넣을 수 있습니다.

condition_variable의 wait() 메서드는 알림이 올 때까지 현재 스레드를 중단하는 데 사용됩니다:

```
void wait( std::unique_lock<std::mutex>& lock );
void wait( std::unique_lock<std::mutex>& lock,
    Pred stop_waiting );
```

wait() 메서드의 서술 형식의 내용은 다음과 같습니다:

```
while (!stop_waiting()) {
    wait(lock);
}
```

조건이 충족될 때까지 불필요한 깨우기(spurious waking)를 방지하기 위해 서술 형식을 사용합니다. 예제에서는 이를 람다로 사용합니다:

```
cond.wait(lck, []{ return !q.empty() || finished; });
```

이 방법은 deque에 데이터가 있거나 finished 플래그가 설정될 때까지 소비자가 깨어나는 것을 방지합니다.

condition_variable 클래스는 두 개의 알림 메서드를 가집니다.

- notify_one() 대기 중인 1개의 스레드를 깨움
- notify_all() 대기 중인 모든 스레드를 깨움

예제에서는 notify_all() 메서드를 사용했습니다. 소비자 스레드가 하나뿐이기 때문에 어떤 메서드를 쓰던 출력은 같습니다.

 Note unique_lock은 condition_variable 객체의 wait() 메서드를 지원하는 유일한 형태의 잠금이라는 것을 기억하세요.

다수의 생산자와 소비자 구현하기

예제 파일: chap09/multi-producer-consumer.cpp

생산자-소비자 문제는 여러 문제들로 이루어져 있습니다. 버퍼가 제한적인지 또는 무제한적인지, 생산자와 소비자가 여러 개인지, 아니면 둘 다인지에 따라 해결 방법이 달라집니다. 이제 생산자와 소비자가 여러 명이고, 제한된 용량의 버퍼(유한 버퍼)를 사용하는 경우를 살펴보겠습니다. 이는 흔히 발생하는 조건입니다.

How to do it...

여러 생산자와 소비자가 있으며 유한 버퍼를 사용하는 경우를 살펴보겠습니다. 이를 위해 이번 장에서 다루었던 다양한 기술을 활용하겠습니다.

- 편의와 가독성을 위해 몇 가지 상수로 시작합니다:

```
constexpr auto delay_time{ 50ms };
constexpr auto consumer_wait{ 100ms };
constexpr size_t queue_limit{ 5 };
constexpr size_t num_items{ 15 };
constexpr size_t num_producers{ 3 };
constexpr size_t num_consumers{ 5 };
```

  - delay_time은 sleep_for( )와 함께 사용하는 duration 객체입니다.
  - consumer_wait는 consumer 조건 변수와 함께 사용하는 duration 객체입니다.
  - queue_limit는 버퍼 제한 값으로, deque에 저장될 수 있는 최대 항목 수입니다.
  - num_items는 생산자가 생성하는 항목의 최대 개수입니다.
  - num_producers는 생성된 생산자의 수입니다.
  - num_consumers는 생성된 소비자의 수입니다.

- 이제 과정을 제어하는 객체들이 필요합니다:

```
deque<string> qs{};
mutex q_mutex{};
condition_variable cv_producer{};
```

```
condition_variable cv_consumer{};
bool production_complete{};
```

- qs는 생산된 객체를 저장하는 string 타입의 deque입니다.

- q_mutex는 덱에 대한 접근을 통제하는 mutex입니다.

- cv_producer는 생산자를 조정하는 조건 변수입니다.

- cv_consumer는 소비자를 조정하는 조건 변수입니다.

- production_complete는 모든 생산자 스레드가 작업을 완료했을 때 true로 설정됩니다.

- producer( ) 스레드가 이 함수를 실행합니다:

```
void producer(const size_t id) {
    for(size_t i{}; i < num_items; ++i) {
        this_thread::sleep_for(delay_time * id);
        unique_lock<mutex> lock(q_mutex);
        cv_producer.wait(lock, [&]{ return qs.size() < queue_limit; });
        qs.push_back(format("pid {}, qs {},
            item {:02}\n", id, qs.size(), i + 1));
        cv_consumer.notify_all();
    }
}
```

전달된 값인 id는 생산자를 식별하는 데 사용되는 일련번호입니다.

메인 for 반복문은 num_items 횟수만큼 반복됩니다. sleep_for( ) 함수는 항목을 생성하는 데 필요한 작업을 시뮬레이션하는 데 사용됩니다.

그다음 q_mutex로부터 unique_lock을 얻어 cv_producer 객체의 wait( ) 메서드를 실행합니다. 이때 queue_limit 상수에 대해 deque의 크기를 검사하는 람다를 사용합니다. 만약 deque가 최대 크기에 도달하면 producer는 consumer 스레드가 deque의 크기를 줄일 때까지 기다립니다. 이는 생산자 측의 유한 버퍼(bounded buffer) 한계를 나타냅니다.

조건이 충족되면 해당 항목을 deque에 넣습니다. 항목은 생산자의 id, qs의 크기와 반복문 안에서 쓰이는 변수인 i+1 값을 가지는 서식화된 문자열입니다.

마지막으로 cv_consumer 조건 변수에 notify_all( ) 메서드를 호출하여 새로운 데이터가 사용 가능함을 알립니다.

- consumer( ) 스레드는 이 함수를 실행합니다:

```cpp
void consumer(const size_t id) {
    while(!production_complete) {
        unique_lock<mutex> lock(q_mutex);
        cv_consumer.wait_for(lock, consumer_wait,
            [&]{ return !qs.empty(); });
        if(!qs.empty()){
            cout << format("cid {}: {}", id, qs.front());
            qs.pop_front();
        }
        cv_producer.notify_all();
    }
}
```

전달된 id 값은 소비자를 식별하는 데 사용되는 일련번호입니다. 메인 while( ) 루프는 production_complete 플래그가 설정될 때까지 계속 실행됩니다. q_mutex로부터 unique_lock을 얻은 후, cv_consumer 객체의 wait_for( )를 호출합니다. 여기에는 타임아웃과 deque가 비어 있는지 테스트하는 람다가 포함됩니다. 타임아웃(consumer_wait 변수)이 필요한 이유는 consumer 스레드들이 여전히 동작 중인데 deque가 비었다고 하여 producer 스레드가 종료될 수 있기 때문입니다.

queue가 비어 있지 않으면 항목을 출력(소비)하고 deque에서 꺼냅니다.

- main( )에서 async( )를 사용하여 producer와 consumer 스레드를 생성합니다. async( ) 함수는 RAII 패턴을 준수하기 때문에 필자는 thread보다 선호합니다. async( ) 함수는 future 객체를 반환하기 때문에 프로세스 관리를 위해 future〈void〉 객체의 리스트를 유지해야 합니다:

```cpp
int main() {
    list<future<void>> producers;
    list<future<void>> consumers;
    for(size_t i{}; i < num_producers; ++i) {
        producers.emplace_back(async(producer, i));
    }
    for(size_t i{}; i < num_consumers; ++i) {
        consumers.emplace_back(async(consumer, i));
    }
    ...
```

for 반복문을 사용하여 producer와 consumer 스레드들을 생성합니다.

- 마지막으로 future 객체의 list를 사용하여 producer와 consumer 스레드들이 언제 완료되는
  지 결정합니다:

```
for(auto& f : producers) f.wait();
production_complete = true;
cout << "producers done.\n";

for(auto& f : consumers) f.wait();
cout << "consumers done.\n";
```

producers 컨테이너를 반복하면서 wait( ) 메서드를 호출하여 producer 스레드들이 완료되
도록 합니다. 그다음 production_complete 플래그를 설정합니다. 마찬가지로 consumer
컨테이너를 반복하면서 wait( ) 메서드를 호출하여 consumer 스레드들이 완료되도록 합니
다. 그다음 최종 분석이나 완료 작업을 실행할 수 있습니다.

- 출력 결과 전체를 보여주기에는 다소 깁니다:

```
cid 0: pid 0, qs 0, item 01
cid 0: pid 0, qs 1, item 02
cid 0: pid 0, qs 2, item 03
cid 0: pid 0, qs 3, item 04
cid 0: pid 0, qs 4, item 05
...
cid 4: pid 2, qs 0, item 12
cid 4: pid 2, qs 0, item 13
cid 3: pid 2, qs 0, item 14
cid 0: pid 2, qs 0, item 15
producers done.
consumers done.
```

How it works...

이 레시피의 핵심은 두 condition_variable 객체를 사용하여 producer와 consumer 스레
드를 비동기로 제어하는 것입니다:

```
condition_variable cv_producer{};
condition_variable cv_consumer{};
```

producer() 함수에서 cv_producer 객체가 unique_lock을 획득한 후, deque가 사용 가능할 때까지 대기하고, 항목이 생성되면 cv_consumer 객체에게 알립니다:

```
void producer(const size_t id) {
    for(size_t i{}; i < num_items; ++i) {
        this_thread::sleep_for(delay_time * id);
        unique_lock<mutex> lock(q_mutex);
        cv_producer.wait(lock,
            [&]{ return qs.size() < queue_limit; });
        qs.push_back(format("pid {}, qs {}, item {:02}\n",
            id, qs.size(), i + 1));
        cv_consumer.notify_all();
    }
}
```

반대로, consumer() 함수에서는 cv_consumer 객체가 unique_lock을 획득한 후, deque에 항목이 채워지기를 대기한 후, 항목이 소비되었을 때 cv_producer 객체에 알립니다:

```
void consumer(const size_t id) {
    while(!production_complete) {
        unique_lock<mutex> lock(q_mutex);
        cv_consumer.wait_for(lock, consumer_wait,
            [&]{ return !qs.empty(); });
        if(!qs.empty()) {
            cout << format("cid {}: {}", id, qs.front());
            qs.pop_front();
        }
        cv_producer.notify_all();
    }
}
```

이러한 상호 보완적인 잠금, 대기, 알림은 다수의 생산자와 소비자 간의 조정의 균형을 이룹니다.

10장
파일 시스템 사용하기

C++

STL filesystem 라이브러리의 목적은 여러 플랫폼에 대해 파일 시스템 동작을 정규화하는 것입니다. filesystem 라이브러리는 POSIX/유닉스, 윈도우 및 기타 파일 시스템 간의 불규칙성을 해소하고 일관된 작업 방식을 제공하는 것을 목표로 합니다.

filesystem 라이브러리는 Boost 라이브러리를 채택하여 C++17부터 STL에 포함되었습니다. 이 글을 작성하는 시점에서도 일부 시스템에서는 아직 구현상의 차이가 존재하지만, 이 장에서 소개하는 예제들은 리눅스, 윈도우, 맥OS의 파일 시스템에서 테스트되었으며, 각각 최신 버전의 GCC, MSVC, Clang 컴파일러로 컴파일되었습니다.

이 라이브러리는 〈filesystem〉 헤더를 사용하고 std::filesystem 네임스페이스는 일반적으로 fs로 별칭을 붙입니다:

```
namespace fs = std::filesystem;
```

fs::path 클래스는 filesystem 라이브러리의 핵심입니다. 이 클래스는 서로 다른 환경에서 정규화된 파일명과 디렉터리 경로 표현식을 제공합니다. path 객체는 파일, 디렉터리 또는 어떤 객체든 표현할 수 있으며, 심지어 존재하지 않거나 불가능한 객체도 나타낼 수 있습니다.

다음 레시피에서는 filesystem 라이브러리를 사용하여 파일 및 디렉터리를 다루기 위한 도구들을 소개합니다.

- path 클래스를 위한 std::formatter 특수화하기
- path를 위한 조작 함수 사용하기
- 디렉터리의 파일 나열하기
- grep 유틸리티로 디렉터리와 파일 찾기
- regex와 directory_iterator로 파일명 변경하기
- 디스크 사용량 카운터 만들기

예제 코드

이 장의 코드는 아래 깃허브 사이트에서 찾을 수 있습니다.

- https://github.com/Youngjin-com/CPP-STL/tree/main/chap10

path 클래스를 위한 std::formatter 특수화하기

예제 파일: chap10/formatter.cpp

path 클래스는 filesystem 라이브러리 전반에서 사용되며 파일 혹은 디렉터리 경로를 나타냅니다. 맥OS 혹은 리눅스 같은 POSIX 호환 시스템에서 path 객체는 파일명을 표현할 때 char 타입을 사용합니다. 반면 윈도우에서는 wchar_t 타입을 사용합니다. 윈도우에서 cout과 format()을 사용할 때 wchar_t 문자열이 제대로 표시되지 않을 수 있습니다[1]. 따라서 filesystem 라이브러리를 활용하는 코드가 POSIX와 윈도우에서 모두 동일하게 동작하도록 작성하는 것은 간단하지 않습니다.

윈도우에 맞춰 별도의 코드를 작성하기 위해 전처리기 지시문을 사용할 수도 있습니다. 이는 특정 코드베이스에서는 적절한 해결책이 될 수 있지만, 이 책에서 다루는 예제들은 간결하고 이식성이 뛰어나며 재사용 가능한 형태를 목표로 하기 때문에 적절하지 않습니다.

보다 우아한 해결책은 C++20에서 제공하는 formatter 기능을 활용하여 path 클래스에 대한 특수화[2]를 작성하는 것입니다. 이를 통해 path 객체를 간단하고 이식성 있게 출력할 수 있습니다.

How to do it...

이 레피시에서 우리는 fs::path 클래스와 사용할 formatter 특수화를 작성합니다.

- 편의를 위해 네임스페이스 별칭으로 시작합니다. 모든 filesystem 이름은 std::filesystem 네임스페이스에 있습니다:

```
namespace fs = std::filesystem;
```

- path 클래스를 위한 formatter 특수화는 단순하고 간결합니다:

---

1 **(역자 주)** wchar_t는 wide characters를 나타내는데, 윈도우 시스템에서 출력을 위해서는 특별한 처리가 필요합니다. wchar_t 문자열을 올바르게 표시하려면 출력에는 wcout과 같은 wide characters를 지원하는 함수나 라이브러리 사용이 필요할 수 있습니다.

2 **(역자 주)** path 클래스를 위한 formatter 특수화는 C++26 명세입니다. 그리고 기능 매크로로는 __cpp_lib_format_path 이며, 그 값은 202403L 입니다.

```
template<>
struct std::formatter<fs::path>:
std::formatter<std::string> {
    auto format(const fs::path& p, std::format_context& ctx) const {
        return format_to(ctx.out(), "{}", p.string());
    }
};
```

여기서는 fs::path 타입에 대한 formatter 특수화를 정의하며, 출력 가능한 형태로 변환하기 위해 string() 메서드를 사용합니다. 윈도우에서 wchar_t 문자를 처리할 수 없기 때문에 c_str() 메서드는 사용할 수 없습니다.

formatter 특수화에 대한 더 상세한 설명은 1장 C++20의 새로운 기능을 참고하세요.

- main() 함수에는 명령행을 사용하여 파일명과 경로를 넘깁니다:

```
int main(const int argc, const char** argv) {
    if(argc != 2) {
        fs::path fn{ argv[0] };
        cout << format("usage: {} <path>\n",
            fn.filename());
        return 0;
    }

    fs::path dir{ argv[1] };
    if(!fs::exists(dir)) {
        cout << format("path: {} does not exist\n", dir);
        return 1;
    }

    cout << format("path: {}\n", dir);
    cout << format("filename: {}\n", dir.filename());
    cout << format("cannonical: {}\n", fs::canonical(dir));
}
```

argc와 argv 인자들은 표준 명령행 인수입니다.

argv[0]은 항상 실행파일 자체의 전체 디렉터리 경로와 파일명입니다.

올바른 개수의 인수가 제공되지 않은 경우, argv[0]에서 파일명 부분을 추출하여 사용 방법을 안내하는 메시지에 표시합니다.

이 예제에서는 다음과 같은 filesystem 함수를 사용하였습니다:

- fs::exists( ) 함수는 디렉터리 혹은 파일이 존재하는지 검사합니다.
- dir은 path 객체입니다. 이 객체를 format( ) 함수에 넘겨 특수화를 통해 경로를 문자열로 표시합니다.
- filename( ) 메서드는 새로운 path 객체를 반환하며, 이를 format( ) 특수화에 직접 넘깁니다.
- fs::canonical( ) 함수는 path 객체를 받아 정식의(canonical) 절대 디렉터리 경로를 가진 새로운 path 객체를 반환합니다. 이 path 객체를 직접 format( )으로 전달하면, canonical( ) 함수에서 반환된 디렉터리 경로가 출력됩니다.

```
$ ./formatter ./formatter.cpp
path: ./formatter.cpp
filename: formatter.cpp
cannonical: /home/billw/working/chap10/formatter.cpp
```

How it works...

fs::path 클래스는 filesystem 라이브러리 전반에서 사용되어 디렉터리 경로와 파일명을 나타냅니다. formatter 특수화를 제공하면 플랫폼에 관계없이 path 객체를 일관되게 출력할 수 있습니다.

path 클래스는 몇 가지 유용한 메서드를 제공하며, 반복문으로 경로의 구성 요소를 출력할 수 있습니다.

```
fs::path p{ "~/include/bwprint.h" };
cout << format("{}\n", p);
for(auto& x : p) cout << format("[{}] ", x);
cout << '\n';
```

```
~/include/bwprint.h
[~] [include] [bwprint.h]
```

반복자는 경로의 각 요소에 대해 path 객체를 반환합니다.

우리는 또한 경로의 다른 요소도 얻을 수 있습니다:

```
fs::path p{ "~/include/bwprint.h" };
cout << format("{}\n", p);
cout << format("{}\n", p.stem());
cout << format("{}\n", p.extension());
cout << format("{}\n", p.filename());
cout << format("{}\n", p.parent_path());
```

```
~/include/bwprint.h
bwprint
.h
bwprint.h
~/include
```

우리는 이 장 전반에 걸쳐 path 클래스에 대한 이 formatter 특수화를 계속 사용할 것입니다.

path를 위한 조작 함수 사용하기

예제 파일: chap10/path-ops.cpp

filesystem 라이브러리는 path 객체의 내용을 조작하는 함수들을 포함합니다. 이 레시피에서는 이러한 도구 중 일부를 살펴볼 것입니다.

How to do it...

이제 path 객체의 내용을 조작하는 몇 가지 함수들을 배워봅시다.

• namespace 지시문과 formatter 특수화로 시작합니다. 이 장의 모든 레시피에서 이것을 사용합니다:

```
namespace fs = std::filesystem;
template<>
struct std::formatter<fs::path>:
std::formatter<std::string> {
    auto format(const fs::path& p, std::format_context& ctx) {
        return format_to(ctx.out(), "{}", p.string());
    }
};
```

- current_path() 함수로 현재 작업 디렉터리를 얻을 수 있습니다. 이 함수는 path 객체를 반환합니다:

```
cout << format("current_path: {}\n", fs::current_path());
```

출력
```
current_path: /home/billw/chap10
```

- absolute() 함수는 상대 경로로부터 절대 경로를 반환합니다:

```
cout << format("absolute(p): {}\n", fs::absolute(p));
```

출력
```
absolute(p): /home/billw/chap10/testdir/foo.txt
```

또한 absolute( )는 심볼릭 링크를 역참조합니다.

- += 연산자는 path 문자열 끝에 문자열을 접합(concatenate) 합니다:

```
cout << format("concatenate: {}\n",
fs::path{ "testdir" } += "foo.txt");
```

출력
```
concatenate: testdirfoo.txt
```

- /= 연산자는 path 문자열 끝에 문자열을 추가(append)하고 새로운 path 객체를 반환합니다:

```
cout << format("append: {}\n",
fs::path{ "testdir" } /= "foo.txt");
```

출력
```
append: testdir/foo.txt
```

- canonical() 함수는 전체 디렉터리 경로를 반환합니다:

```
cout << format("canonical: {}\n",
    fs::canonical(fs::path{ "." } /= "testdir"));
```

출력
```
canonical: /home/billw/chap10/testdir
```

- equivalent() 함수는 두 상대 경로가 실제 동일한 파일 시스템 항목을 나타내는지 검사합니다:

```
cout << format("equivalent: {}\n",
    fs::equivalent("testdir/foo.txt",
        "testdir/../testdir/foo.txt"));
```

```
equivalent: true
```

- filesystem 라이브러리는 예외 처리를 위한 filesystem_error 클래스를 포함합니다:

```
try {
    fs::path p{ fp };
    cout << format("p: {}\n", p);
    ...
    cout << format("equivalent: {}\n",
        fs::equivalent("testdir/foo.txt",
            "testdir/../testdir/foo.txt"));
} catch (const fs::filesystem_error& e) {
    cout << format("{}\n", e.what());
    cout << format("path1: {}\n", e.path1());
    cout << format("path2: {}\n", e.path2());
}
```

filesystem_error 클래스는 오류 메시지를 표시하고 오류 발생 경로를 얻을 수 있는 메서드를 포함합니다.

만약 equivalent() 함수 호출 시 오류가 발생하면 filesystem_error 클래스가 반환하는 결과를 확인할 수 있습니다:

```
cout << format("equivalent: {}\n",
    fs::equivalent("testdir/foo.txt/x",
        "testdir/../testdir/foo.txt/y"));
```

```
filesystem error: cannot check file equivalence: No such file or
directory [testdir/foo.txt/x] [testdir/../ testdir/foo.txt/y]
path1: testdir/foo.txt/x
path2: testdir/../testdir/foo.txt/y
```

이것은 GCC 기반 데비안 리눅스의 출력입니다.

filesystem_error 클래스는 path1()과 path2() 메서드를 통해 더 자세한 정보를 제공합니다. 이들 메서드는 path 객체들을 반환합니다.

• 일부 filesystem 함수에 대해서는 std::error_code를 사용할 수도 있습니다:

```
fs::path p{ fp };
std::error_code e;
cout << format("canonical: {}\n",
    fs::canonical(p /= "foo", e));
cout << format("error: {}\n", e.message());
```

```
canonical:
error: Not a directory
```

• 비록 윈도우가 매우 다른 파일 시스템을 사용함에도 불구하고, 이 코드는 윈도우 파일 이름 규약을 사용하는 경우에도 예상한 대로 동작합니다:

```
p: testdir/foo.txt
current_path: C:\Users\billw\chap10
absolute(p): C:\Users\billw\chap10\testdir\foo.txt
concatenate: testdirfoo.txt
append: testdir\foo.txt
canonical: C:\Users\billw\chap10\testdir
equivalent: true
```

How it works...

이러한 함수 대부분은 path 객체를 인수로 받고, 선택적으로 std::error_code 객체를 받을 수 있으며, path 객체를 반환합니다:

```
path absolute(const path& p);
path absolute(const path& p, std::error_code& ec);
```

equivalent() 함수는 두 path 객체를 받아 bool 값을 반환합니다:

```
bool equivalent( const path& p1, const path& p2 );
bool equivalent( const path& p1, const path& p2,
    std::error_code& ec );
```

path 클래스에는 접합과 추가를 위한 연산자가 있습니다. 두 연산자 모두 파괴적입니다. 이들은 연산자 왼쪽에 있는 path를 변경합니다:

```
p1 += source; // 접합
p1 /= source; // 추가
```

오른쪽 피연산자로는 path 객체, string, string_ view, C 문자열 또는 반복자 쌍을 사용할 수 있습니다. 접합 연산자는 연산자의 오른쪽에 있는 문자열을 p1 path 문자열의 끝에 추가합니다. 추가 연산자는 디렉터리 구분자(예: / 또는 \)를 추가한 다음, 연산자의 오른쪽에 있는 문자열을 p1 path 문자열의 끝에 추가합니다.

디렉터리의 파일 나열하기

예제 파일: chap10/dir.cpp

filesystem 라이브러리는 directory_entry 클래스로 주어진 path 객체의 디렉터리와 연관된 정보를 제공합니다. 이것으로 유용한 디렉터리 목록을 생성할 수 있습니다.

How to do it...

이 레시피에서는 directory_entry 클래스에 있는 정보를 활용해 디렉터리 목록 유틸리티를 만듭니다.

• 네임스페이스 별칭과 path 객체 출력을 위한 formatter 특수화로 시작합니다:

```
namespace fs = std::filesystem;
template<>
struct std::formatter<fs::path>:
std::formatter<std::string> {
    auto format(const fs::path& p, std::format_context& ctx) {
```

```
            return format_to(ctx.out(), "{}", p.string());
    }
};
```

• directory_iterator 클래스는 디렉터리 나열 작업을 간단하게 만들어 줍니다:

```
int main() {
    constexpr const char* fn{ "." };
    const fs::path fp{fn};
    for(const auto& de : fs::directory_iterator{fp}) {
        cout << format("{} ", de.path().filename());
    }
    cout << '\n';
}
```

```
chrono Makefile include chrono.cpp working formatter testdir
formatter.cpp working.cpp
```

• 유닉스의 ls 명령과 같은 명령행 옵션을 추가할 수 있습니다:

```
int main(const int argc, const char** argv) {
    fs::path fp{ argc > 1 ? argv[1] : "." };
    if(!fs::exists(fp)) {
        const auto cmdname {
            fs::path{argv[0]}.filename() };
        cout << format("{}: {} does not exist\n",
            cmdname, fp);
        return 1;
    }
    if(is_directory(fp)) {
        for(const auto& de : fs::directory_iterator{fp}) {
            cout << format("{} ", de.path().filename());
        }
    } else {
        cout << format("{} ", fp.filename());
    }
```

```
        cout << '\n';
    }
```

만약 명령행 인수가 있다면 이를 사용하여 path 객체를 생성합니다. 그렇지 않으면 현재 디렉터리를 의미하는 "."을 사용합니다.

fs::exists() 함수를 호출하여 경로가 존재하는지 확인하고 만약 존재하지 않으면 오류 메시지를 출력하고 종료합니다. 오류 메시지는 argv[0]에 있는 cmdname을 포함합니다.

다음으로, is_directory()를 호출하여 경로가 디렉터리인지 확인합니다. 디렉터리인 경우, 각 항목에 대해 directory_iterator로 반복문을 실행합니다. directory_iterator는 directory_entry 객체를 반복하며 각 directory_entry 객체의 de.path().filename()를 호출하여 path와 filename을 얻습니다.

```
$ ./working
chrono Makefile include chrono.cpp working formatter testdir formatter.cpp
working.cpp
$ ./working working.cpp
working.cpp
$ ./working foo.bar
working: foo.bar does not exist
```

• 출력된 내용을 정렬하려면 directory_entry 객체들을 정렬 가능한 컨테이너에 저장하면 됩니다.

fs::directory_entry에 대한 별칭을 생성합시다. 이 별칭은 자주 사용될 것이므로 파일의 최상단으로 옮깁니다:

```
  using de = fs::directory_entry;
```

main() 함수 상단에서 de 객체의 vector를 선언합니다:

```
  vector<de> entries{};
```

is_directory() 블록 안에서 해당 vector를 로딩하고 정렬하고 표시합니다:

```
  if(is_directory(fp)) {
      for(const auto& de : fs::directory_iterator{fp}) {
```

```
            entries.emplace_back(de);
        }
        std::sort(entries.begin(), entries.end());
        for(const auto& e : entries) {
            cout << format("{} ", e.path().filename());
        }
    } else { ...
```

이제 출력이 정렬되었습니다:

```
Makefile chrono chrono.cpp formatter formatter.cpp include testdir working
working.cpp
```

Makefile이 가장 먼저 정렬된 것을 보면 순서가 어긋난 것처럼 보일 수 있습니다. 그 이유는
아스키(ASCII) 순서에서 대문자가 소문자보다 앞에 있기 때문입니다[3].

• 만약 대소문자 상관없는 정렬을 원한다면, 대소문자를 무시하는 비교 함수가 필요합니다. 먼저
  소문자로 변환된 string을 반환하는 함수가 필요합니다:

```
string strlower(string s) {
    auto char_lower = [](const char& c) → char {
        if(c ≥ 'A' && c ≤ 'Z') return c + ('a' - 'A');
        else return c;
    };
    std::transform(s.begin(), s.end(), s.begin(), char_lower);
    return s;
}
```

이제 strlower()를 사용하여 두 directory_entry 객체를 비교하는 함수가 필요합니다:

```
bool dircmp_lc(const de& lhs, const de& rhs) {
    const auto lhstr{ lhs.path().string() };
    const auto rhstr{ rhs.path().string() };
    return strlower(lhstr) < strlower(rhstr);
}
```

---

3   **(역자 주)** 예를 들어 대문자 A는 0x41이고 소문자 a는 0x61입니다.

이제 dircmp_lc() 함수를 정렬에 사용할 수 있습니다:

```
std::sort(entries.begin(), entries.end(), dircmp_lc);
```

대소문자를 무시한 출력을 볼 수 있습니다:

```
chrono chrono.cpp formatter formatter.cpp include Makefile testdir working
working.cpp
```

- 이 시점에서 디렉터리의 목록을 나열하는 단순한 유틸리티를 완성했습니다.

filesystem 라이브러리에서 훨씬 더 많은 정보를 얻을 수 있습니다. 유닉스의 ls 명령처럼, 정보를 수집하고 출력하도록 print_dir() 함수를 만들어 봅시다:

```cpp
void print_dir(const de& dir) {
    using fs::perms;
    const auto fpath{ dir.path() };
    const auto fstat{ dir.symlink_status() };
    const auto fperm{ fstat.permissions() };
    const uintmax_t fsize{
        is_regular_file(fstat) ? file_size(fpath) : 0 };
    const auto fn{ fpath.filename() };

    string suffix{};
    if(is_directory(fstat)) suffix = "/";
    else if((fperm & perms::owner_exec) != perms::none) {
        suffix = "*";
    }
    cout << format("{}{}\n", fn, suffix);
}
```

print_dir() 함수는 directory_entry 인수를 받습니다. 그다음 directory_entry 객체로부터 유용한 객체를 조회합니다.

- dir.path()는 path 객체를 반환합니다.
- dir.symlink_status()는 심볼릭 링크를 따르지 않고 file_status 객체를 반환합니다.

- fstat.permissions()는 perms 객체를 반환합니다.
- fsize는 파일 크기이며, fn은 파일 이름 문자열입니다.

이들 각각을 사용하는 과정에서 더 자세히 살펴보겠습니다.

유닉스의 ls 명령은 파일 이름 뒤에 특정 문자를 붙여 디렉터리나 실행 파일을 표시합니다. fstat 객체의 is_directory() 함수를 사용하여 파일이 디렉터리인지 확인하고, 디렉터리인 경우 파일 이름 끝에 /를 추가합니다. 마찬가지로, fperm 객체를 사용하여 파일이 실행 가능한지 확인할 수 있습니다.

sort() 이후의 for 반복문에서 print_dir()을 호출합니다:

```
std::sort(entries.begin(), entries.end(), dircmp_lc);
for(const auto& e : entries) {
    print_dir(e);
}
```

다음과 같이 출력됩니다:

```
chrono*
chrono.cpp
formatter*
formatter.cpp
include*
Makefile
testdir/
working*
working.cpp
```

- include* 항목에 주목하세요. 이는 실제로 심볼릭 링크입니다. 이 링크의 대상 경로(target path)를 표시해 봅시다:

```
string suffix{};
if(is_symlink(fstat)) {
    suffix = " → ";
    suffix += fs::read_symlink(fpath).string();
}
```

```
else if(is_directory(fstat)) suffix = "/";
else if((fperm & perms::owner_exec) ≠ perms::none) suffix = "*";
```

read_symlink() 함수는 path 객체를 반환합니다. 반환된 path 객체에 string() 표현식을
받아 출력의 접미사로 추가합니다:

```
chrono*
chrono.cpp
formatter*
formatter.cpp
include -> /Users/billw/include
Makefile
testdir/
working*
working.cpp
```

• ls 명령은 파일의 권한 비트를 표시하는 문자를 포함합니다. 예를 들면 drwxr-xr-x와 같은 형
  식입니다.

첫 번째 문자는 파일의 타입으로 d는 디렉터리, l은 심볼릭 링크, -은 일반 파일을 나타냅
니다.
type_char() 함수는 적절한 문자를 반환합니다:

```
char type_char(const fs::file_status& fstat) {
    if(is_symlink(fstat)) return 'l';
    else if(is_directory(fstat)) return 'd';
    else if(is_character_file(fstat)) return 'c';
    else if(is_block_file(fstat)) return 'b';
    else if(is_fifo(fstat)) return 'p';
    else if(is_socket(fstat)) return 's';
    else if(is_other(fstat)) return 'o';
    else if(is_regular_file(fstat)) return '-';
    return '?';
}
```

문자열의 나머지는 세 문자가 한 세트입니다. 세 문자는 각각 읽기, 쓰기, 실행 권한 비트를 rwx 형식으로 나타내며, 비트가 설정되지 않은 경우 해당 문자는 -로 대체됩니다. 세 문자는 각각 세 세트의 소유자(owner), 그룹(group), 기타 사용자(other)에 대한 권한을 나타냅니다.

```cpp
string rwx(const fs::perms& p) {
    using fs::perms;
    auto bit2char = [&p](perms bit, char c) {
        return (p & bit) == perms::none ? '-' : c;
    };

    return {  bit2char(perms::owner_read, 'r'),
        bit2char(perms::owner_write, 'w'),
        bit2char(perms::owner_exec, 'x'),
        bit2char(perms::group_read, 'r'),
        bit2char(perms::group_write, 'w'),
        bit2char(perms::group_exec, 'x'),
        bit2char(perms::others_read, 'r'),
        bit2char(perms::others_write, 'w'),
        bit2char(perms::others_exec, 'x') };
}
```

perms 객체는 POSIX 권한 비트맵을 나타내지만 실제로 비트로 구현되지는 않았습니다. 각 항목은 perms::none 값과 비교해야 합니다. 앞의 람다 함수가 이 요구사항을 충족합니다. 다음 정의문을 print_dir() 함수의 상단에 추가합니다:

```cpp
const auto permstr{ type_char(fstat) + rwx(fperm) };
```

format() 문자열을 업데이트합니다:

```cpp
cout << format("{} {}{}\n", permstr, fn, suffix);
```

출력은 다음과 같습니다:

```
-rwxr-xr-x chrono*
-rw-r--r-- chrono.cpp
-rwxr-xr-x formatter*
```

```
-rw-r--r-- formatter.cpp
lrwxr-xr-x include → /Users/billw/include
-rw-r--r-- Makefile
drwxr-xr-x testdir/
-rwxr-xr-x working*
-rw-r--r-- working.cpp
```

- 이제 크기 문자열을 추가합시다. fsize 값은 file_size() 함수로부터 얻으며, 이 함수는 대상 시스템의 최대 크기 정수를 의미하는 std::uintmax_t 타입을 반환합니다. uintmax_t가 항상 size_t 타입은 아니며 상호 변환도 쉬운 것은 아닙니다. 윈도우에서 uintmax_t는 32 비트이고 size_t는 64 비트입니다:

```cpp
string size_string(const uintmax_t fsize) {
    constexpr const uintmax_t kilo{ 1024 };
    constexpr const uintmax_t mega{ kilo * kilo };
    constexpr const uintmax_t giga{ mega * kilo };
    string s;
    if(fsize ≥ giga ) return
        format("{}{}", (fsize + giga / 2) / giga, 'G');
    else if (fsize ≥ mega) return
        format("{}{}", (fsize + mega / 2) / mega, 'M');
    else if (fsize ≥ kilo) return
        format("{}{}", (fsize + kilo / 2) / kilo, 'K');
    else return format("{}B", fsize);
}
```

이 함수에서는 1K를 1,024바이트로 설정했습니다. 이는 리눅스와 BSD 유닉스에서 기본값으로 사용되는 방식입니다. 실제 운영 환경에서는 이를 명령행 옵션으로 설정할 수도 있습니다. main() 함수에서 format() 문자열을 업데이트합니다:

```cpp
cout << format("{} {:>6} {}{}\n",
permstr, size_string(fsize), fn, suffix);
```

이제 출력은 다음과 같습니다:

```
-rwxr-xr-x 284K chrono*
```

```
-rw-r--r-- 2K chrono.cpp
-rwxr-xr-x 178K formatter*
-rw-r--r-- 906B formatter.cpp
lrwxr-xr-x 0B include -> /Users/billw/include
-rw-r--r-- 642B Makefile
drwxr-xr-x 0B testdir/
-rwxr-xr-x 197K working*
-rw-r--r-- 5K working.cpp
```

> **Note** 이 유틸리티는 리눅스와 맥OS 같은 POSIX 시스템을 위해 설계되었습니다. 윈도우 시스템에서도 동작하지만 윈도우의 권한 시스템은 POSIX 시스템과 다릅니다. 윈도우에서는 권한 비트가 항상 모두 설정되어 표시됩니다.

How it works...

filesystem 라이브러리는 directory_entry 객체를 통해 풍부한 정보를 제공합니다. 이 레시피에서 사용되는 주요 클래스는 다음과 같습니다.

- path 클래스는 대상 시스템의 규칙에 따라 파일 시스템 경로를 나타냅니다. 문자열 또는 다른 path 객체로 생성할 수 있으며, 반드시 존재하는 경로나 유효한 경로일 필요는 없습니다. path 문자열은 루트 이름, 루트 디렉터리, 파일 이름 및 디렉터리 구분자 등의 구성 요소로 파싱됩니다.
- directory_entry 클래스는 path 객체를 멤버로 가지며, 하드 링크 개수, 파일 상태, 심볼릭 링크, 파일 크기, 마지막 수정 시간 등의 추가 속성을 저장할 수 있습니다.
- file_status 클래스는 파일 타입과 권한 정보를 저장합니다. perms 객체가 멤버로 포함될 수 있으며, 이는 파일의 권한 구조를 나타냅니다.

file_status는 perms 객체를 조회하는 두 함수가 있습니다. status() 함수와 symlink_status() 함수 모두 perms 객체를 반환합니다. 둘의 차이는 심볼릭 링크를 다루는 방법에 있습니다. status() 함수는 심볼릭 링크를 따라가서 대상 파일의 perms를 반환합니다. symlink_status()는 심볼릭 링크 그 자체의 perms를 반환합니다.

There's more...

필자는 디렉터리 항목을 나열할 때 마지막 쓰기 시간을 포함하려고 했습니다. directory_entry 클래스는 last_write_time() 멤버 함수를 가지며, 이 함수는 파일이 마지막으로 쓰여진 시간을 나타내는 file_time_type 객체를 반환합니다.

아쉽게도 이 글을 쓰는 시점에 file_time_type 객체를 cout 혹은 format()와 함께 사용하기에 적절한 표준 chrono::sys_time으로 변환하는 이식 가능한 방법을 제공하는 구현체가 없습니다.

현재로서는 GCC에서 동작하는 다음과 같은 해결 방법이 있습니다:

```
string time_string(const fs::directory_entry& dir) {
    using std::chrono::file_clock;
    auto file_time{ dir.last_write_time() };
    return format("{:%F %T}",
        file_clock::to_sys(dir.last_write_time()));
}
```

사용자 코드에서는 file::clock::to_sys() 대신 std::chrono::clock_cast를 사용하여 시계들 사이의 시간 점을 변환해야 합니다. 불행히도 현재 사용 가능한 구현체에서는 이 목적을 위한 std::chrono::clock_cast 특수화를 제공하지 않습니다.

time_string() 함수를 사용하여 print_dir()에 다음과 같이 추가합니다:

```
const string timestr{ time_string(dir) };
```

그다음 format() 문자열을 변경합니다:

```
cout << format("{} {:>6} {} {}{}\n",
    permstr, sizestr, timestr, fn, suffix);
```

출력은 다음과 같습니다:

```
-rwxr-xr-x 248K 2022-03-09 09:39:49 chrono*
-rw-r--r-- 2K 2022-03-09 09:33:56 chrono.cpp
-rwxr-xr-x 178K 2022-03-09 09:39:49 formatter*
-rw-r--r-- 906B 2022-03-09 09:33:56 formatter.cpp
lrwxrwxrwx 0B 2022-02-04 11:39:53 include -> /home/billw/ include
```

```
-rw-r--r-- 642B 2022-03-09 14:08:37 Makefile
drwxr-xr-x 0B 2022-03-09 10:38:39 testdir/
-rwxr-xr-x 197K 2022-03-12 17:13:46 working*
-rw-r--r-- 5K 2022-03-12 17:13:40 working.cpp
```

이것은 GCC 11 기반의 데비안 결과입니다. 다른 시스템에서는 약간의 수정이 필요할 수 있습니다.

grep 유틸리티로 디렉터리와 파일 찾기   예제 파일: chap10/bwgrep.cpp

디렉터리 구조를 순회하고 검색하는 것을 보여주기 위해, 유닉스의 grep 처럼 단순한 유틸리티를 만들어봅시다. 이 유틸리티는 recursive_directory_iterator를 사용하여 중첩된 디렉터리를 순회하고 정규 표현식에 맞는 파일을 찾습니다.

How to do it...

이 레시피에서는 정규 표현식을 넣어 디렉터리를 순회하여 일치하는 파일을 찾는 단순한 grep 유틸리티를 만듭니다.

• 편의를 위한 별칭을 정의합니다:

```
namespace fs = std::filesystem;
using de = fs::directory_entry;
using rdit = fs::recursive_directory_iterator;
using match_v = vector<std::pair<size_t, std::string>>;
```

match_v 변수는 정규 표현식의 매칭 결과를 저장하는 vector 입니다.

• path 객체를 위한 formatter 특수화를 계속 사용합니다:

```
template◇
struct std::formatter<fs::path>:
std::formatter<std::string> {
```

```cpp
    auto format(const fs::path& p, std::format_context& ctx) {
        return format_to(ctx.out(), "{}", p.string());
    }
};
```

• 파일에서 정규 표현식 매칭 결과를 얻는 단순한 함수를 만듭니다:

```cpp
match_v matches(const fs::path& fpath, const regex& re) {
    match_v matches{};
    std::ifstream instrm(fpath.string(), std::ios_base::in);
    string s;
    for(size_t lineno{1}; getline(instrm, s); ++lineno) {
        if(std::regex_search(s.begin(), s.end(), re)) {
            matches.emplace_back(lineno, move(s));
        }
    }
    return matches;
}
```

이 함수는 ifstream으로 파일을 열고 getline() 함수를 사용하여 행 단위로 내용을 읽습니다.
그리고 reg ex_search()로 정규 표현식을 매칭합니다. 출력은 vector에 수집하여 반환됩니다.

• 이제 이 함수를 main()에서 호출할 수 있습니다:

```cpp
int main() {
    constexpr const char * fn{ "working.cpp" };
    constexpr const char * pattern{ "path" };

    fs::path fpath{ fn };
    regex re{ pattern };
    auto regmatches{ matches(fpath, re) };
    for(const auto& [lineno, line] : regmatches) {
        cout << format("{}: {}\n", lineno, line);
    }
    cout << format("found {} matches\n", regmatches.size());
}
```

이 예제에서는 파일명과 정규 표현식 패턴을 위한 상수들을 사용했습니다. path와 regex 객체를 생성하고 matches() 함수를 호출하여 결과를 출력합니다.

행 번호와 매칭된 행의 문자열이 출력됩니다.

```
25: struct std::formatter<fs::path>: std::formatter<std::string> {
27: auto format(const fs::path& p, FormatContext& ctx) {
32: match_v matches(const fs::path& fpath, const regex& re) {
34: std::ifstream instrm(fpath.string(), std::ios_ base::in);
62: constexpr const char * pattern{ "path" };
64: fs::path fpath{ fn };
66: auto regmatches{ matches(fpath, re) };
```

• 우리의 유틸리티는 regex 패턴과 파일명을 명령행 인수로 받습니다. 이 유틸리티는 디렉터리를 순회하거나, 명령행 와일드카드 확장을 통해 생성된 파일명 목록을 처리할 수 있어야 합니다. 이를 위해 main() 함수에서 약간의 로직이 필요합니다.

먼저 헬퍼 함수 하나가 필요합니다:

```
size_t pmatches(const regex& re, const fs::path& epath,
        const fs::path& search_path) {
    fs::path target{epath};
    auto regmatches{ matches(epath, re) };
    auto matchcount{ regmatches.size() };
    if(!matchcount) return 0;

    if(!(search_path == epath)) {
        target = epath.lexically_relative(search_path);
    }
    for (const auto& [lineno, line] : regmatches) {
        cout << format("{} {}: {}\n", target, lineno, line);
    }
    return regmatches.size();
}
```

이 함수는 matches() 함수를 호출하고 결과를 출력합니다. regex 객체와 두 path 객체를 받습니다. epath는 디렉터리 검색 결과이고 search_path는 검색 디렉터리 그 자체입니다.

이 값들은 main( ) 함수에서 설정됩니다.

- main( ) 함수에는 argc와 argv 명령행 인수를 사용하며, 몇 가지 변수를 선언합니다:

```
int main(const int argc, const char** argv) {
    const char * arg_pat{};
    regex re{};
    fs::path search_path{};
    size_t matchcount{};
    ...
```

여기에서 선언된 변수들은 다음과 같습니다.

- arg_pat는 명령행의 정규 표현식 패턴
- re는 regex 객체
- search_path는 명령행 검색 경로 인수
- matchcount는 매칭된 행의 개수

- 인수가 없는 경우 간단한 사용법을 출력합니다:

```
if(argc < 2) {
    auto cmdname{ fs::path(argv[0]).filename() };
    cout << format("usage: {} pattern [path/file]\n", cmdname);
    return 1;
}
```

argv[0]은 항상 명령행에서 실행된 명령입니다. cmdname에는 filename( ) 메서드를 호출하여 반환된 파일 이름에 대한 path 객체가 저장됩니다.

- 다음으로, 정규 표현식을 파싱합니다. 이 과정에서 regex 파서의 오류를 처리하기 위해 try-catch 블록을 사용합니다:

```
arg_pat = argv[1];
try {
    re = regex(arg_pat, std::regex_constants::icase);
} catch(const std::regex_error& e) {
    cout << format("{}: {}\n", e.what(), arg_pat);
```

```
        return 1;
    }
```

우리는 icase 플래그를 사용하여 regex 파서가 대소문자를 무시하도록 합니다.

- argc == 2인 경우 실제 전달된 인수는 1개로, 이를 정규 표현식 패턴으로 사용하고 현재 디렉터리를 검색 경로로 사용합니다:

```
if(argc == 2) {
    search_path = ".";
    for (const auto& entry : rdit{ search_path }) {
        const auto epath{ entry.path() };
        matchcount += pmatches(re, epath, search_path);
    }
}
```

rdit는 recursive_directory_iterator 클래스의 별칭으로 시작 경로에서 디렉터리 트리를 순회하고 발견한 각 파일에 대한 directory_entry 객체를 반환합니다. 그다음 path 객체를 생성하고 pmatches() 함수를 호출하여 파일에서 정규 표현식과 매칭되는 내용을 출력합니다.

- 이 시점에서 main() 함수에서는 argc가 2 이상임을 알고 있습니다. 이제 명령행에 하나 이상의 파일 경로가 있는 경우를 처리합니다:

```
int count{ argc - 2 };
while(count-- > 0) {
    fs::path p{ argv[count + 2] };
    if(!exists(p)) {
        cout << format("not found: {}\n", p);
        continue;
    }
    if(is_directory(p)) {
        for (const auto& entry : rdit{ p }) {
            const auto epath{ entry.path() };
            matchcount += pmatches(re, epath, p);
        }
    } else {
        matchcount += pmatches(re, p, p);
```

```
        }
    }
```

while 반복문은 명령행 검색 패턴 뒤에 오는 하나 이상의 인수를 처리합니다. 각 파일 경로에 대해 존재 여부를 확인한 후, 디렉터리인 경우 recursive_directory_iterator 클래스의 별칭인 rdit를 사용하여 디렉터리를 순회하고, pmatches() 함수를 호출하여 해당 파일에 매칭되는 패턴을 출력합니다.

만약 단일 파일의 경우 해당 파일에 대해 pmatches() 함수를 호출합니다.

• 검색 패턴을 의미하는 하나의 인수를 넣어 grep 유틸리티를 실행합니다:

```
$ ./bwgrep using
dir.cpp 12: using std::format;
dir.cpp 13: using std::cout;
dir.cpp 14: using std::string;
...
formatter.cpp 10: using std::cout;
formatter.cpp 11: using std::string;
formatter.cpp 13: using namespace std::filesystem;
found 33 matches
```

검색 디렉터리(혹은 파일)를 의미하는 두 번째 인수까지 넣어 실행합니다:

```
$ ./bwgrep using ..
chap04/iterator-adapters.cpp 12: using std::format;
chap04/iterator-adapters.cpp 13: using std::cout;
chap04/iterator-adapters.cpp 14: using std::cin;
...
chap01/hello-version.cpp 24: using std::print;
chap01/chrono.cpp 8: using namespace std::chrono_ literals;
chap01/working.cpp 15: using std::cout;
chap01/working.cpp 34: using std::vector;
found 529 matches
```

이 유틸리티는 디렉터리 트리를 순회하여 하위 디렉터리까지 재귀적으로 탐색한다는 것에 주목하세요.

또는 단일 파일 인수로 실행할 수도 있습니다:

```
$ ./bwgrep using bwgrep.cpp
bwgrep.cpp 13: using std::format;
bwgrep.cpp 14: using std::cout;
bwgrep.cpp 15: using std::string;
...
bwgrep.cpp 22: using rdit = fs::recursive_directory_
iterator;
bwgrep.cpp 23: using match_v = vector<std::pair<size_t,
std::string>>;
found 9 matches
```

How it works...

이 유틸리티의 주 작업은 정규 표현식 매칭이지만 우리는 파일이 있는 디렉터리들을 재귀적으로 처리하는 기법에 집중하였습니다.

recursive_directory_iterator 객체는 directory_iterator와 상호 교체 가능합니다. 다만 recursive_directory_iterator는 각 하위 디렉터리의 모든 항목에 재귀적으로 접근한다는 차이가 있습니다.

See also...

정규 표현식에 관한 더 많은 내용은 7장 문자열, 스트림과 서식화에 있는 정규 표현식으로 문자열 파싱하기 레시피를 참고하세요.

regex와 directory_iterator로 파일명 변경하기

예제 파일: chap10/rerename.cpp

이는 정규 표현식을 사용하여 파일명을 변경하는 단순한 유틸리티입니다. directory_iterator를 사용하여 디렉터리 내의 파일을 찾고, fs::rename() 함수를 호출하여 파일명을 변경합니다.

How to do it...

이 레피시에서는 정규 표현식을 사용하는 파일명 변경 유틸리티를 만듭니다.

- 편의를 위한 별칭들을 정의합니다:

```
namespace fs = std::filesystem;
using dit = fs::directory_iterator;
using pat_v = vector<std::pair<regex, string>>;
```

pat_v 별칭은 정규 표현식과 사용하기 위한 벡터입니다.

- path 객체를 위한 formatter 특수화를 계속 사용합니다:

```
template◇
struct std::formatter<fs::path>:
std::formatter<std::string> {
    auto format(const fs::path& p, std::format_context& ctx) {
        return format_to(ctx.out(), "{}", p.string());
    }
};
```

- 다음은 파일명 문자열에 정규 표현식을 적용하여 대체(replacement)를 적용하는 함수입니다:

```
string replace_str(string s, const pat_v& replacements) {
    for(const auto& [pattern, repl] : replacements) {
        s = regex_replace(s, pattern, repl);
    }
    return s;
}
```

패턴/대체 쌍으로 이루어진 vector를 반복 순회하며 정규 표현식을 순차적으로 적용합니다. 이를 통해 대체 작업을 연속적으로 누적할 수 있습니다.

- main() 함수에서는 먼저 명령행 인수들을 확인합니다:

```
int main(const int argc, const char** argv) {
    pat_v patterns{};
```

```
if(argc < 3 || argc % 2 != 1) {
    fs::path cmdname{ fs::path{argv[0]}.filename() };
cout << format(
    "usage: {} [regex replacement] ...\n",
    cmdname);
return 1;
}
```

명령행은 하나 이상의 **문자열 쌍**을 받습니다. 각 문자열 쌍은 regex(정규 표현식)과 **대체** 문자열을 갖습니다.

• 이제 regex와 string 객체의 vector를 생성합니다:

```
for(int i{ 1 }; i < argc; i += 2) {
    patterns.emplace_back(argv[i], argv[i + 1]);
}
```

명령행에서 넘어온 C 문자열로부터 regex와 string 객체를 통해 쌍의 생성자가 호출됩니다.
이 쌍 객체는 emplace_back() 메서드로 vector에 추가됩니다.

• directory_iterator 객체를 사용하여 현재 디렉터리를 검색합니다:

```
for(const auto& entry : dit{fs::current_path()}) {
    fs::path fpath{ entry.path() };
    string rname{
        replace_str(fpath.filename().string(), patterns) };

    if(fpath.filename().string() ≠ rname) {
        fs::path rpath{ fpath };
        rpath.replace_filename(rname);

    if(exists(rpath)) {
        cout << "Error: cannot rename - destination file exists.\n";
    } else {
        fs::rename(fpath, rpath);
        cout << format(
```

```
            "{} → {}\n",
            fpath.filename(),
            rpath.filename());
      }
    }
}
```

for 반복문에서 replace_str() 함수를 호출하여 대체 파일명을 얻고 새로운 이름이 디렉터리에 있는 파일과 중복되지 않는지 검사합니다. path 객체의 replace_filename() 메서드를 사용하여 새로운 파일명을 갖는 path 객체를 생성하고 fs::rename() 함수로 그 파일 이름을 변경합니다.

• 유틸리티를 시험하기 위해 이름을 변경할 몇 개의 파일이 들어 있는 디렉터리를 생성했습니다:

```
$ ls
bwfoo.txt bwgrep.cpp chrono.cpp dir.cpp formatter.cpp path-ops.cpp working.
cpp
```

• .cpp 파일을 .Cpp 파일로 이름 변경하는 단순한 작업을 해봅시다:

```
$ ../rerename .cpp .Cpp
dir.cpp → dir.Cpp
path-ops.cpp → path-ops.Cpp
bwgrep.cpp → bwgrep.Cpp
working.cpp → working.Cpp
formatter.cpp → formatter.Cpp
```

다시 원복시킵니다:

```
$ ../rerename .Cpp .cpp
formatter.Cpp → formatter.cpp
bwgrep.Cpp → bwgrep.cpp
dir.Cpp → dir.cpp
working.Cpp → working.cpp
path-ops.Cpp → path-ops.cpp
```

- 표준 정규 표현식 문법을 사용하여 각 파일 이름 앞에 'bw'를 붙입니다:

```
$ ../rerename '^' bw
bwgrep.cpp → bwbwgrep.cpp
chrono.cpp → bwchrono.cpp
formatter.cpp → bwformatter.cpp
bwfoo.txt → bwbwfoo.txt
working.cpp → bwworking.cpp
```

이미 'bw'로 시작하는 파일들도 이름이 변경된 것을 확인할 수 있습니다. 이를 방지하기 위해 먼저 파일명을 복원합니다:

```
$ ../rerename '^bw' ''
bwbwgrep.cpp → bwgrep.cpp
bwworking.cpp → working.cpp
bwformatter.cpp → formatter.cpp
bwchrono.cpp → chrono.cpp
bwbwfoo.txt → bwfoo.txt
```

이제 정규 표현식을 사용하여 파일명이 'bw'로 시작하는지 확인합니다:

```
$ ../rerename '^(?!bw)' bw
chrono.cpp → bwchrono.cpp
formatter.cpp → bwformatter.cpp
working.cpp → bwworking.cpp
```

앞서 정규 표현식/대체 문자열의 vector를 사용했기 때문에 여러 대체 작업을 순차적으로 누적하여 적용할 수 있습니다:

```
$ ../rerename foo bar '\.cpp$' '.xpp' grep grok⁴
bwgrep.cpp → bwgrok.xpp
bwworking.cpp → bwworking.xpp
bwformatter.cpp → bwformatter.xpp
bwchrono.cpp → bwchrono.xpp
bwfoo.txt → bwbar.txt
```

---

4   **(역자 주)** foo는 bar로 바꾸고, .cpp 파일은 .xpp로, grep은 grok으로 대체하는 내용입니다.

How it works...

이 레시피의 filesystem 부분은 directory_iterator를 사용하여 현재 디렉터리의 각 파일에 대한 directory_entry 객체를 반환합니다:

```
for(const auto& entry : dit{fs::current_path()}) {
    fs::path fpath{ entry.path() };
    ...
}
```

그다음 directory_entry에서 path 객체를 생성하여 파일을 처리합니다.
path 객체의 replace_filename() 메서드를 사용하여 이름 변경 작업을 위한 대상을 생성합니다:

```
fs::path rpath{ fpath };
rpath.replace_filename(rname);
```

여기서 rpath라는 중복 객체를 만들고 이를 통해 이름 변경 작업을 수행합니다:

```
fs::rename(fpath, rpath);
```

이 레시피의 정규 표현식 부분에서는 regex_replace()를 사용하며, 이는 정규 표현식 구문을 사용하여 문자열에서 대체를 수행합니다:

```
s = regex_replace(s, pattern, repl);
```

정규 표현식 문법은 상당히 강력합니다. 심지어 검색 문자열의 부분들(sections)을 대체에 포함시키는 것도 허용합니다:

```
$ ../rerename '(bw)(.*\.)(.*)$' '$3$2$1'
bwgrep.cpp -> cppgrep.bw
bwfoo.txt -> txtfoo.bw
```

검색 패턴에 괄호를 사용하여 파일명의 부분들을 손쉽게 재배열할 수 있습니다.

See also...

정규 표현식에 관한 더 많은 내용은 7장 문자열, 스트림과 서식화에 있는 정규 표현식으로 문자열 파싱하기 레시피를 참고하세요.

디스크 사용량 카운터 만들기

예제 파일: chap10/dir-size.cpp

이것은 디렉터리 및 하위 디렉터리에 있는 모든 파일 크기를 합산하는 간단한 유틸리티입니다. POSIX/유닉스와 윈도우 파일 시스템에서 모두 동작합니다.

How to do it...

이 레시피는 디렉터리와 하위 디렉터리의 모든 파일의 크기를 보고하고 총합 크기도 함께 계산하는 유틸리티입니다. 이 장에서 사용했던 일부 함수를 재사용할 것입니다.

• 편의를 위한 별칭을 정의합니다:

```
namespace fs = std::filesystem;
using dit = fs::directory_iterator;
using de = fs::directory_entry;
```

• fs::path 객체를 위한 format 특수화도 사용합니다:

```
template<>
struct std::formatter<fs::path>:
std::formatter<std::string> {
    auto format(const fs::path& p, std::format_context& ctx) {
        return format_to(ctx.out(), "{}", p.string());
    }
};
```

• 디렉터리 크기를 보고하기 위해 make_commas() 함수를 사용합니다:

```
string make_commas(const uintmax_t& num) {
    string s{ std::to_string(num) };
    for(long l = s.length() - 3; l > 0; l -= 3) {
        s.insert(l, ",");
    }
    return s;
}
```

우리가 이전에 사용했던 함수로 끝에서 3자리마다 콤마를 붙입니다.

• 디렉터리를 정렬하기 위해 소문자 문자열 함수가 필요합니다:

```
string strlower(string s) {
    auto char_lower = [](const char& c) → char {
        if(c >= 'A' && c <= 'Z') return c + ('a' - 'A');
        else return c;
    };
    std::transform(s.begin(), s.end(), s.begin(), char_lower);
    return s;
}
```

• directory_entry 객체를 path 이름의 소문자로 정렬하기 위해 비교 서술이 필요합니다:

```
bool dircmp_lc(const de& lhs, const de& rhs) {
    const auto lhstr{ lhs.path().string() };
    const auto rhstr{ rhs.path().string() };
    return strlower(lhstr) < strlower(rhstr);
}
```

• size_string() 함수는 파일 크기를 기가 바이트, 메가 바이트, 킬로 바이트, 바이트 단위로 보고 하기 위해 축약된 값을 반환합니다:

```
string size_string(const uintmax_t fsize) {
    constexpr const uintmax_t kilo{ 1024 };
    constexpr const uintmax_t mega{ kilo * kilo };
    constexpr const uintmax_t giga{ mega * kilo };
```

```cpp
    if(fsize ≥ giga ) return format("{}{}",
        (fsize + giga / 2) / giga, 'G');
    else if (fsize ≥ mega) return format("{}{}",
        (fsize + mega / 2) / mega, 'M');
    else if (fsize ≥ kilo) return format("{}{}",
        (fsize + kilo / 2) / kilo, 'K');
    else return format("{}B", fsize);
}
```

- entry_size() 함수는 파일의 크기를 반환하거나, 디렉터리인 경우 디렉터리의 전체 크기를 재귀적으로 계산하여 반환합니다:

```cpp
uintmax_t entry_size(const fs::path& p) {
    if(fs::is_regular_file(p)) return fs::file_size(p);
    uintmax_t accum{};
    if(fs::is_directory(p) && ! fs::is_symlink(p)) {
        for(auto& e : dit{ p }) {
            accum += entry_size(e.path());
        }
    }
    return accum;
}
```

- main() 함수에서는 먼저 필요한 선언을 수행한 후, 검색할 유효한 디렉터리가 있는지 확인합니다:

```cpp
int main(const int argc, const char** argv) {
    auto dir{ argc > 1 ?
        fs::path(argv[1]) : fs::current_path() };
    vector<de> entries{};
    uintmax_t accum{};

    if (!exists(dir)) {
        cout << format("path {} does not exist\n", dir);
        return 1;
    }
```

```
if(!is_directory(dir)) {
    cout << format("{} is not a directory\n", dir);
    return 1;
}
cout << format("{}:\n", absolute(dir));
```

디렉터리 경로인 dir 변숫값은 인수가 있는 경우 argv[1]을 사용하고, 그렇지 않으면 현재 디렉터리에 대해 current_path()를 사용합니다. 그다음 사용량 카운터를 위한 환경을 설정합니다.

- directory_entry 객체의 vector는 정렬된 결과를 저장하는 데 사용됩니다.
- accum은 최종 크기 총합을 계산하기 위해 값을 누적하는 변수입니다.
- 디렉터리를 검사하기 전에 dir이 존재하며 디렉터리인지 확인합니다.

• 그다음 반복문을 통해 vector를 생성합니다. 생성이 완료되면 dircmp_lc() 함수를 비교 서술 함수로 사용하여 entries를 정렬합니다:

```
for (const auto& e : dit{ dir }) {
    entries.emplace_back(e.path());
}
std::sort(entries.begin(), entries.end(), dircmp_lc);
```

• 이제 모든 것이 준비되었고 정렬된 directory_entry 객체의 vector를 통해 결과를 취합할 수 있습니다:

```
for (const auto& e : entries) {
    fs::path p{ e };
    uintmax_t esize{ entry_size(p) };
    string dir_flag{};

    accum += esize;
    if(is_directory(p) && !is_symlink(p)) dir_flag =" ▽";
    cout << format("{:>5} {}{}\n",
        size_string(esize), p.filename(), dir_flag);
}
```

```
cout << format("{:→25}\n", "");
cout << format("total bytes: {} ({})\n",
make_commas(accum), size_string(accum));
```

entry_size( ) 함수를 호출하면 directory_entry 객체가 나타내는 파일 또는 디렉터리 크기가 반환됩니다.

현재 항목이 디렉터리이고 심볼릭 링크가 아닌 경우, 디렉터리임을 나타내는 기호를 추가합니다. 필자는 역삼각형(▽)을 골랐습니다. 어떤 기호든 상관없습니다.

반복문이 완료되면 누적된 크기를 쉼표로 구분한 바이트 수와 size_string( )을 호출하여 축약된 단위를 출력합니다:

```
                                                              출력
/home/billw/working/cpp-stl-wkbk/chap10:
327K  bwgrep
  3K  bwgrep.cpp
199K  dir
  4K  dir.cpp
176K  formatter
905B  formatter.cpp
  0B  include
  1K  Makefile
181K  path-ops
  1K  path-ops.cpp
327K  rerename
  2K  rerename.cpp
 11K  testdir ▽
 11K  testdir-backup ▽
203K  working
  3K  working.cpp
-----------------------
total bytes: 1,484,398 (1M)
```

How it works...

fs::file_size( ) 함수는 주어진 플랫폼에서 가장 큰 unsigned 자연수를 담을 수 있는 uintmax_t 타입의 파일 크기를 반환합니다. 대부분의 64비트 시스템에서는 일반적으로 64

비트 정수인데 예외는 윈도우입니다. 윈도우는 32비트 정수입니다. 즉, 일부 시스템에서는 size_t가 이 값을 처리할 수 있을지라도, 윈도우에서는 64비트 값을 32비트 값으로 승격하려 시도하면서 컴파일에 실패할 수 있음을 의미합니다.

entry_size() 함수는 path 객체를 받아서 uintmax_t 타입의 값을 반환합니다:

```cpp
uintmax_t entry_size(const fs::path& p) {
    if(fs::is_regular_file(p)) return fs::file_size(p);

    uintmax_t accum{};
    if(fs::is_directory(p) && !fs::is_symlink(p)) {
        for(auto& e : dit{ p }) {
            accum += entry_size(e.path());
        }
    }
    return accum;
}
```

이 함수는 정규 파일인지 검사하고, 파일 크기를 반환합니다. 그렇지 않으면 심볼릭 링크가 아닌 디렉터리인지 검사합니다. 우리는 디렉터리에 있는 파일의 크기만 원하기 때문에 심볼릭 링크를 따라갈 필요는 없습니다. (심볼릭 링크는 참조 순환(reference loops)을 일으켜 무한 반복 상태로 이어질 수 있습니다)

만약 디렉터리를 찾으면, 디렉터리를 순회하며 그 안에 있는 각 파일에 대해 entry_size() 함수를 호출합니다. 재귀 반복을 통해 디렉터리의 전체 크기를 구하게 됩니다.

11장

생각해볼 주제들

C++

이 책에서는 optional 값, 컨테이너, 반복자, 알고리즘, 스마트 포인터와 같은 유용한 기법들을 배웠습니다. 이러한 개념들이 사용되는 예제를 살펴보았으며, 이를 작은 프로젝트에 실험하고 적용해 볼 기회도 가졌습니다. 이제 이러한 기술들을 몇 가지 더 실용적인 아이디어에 적용해 봅시다.

이 장에서는 다음과 같은 레시피를 다룹니다.

- 검색 제안을 위한 trie 클래스 만들기
- 두 벡터의 오차 합 계산하기
- 나만의 split 알고리즘 만들기
- 기존 알고리즘을 레버리지하는 gather 알고리즘 만들기
- 연속된 공백 제거하기
- 숫자를 단어로 변환하기

예제 코드

이 장의 코드는 아래 깃허브 사이트에서 찾을 수 있습니다.

- https://github.com/Youngjin-com/CPP-STL/tree/main/chap11

검색 제안을 위한 trie 클래스 만들기   예제 파일: chap11/trie.cpp

트라이(trie)는 접두사 트리(prefix tree)라고도 불리며 텍스트 자동 완성과 기타 검색 애플리케이션에서 흔히 사용되는 검색 트리의 한 유형입니다. 트라이는 깊이 우선 탐색(DFS)에 적합한 재귀적인 구조를 가지며, 각 노드는 키이면서 동시에 또 다른 트라이가 됩니다.

일반적인 사용 사례는 문자열 트라이(trie of strings)로 각 노드는 문장의 일부 문자열입니다.

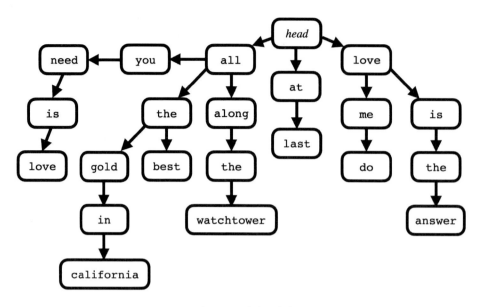

그림 11.1 문자열 트라이

우리는 흔히 트라이의 헤드(head)에서 검색을 시작하여 특정 문자로 시작하는 문장들을 찾습니다. 예를 들어, all을 검색하면 you, the, along 3개의 노드들을 얻습니다. love를 검색하면 me와 is를 얻습니다.

문자열 트라이는 검색 제안 기능을 구현할 때 일반적으로 사용됩니다. 여기에서는 트라이 구조를 구현하기 위해 std::map을 사용하여 문자열 트라이를 구현하겠습니다.

How to do it...

이 레시피에서는 std::map 컨테이너에 노드를 저장하는 재귀적인 trie 클래스를 만듭니다. 이는 소형 인메모리 트라이를 위한 단순한 방법입니다. 이 클래스는 다소 크기 때문에 여기서는 중요한 부분만 보여드립니다.

클래스의 전체 소스 코드는 아래 깃허브를 참고하세요.

• https://github.com/Youngjin-com/CPP-STL/blob/main/chap11/trie.cpp

• 편의를 위한 별칭을 정의합니다:

```
using ilcstr = initializer_list<const char *>;
```

trie를 검색할 때 ilcstr을 사용합니다.

- 충돌을 피하기 위해 private 네임스페이스에 해당 클래스를 넣습니다:

```
namespace bw {
using std::map;
using std::deque;
using std::initializer_list;
```

편의를 위해 몇 개의 using 문을 이 네임스페이스에 넣었습니다.

- 클래스의 이름은 trie이고 3개의 데이터 멤버를 갖습니다:

```
class trie {
using get_t = deque<deque<string>>;
using nodes_t = map<string, trie>;
using result_t = std::optional<const trie*>;

nodes_t nodes{};
mutable get_t result_dq{};
mutable deque<string> prefix_dq{};
```

trie 클래스는 몇 개의 지역 타입 별칭들을 갖습니다.

- get_t는 string 타입의 deque의 deque으로 문자열 결과에 사용됩니다.
- notes_t는 string 키를 가진 trie 클래스의 map입니다.
- result_t는 검색 결과를 담은 trie의 포인터를 담은 optional 타입입니다.

nodes 객체는 각 trie의 노드가 또 다른 trie가 되는 재귀적 map을 저장하는 데 사용됩니다.

- public 인터페이스는 대부분 private 인터페이스에 있는 유틸리티 함수들을 호출합니다. 예를 들어 insert() 메서드는 initializer_list 객체를 받아서 private 함수인 _insert()를 호출합니다:

```
void insert(const ilcstr& il) {
    _insert(il.begin(), il.end());
}
```

_insert 함수는 요소를 삽입하는 작업을 합니다:

```
template <typename It>
void _insert(It it, It end_it) {
    if(it == end_it) return;
    nodes[*it]._insert(++it, end_it);
}
```

이는 trie를 탐색하는 데 필요한 재귀 함수 호출을 용이하게 합니다. map에 등장하지 않는 키를 참조하면 해당 키를 갖는 빈 요소가 생성됨에 주의하세요. 따라서 nodes 요소에서 _insert()를 호출하는 코드가 실행되면, 해당 요소가 존재하지 않을 경우 빈 trie 객체가 생성됩니다.

• get() 메서드는 get_t 객체를 반환하며, 이는 string 타입의 deque의 deque을 나타내는 별칭입니다. 이를 통해 여러 결과 집합을 반환할 수 있습니다:

```
get_t& get() const {
    result_dq.clear();
    deque<string> dq{};
    _get(dq, result_dq);
    return result_dq;
}
```

get() 메서드는 private한 _get() 함수를 호출하고 이 함수는 재귀적으로 trie를 순회합니다:

```
void _get(deque<string>& dq, get_t& r_dq) const {
    if(empty()) {
        r_dq.emplace_back(dq);
        dq.clear();
    }
    for(const auto& p : nodes) {
        dq.emplace_back(p.first);
        p.second._get(dq, r_dq);
    }
}
```

• find_prefix() 함수는 부분 문자열과 매칭되는 결과를 deque으로 반환합니다:

```
deque<string>& find_prefix(const char * s) const {
    _find_prefix(s, prefix_dq);
    return prefix_dq;
}
```

public 인터페이스는 private 함수인 _find_prefix()를 호출합니다:

```
void _find_prefix(const string& s, auto& pre_dq) const {
    if(empty()) return;
    for(const auto& [k, v] : nodes) {
        if(k.starts_with(s)) {
            pre_dq.emplace_back(k);
            v._find_prefix(k, pre_dq);
        }
    }
}
```

private 함수인 _find_prefix()는 trie를 재귀적으로 순회하고 각 키가 prefix로 시작하는 지 비교합니다. starts_with() 메서드는 C++20에 새로 추가된 기능입니다. 이전 STL에서는 find() 메서드를 사용하고 반환값이 0인지 확인하는 방식으로 동일한 작업을 수행할 수 있습니다:

```
if(k.find(s) == 0) {
    ...
```

search() 함수는 optional〈const trie*〉를 반환하며, 이는 result_t로 별칭 처리됩니다. 이 함수는 두 가지 오버로드를 제공합니다:

```
result_t search(const ilcstr& il) const {
    return _search(il.begin(), il.end());
}
result_t search(const string& s) const {
    const ilcstr il{s.c_str()};
    return _search(il.begin(), il.end());
}
```

이 메서드는 반복자를 private 멤버 함수 _search( )로 전달하고 _search( )는 검색 작업을 수행합니다:

```cpp
template <typename It>
result_t _search(It it, It end_it) const {
    if(it == end_it) return {this};
    auto found_it = nodes.find(*it);
    if(found_it == nodes.end()) return {};
    return found_it->second._search(++it, end_it);
}
```

_search( ) 함수는 매칭을 찾을 때까지 재귀적으로 탐색하고 result_t 객체에 노드를 반환합니다. 만약 매칭되는 것이 없으면 값이 없는 optional 객체를 반환합니다.

• print_trie_prefix( ) 함수에는 두 가지 오버로드가 있습니다. 이 함수는 검색어로 사용된 접두사로부터 trie의 내용을 출력합니다. 한 버전은 접두사로 string을 받고, 다른 버전은 C문자열인 initializer_list를 받습니다:

```cpp
void print_trie_prefix(const bw::trie& t,
        const string& prefix) {
    auto& trie_strings = t.get();
    cout << format("results for \"{} ... \":\n", prefix);
    for(auto& dq : trie_strings) {
        cout << format("{} ", prefix);
        for(const auto& s : dq) cout << format("{} ", s);
        cout << '\n';
    }
}

void print_trie_prefix(const bw::trie& t,
        const ilcstr& prefix) {
    string sprefix{};
    for(const auto& s : prefix) sprefix += format("{} ", s);
    print_trie_prefix(t, sprefix);
}
```

이들 함수는 get( ) 멤버 함수를 호출하여 trie에서 결과를 검색합니다.

- 이제 main() 함수에서 trie 클래스를 시험할 수 있습니다. 먼저 trie를 선언하고 몇 개의 문장을 삽입합니다:

```
int main() {
    bw::trie ts;
    ts.insert({ "all", "along", "the", "watchtower" });
    ts.insert({ "all", "you", "need", "is", "love" });
    ts.insert({ "all", "shook", "up" });
    ts.insert({ "all", "the", "best" });
    ts.insert({ "all", "the", "gold", "in", "california" });
    ts.insert({ "at", "last" });
    ts.insert({ "love", "the", "one", "you're", "with" });
    ts.insert({ "love", "me", "do" });
    ts.insert({ "love", "is", "the", "answer" });
    ts.insert({ "loving", "you" });
    ts.insert({ "long", "tall", "sally" });
    ...
```

insert() 메서드 호출은 문장의 모든 문자열을 담은 initializer_list를 넘깁니다. 문장의 문자열 각각은 trie 계층 구조에 삽입됩니다.

- 이제 trie를 탐색할 수 있습니다. 다음은 단일 문자열인 'love'로 검색하는 예제입니다:

```
const auto prefix = {"love"};
if (auto st = ts.search(prefix); st) {
    print_trie_prefix(*st.t, prefix);
}
cout << '\n';
```

이것은 단일 C 문자열을 포함하는 initializer_list인 prefix를 사용하여, ts.search() 메서드를 호출합니다. 출력은 prefix와 함께 print_trie_prefix() 함수에 전달됩니다.

```
results for "love...":
love is the answer
love me do
love the one you're with
```

- 다음은 두 문자열로 구성된 접두사를 검색하는 예제입니다:

```
const auto prefix = {"all", "the"};
if (auto st = ts.search(prefix); st) {
    print_trie_prefix(*st.t, prefix);
}
cout << '\n';
```

```
results for "all the ...":
all the best
all the gold in California
```

- 다음은 find_prefix() 함수를 사용하여 부분 접두사로 검색하는 예제입니다:

```
const char * prefix{ "lo" };
auto prefix_dq = ts.find_prefix(prefix);
for(const auto& s : prefix_dq) {
    cout << format("match: {} → {}\n", prefix, s);
    if (auto st = ts.search(s); st.have_result) {
        print_trie_prefix(*st.t, s);
    }
}
cout << '\n';
```

```
match: lo -> long
results for "long...":
long tall sally
match: lo -> love
results for "love...":
love is the answer
love me do
love the one you're with
match: lo -> loving
results for "loving...":
loving you
```

find_prefix() 검색은 매칭되는 여러 결과를 반환했으며 이를 바탕으로 추가적인 검색 결과가 생성됐습니다.

How it works...

trie 클래스의 데이터는 재귀적인 map 컨테이너에 보관됩니다. map의 각 노드는 또 다른 trie 객체를 포함하며, 이 객체는 자체적으로 map 노드를 가집니다:

```
using nodes_t = map<string, trie>
```

_insert() 함수는 begin과 end 반복자를 받아 새로운 노드에 대한 _insert() 함수를 재귀적으로 호출합니다:

```
template <typename It>
void _insert(It it, It end_it) {
    if(it == end_it) return;
    nodes[*it]._insert(++it, end_it);
}
```

이와 마찬가지로 _search() 함수는 탐색된 노드들에 대해 재귀적으로 _search() 함수를 호출합니다:

```
template <typename It>
result_t _search(It it, It end_it) const {
    if(it == end_it) return {this};
    auto found_it = nodes.find(*it);
    if(found_it == nodes.end()) return {};
    return found_it->second._search(++it, end_it);
}
```

std::map을 이용한 재귀적인 접근 방식으로 trie 클래스를 간결하고 효율적으로 구현할 수 있습니다.

두 벡터의 오차 합 계산하기

예제 파일: chap11/error-sum.cpp

비슷한 두 벡터가 양자화나 해상도 차이만 있는 경우, inner_product() 알고리즘을 사용하여 오차 합을 계산할 수 있습니다.

$$e = \sum_{i=1}^{n} (a_i - b_i)^2$$

그림 11.2 오차 합의 정의

여기서 e는 오차 합으로 두 벡터에서 일련의 점들 간 차이의 제곱을 합한 것입니다. inner_product() 알고리즘은 〈numeric〉 헤더에 있으며 두 벡터로부터 오차 합을 계산할 수 있습니다.

How to do it...

이 레시피에서는 두 벡터를 정의하는데 각각은 **사인 곡선**입니다. 한 벡터는 double 타입 값을 가지고, 다른 벡터는 int 타입 값을 가집니다. int 타입은 분수 값을 표현할 수 없기 때문에, 두 벡터는 양자화에서 차이가 발생합니다. 이후 inner_product()를 사용하여 두 벡터 간의 오차 합을 계산합니다.

• main() 함수에서는 벡터와 간단한 index 변수를 정의합니다:

```cpp
int main() {
    constexpr size_t vlen{ 100 };
    vector<double> ds(vlen);
    vector<int> is(vlen);
    size_t index{};
     ...
```

ds 변수는 double 타입의 사인 곡선 vector이고 is 변수는 int 타입의 사인 곡선 vector 입니다. 각 vector는 사인 곡선을 저장하기 위해 100개 요소를 갖습니다. index 변수는 vector 객체를 초기화하는데 사용됩니다.

• 반복문과 람다를 사용하여 double 타입의 vector에 사인 곡선을 생성합니다:

```cpp
auto sin_gen = [&index]{
    return 5.0 * sin(index++ * 2 * pi / 100);
};
for(auto& v : ds) v = sin_gen();
```

람다는 index 변수를 참조로 캡처하여 증가시킬 수 있도록 합니다.

pi 상수는 std::numbers 라이브러리에 있습니다.

- 이제 double 타입의 사인 곡선을 가지고 있으며, 이를 사용하여 int 버전을 도출할 수 있습니다:

```
index = 0;
for(auto& v : is) {
    v = static_cast<int>(round(ds.at(index++)));
}
```

이 코드는 ds 변수로부터 각 점을 가져와 반올림하고, int 타입으로 변환한 후, is 컨테이너에 저장합니다.

- 단순한 반복문으로 사인 곡선들을 표시합니다:

```
for(const auto& v : ds) cout << format("{:-5.2f} ", v);
cout << "\n\n";
for(const auto& v : is) cout << format("{:-3d} ", v);
cout << "\n\n";
```

두 컨테이너에 있는 사인 곡선의 점 데이터는 다음과 같습니다:

```
0.00 0.31 0.63 0.94 1.24 1.55 1.84 2.13 2.41 2.68 2.94 3.19 3.42 3.64 3.85 4.05
4.22 4.38 4.52 4.65 4.76 4.84 4.91 4.96 4.99 5.00 4.99 4.96 4.91 4.84 4.76 4.65
4.52 4.38 4.22 4.05 3.85 3.64 3.42 3.19 2.94 2.68 2.41 2.13 1.84 1.55 1.24 0.94
0.63 0.31 0.00 -0.31 -0.63 -0.94 -1.24 -1.55 -1.84 -2.13 -2.41 -2.68 -2.94
-3.19 -3.42 -3.64 -3.85 -4.05 -4.22 -4.38 -4.52 -4.65 -4.76 -4.84 -4.91 -4.96
-4.99 -5.00 -4.99 -4.96 -4.91 -4.84 -4.76 -4.65 -4.52 -4.38 -4.22 -4.05 -3.85
-3.64 -3.42 -3.19 -2.94 -2.68 -2.41 -2.13 -1.84 -1.55 -1.24 -0.94 -0.63 -0.31
0 0 1 1 1 2 2 2 2 3 3 3 3 4 4 4 4 5 5 5 5 5 5 5 5 5 5 5 5 5 5 4 4 4 4 4 3 3
3 3 2 2 2 2 1 1 1 0 0 0 -1 -1 -1 -2 -2 -2 -2 -3 -3 -3 -3 -4 -4 -4 -4 -4 -5 -5
-5 -5 -5 -5 -5 -5 -5 -5 -5 -5 -5 -5 -5 -4 -4 -4 -4 -4 -3 -3 -3 -3 -2 -2 -2 -2
-1 -1 -1 0
```

- 이제 inner_product() 알고리즘을 사용하여 오차 합을 계산합니다:

```
double errsum = inner_product(ds.begin(), ds.end(),
```

```
        is.begin(), 0.0, std::plus<double>(),
      [](double a, double b){ return pow(a - b, 2); });
  cout << format("error sum: {:.3f}\n\n", errsum);
```

람다 표현식은 공식에서 $(a_i - b_i)^2$ 부분을 반환합니다. std::plus() 알고리즘으로 덧셈을 수행합니다.

```
  error sum: 7.304
```
출력

How it works...

inner_product() 알고리즘은 첫 번째 입력 레인지에서 곱(product)의 합을 계산하며 시그니처는 다음과 같습니다:

```
  T inner_product(InputIt1 first1, InputIt1 last1,
      InputIt2 first2, T init, BinaryOperator1 op1,
      BinaryOperator2 op2)
```

이 함수는 두 개의 이항 연산자 펑터, op1과 op2를 받습니다. 첫 번째 연산자 op1은 합(sum) 연산에 사용되고, 두 번째 연산자 op2는 곱(product) 연산에 사용됩니다. 우리는 합 연산자로 std::plus()를 사용하며, 곱 연산자로 람다를 사용합니다. init 인자는 시작점 또는 편향(bias)으로 사용할 수 있으며, 여기서는 리터럴 값 0.0을 전달합니다. 반환 값은 곱셈 결과의 누적 합계입니다.

There's more...

inner_product()을 반복문에 넣으면 누적된 오차 합을 계산할 수 있습니다:

```
  cout << "accumulated error:\n";
  for (auto it{ds.begin()}; it ≠ ds.end(); ++it) {
      double accumsum = inner_product(ds.begin(), it,
          is.begin(), 0.0, std::plus<double>(),
```

```
            [](double a, double b){ return pow(a - b, 2); });
        cout << format("{:-5.2f} ", accumsum);
    }
    cout << '\n';
```

```
accumulated error:
0.00 0.00 0.10 0.24 0.24 0.30 0.51 0.53 0.55 0.72 0.82 0.82 0.86 1.04 1.16 1.19
1.19 1.24 1.38 1.61 1.73 1.79 1.82 1.82 1.83 1.83 1.83 1.83 1.83 1.84 1.86 1.92
2.04 2.27 2.42 2.46 2.47 2.49 2.61 2.79 2.83 2.83 2.93 3.10 3.12 3.14 3.35 3.41
3.41 3.55 3.65 3.65 3.75 3.89 3.89 3.95 4.16 4.19 4.20 4.37 4.47 4.48 4.51 4.69
4.82 4.84 4.84 4.89 5.03 5.26 5.38 5.44 5.47 5.48 5.48 5.48 5.48 5.48 5.48 5.49
5.51 5.57 5.70 5.92 6.07 6.12 6.12 6.14 6.27 6.45 6.48 6.48 6.59 6.75 6.77 6.80
7.00 7.06 7.07 7.21
```

이 방법은 일부 통계 응용 프로그램에서 유용할 수 있습니다.

나만의 split 알고리즘 만들기

예제 파일: chap11/split.cpp

STL에는 풍부한 algorithm 라이브러리가 있지만, 때로는 필요한 기능이 부족할 수 있습니다. 그중 하나는 문자열을 분리하는 split 함수입니다.

split 함수는 문자열을 특정 문자 구분자를 기준으로 나눕니다. 예를 들어, 표준 데비안 리눅스에는 /etc/passwd 파일이 있습니다:

```
root:x:0:0:root:/root:/bin/bash
daemon:x:1:1:daemon:/usr/sbin:/usr/sbin/nologin
bin:x:2:2:bin:/bin:/usr/sbin/nologin
sys:x:3:3:sys:/dev:/usr/sbin/nologin
sync:x:4:65534:sync:/bin:/bin/sync
```

각 필드는 콜론(:) 문자로 구분되며 필드 목록은 다음과 같습니다.

1. 로그인 이름

2. 선택적인 암호화된 비밀번호

3. 사용자 ID

4. 그룹 ID

5. 사용자 이름 혹은 주석

6. 홈 디렉터리

7. 선택적인 명령 인터프리터

이 파일은 POSIX 기반 운영 체제에서 표준 파일이며, 이와 유사한 파일들이 많이 존재합니다. 대부분의 스크립팅 언어에는 구분자를 기준으로 문자열을 나누는 내장 함수가 포함되어 있습니다. C++에서도 이를 간단히 구현하는 방법이 있습니다. 그러나 std::string은 STL의 또 다른 컨테이너일 뿐이며, 컨테이너를 구분자 기준으로 나누는 일반적인 알고리즘은 꽤 유용한 도구가 될 수 있습니다. 그렇다면, 이를 직접 만들어 봅시다.

How to do it...

이 레시피에서는 구분자로 컨테이너를 분할하여 대상 컨테이너에 넣는 일반적인 알고리즘을 만듭니다.

• 우리의 알고리즘을 bw 네임스페이스에 넣어 std와 충돌을 피합니다:

```cpp
namespace bw {
    template<typename It, typename Oc, typename V, typename Pred>
    It split(It it, It end_it, Oc& dest, const V& sep, Pred& f) {
        using SliceContainer = typename Oc::value_type;
        while(it ≠ end_it) {
            SliceContainer dest_elm{};
            auto slice{ it };
            while(slice ≠ end_it) {
                if(f(*slice, sep)) break;
                dest_elm.push_back(*slice++);
            }
            dest.push_back(dest_elm);
            if(slice == end_it) return end_it;
            it = ++slice;
        }
        return it;
    }
};
```

split() 알고리즘은 구분자로 컨테이너를 검색하고 분할된 슬라이스를 새로운 출력 컨테이너에 넣습니다. 이때 각 슬라이스는 출력 컨테이너의 내부 컨테이너입니다.

우리는 split() 알고리즘이 최대한 algorithm 라이브러리에 있는 다른 알고리즘처럼 일반화되기를 원합니다. 이를 위해 모든 인자를 템플릿화하고, 코드는 다양한 종류의 인자 타입과 함께 동작할 수 있도록 설계해야 합니다.

먼저 템플릿 인자들을 봅시다.

- It는 원본 컨테이너를 위한 입력 반복자 타입입니다.
- Oc는 출력 컨테이너 타입으로, 이는 컨테이너들의 컨테이너입니다.
- V는 구분자 타입입니다.
- Pred는 서술 펑터입니다.

출력 타입은 컨테이너의 컨테이너 형태입니다. 이 컨테이너는 슬라이스의 컨테이너를 저장해야 합니다. 예를 들어 vector⟨string⟩일 경우 문자열 값이 슬라이스를 나타내고, vector⟨vector⟨int⟩⟩일 경우 내부 vector⟨int⟩가 슬라이스를 포함합니다. 이로 인해 출력 컨테이너 타입으로부터 내부 컨테이너의 타입을 유추할 필요가 있습니다. 이를 함수 본문에서 using 선언을 사용하여 수행합니다:

```
using SliceContainer = typename Oc::value_type;
```

이것이 또한 우리가 출력 인자를 위해 출력 반복자를 사용할 수 없는 이유입니다. 출력 반복자는 그 내용물의 타입을 결정할 수 없으며, value_type이 void로 설정되기 때문입니다.

다음 문장에서 SliceContainer 타입을 사용하여 출력 컨테이너로 추가될 임시 컨테이너를 정의합니다:

```
dest.push_back(dest_elm);
```

- 서술은 입력 요소와 구분자를 비교하는 이항 연산자입니다. bw 네임스페이스에 기본적인 동등 연산자를 포함시킵니다:

```
constexpr auto eq = [](const auto& el, const auto& sep) {
    return el == sep;
};
```

• 또한 기본적으로 eq 연산자를 사용하는 split() 알고리즘의 특수화를 포함시킵니다:

```
template<typename It, typename Oc, typename V>
It split(It it, const It end_it, Oc& dest, const V& sep) {
    return split(it, end_it, dest, sep, eq);
}
```

• string 객체를 분할하는 것은 이 알고리즘에서 흔히 사용되는 사례이기 때문에, 이를 위한 특정
목적의 헬퍼 함수를 포함시켰습니다:

```
template<typename Cin, typename Cout, typename V>
Cout& strsplit(const Cin& str, Cout& dest, const V& sep) {
    split(str.begin(), str.end(), dest, sep, eq);
    return dest;
}
```

• main() 함수에서 split 알고리즘을 string 객체로 시험합니다:

```
int main() {
    constexpr char strsep{ ':' };
    const string str { "sync:x:4:65534:sync:/bin:/bin/sync" };
    vector<string> dest_vs{};

    bw::split(str.begin(), str.end(), dest_vs, strsep, bw::eq);
    for(const auto& e : dest_vs) cout <<
        format("[{}] ", e);
    cout << '\n';
}
```

/etc/passwd 파일에 있는 문자열을 사용하여 우리의 알고리즘을 시험합니다.
출력은 다음과 같습니다:

출력

```
[sync] [x] [4] [65534] [sync] [/bin] [/bin/sync]
```

• strsplit() 헬퍼 함수를 사용하면 더욱 단순해집니다:

```
vector<string> dest_vs2{};
bw::strsplit(str, dest_vs2, strsep);
for(const auto& e : dest_vs2) cout << format("[{}] ", e);
cout << '\n';
```

```
[sync] [x] [4] [65534] [sync] [/bin] [/bin/sync]
```

이것으로 /etc/passwd 파일을 파싱하는 것이 쉬워졌습니다.

• 모든 컨테이너에 이 알고리즘을 사용할 수 있습니다:

```
constexpr int intsep{ -1 };
vector<int> vi{ 1, 2, 3, 4, intsep, 5, 6, 7, 8, intsep, 9, 10, 11, 12 };
vector<vector<int>> dest_vi{};
bw::split(vi.begin(), vi.end(), dest_vi, intsep);
for(const auto& v : dest_vi) {
    string s;
    for(const auto& e : v) s += format("{}", e);
    cout << format("[{}] ", s);
}
cout << '\n';
```

```
[1234] [5678] [9101112]
```

How it works...

split 알고리즘 자체는 비교적 단순합니다. 이 레시피의 마법은 알고리즘을 가능한 일반적으로
만드는 템플릿의 사용에 있습니다.

using 선언으로 출력 컨테이너와 함께 사용될 컨테이너 타입을 정의할 수 있습니다:

```
using SliceContainer = typename Oc::value_type;
```

SliceContainer 타입은 슬라이스를 위한 컨테이너를 생성하는 데 사용됩니다:

```
SliceContainer dest_elm{};
```

이것은 각 슬라이스에 대해 출력 컨테이너에 추가되는 임시 컨테이너입니다:

```
dest.push_back(dest_elm);
```

기존 알고리즘을 레버리지[1]하는 gather 알고리즘 만들기

예제 파일: chap11/gather.cpp

gather()는 기존 알고리즘을 레버리지하는 알고리즘의 예입니다.

gather()는 한 쌍의 컨테이너 반복자를 받아 서술을 만족하는 요소들을 수열의 피벗(pivot) 위치로 이동시키고, 서술을 만족하는 요소를 포함하는 반복자 쌍을 반환합니다.

예를 들어 gather 알고리즘을 사용하면 vector의 중간 지점으로 모든 짝수를 정렬할 수 있습니다:

```
vector<int> vint{ 0, 1, 2, 3, 4, 5, 6, 7, 8, 9 };
gather(vint.begin(), vint.end(), mid(vint), is_even);
for(const auto& el : vint) cout << el;
```

출력

1302468579

짝수가 모두 출력 중앙에 위치하는 것을 확인할 수 있습니다.

이 레시피에서는 표준 STL 알고리즘을 사용하여 gather 알고리즘을 구현합니다.

How to do it...

gather 알고리즘은 std::stable_partition() 알고리즘을 사용하여 항목을 피벗 반복자 앞으로 이동시키고, 다시 항목을 피벗 뒤로 이동시킵니다.

• 충돌을 피하기 위해 bw 네임스페이스를 생성합니다:

---

1 **(역자 주)** 레버리지란 금융 용어인데 기존의 것을 지렛대로 활용하여 손쉽게 더 나은 효과를 얻는다는 의미입니다.

```
namespace bw {
using std::stable_partition;
using std::pair;
using std::not_fn;

template <typename It, typename Pred>
pair<It, It> gather(It first, It last, It pivot, Pred pred) {
    return {stable_partition(first, pivot, not_fn(pred)),
            stable_partition(pivot, last, pred)};
}
};
```

gather() 알고리즘은 두 개의 stable_partition() 알고리즘 호출에서 반환된 반복자의 쌍을 반환합니다.

• 다음은 몇 개의 헬퍼 람다입니다:

```
constexpr auto midit = [](auto& v) {
    return v.begin() + (v.end() - v.begin()) / 2;
};
constexpr auto is_even = [](auto i) {
    return i % 2 == 0;
};
constexpr auto is_even_char = [](auto c) {
    if(c >= '0' && c <= '9') return (c - '0') % 2 == 0;
    else return false;
};
```

이 세 가지 람다는 다음과 같습니다.

• midit는 컨테이너 중간 지점에 위치한 반복자를 반환하며, 피벗 지점으로 사용됩니다.

• is_even은 값이 짝수일 경우 true를 반환하며, 서술로 사용됩니다.

• is_even_char은 값이 문자 '0'에서 '9' 사이에 있으며 짝수일 경우 true를 반환하며, 서술로 사용됩니다.

• main() 함수에서는 int 타입의 vector로 gathe() 알고리즘을 호출합니다:

```
int main() {
```

```
        vector<int> vint{ 0, 1, 2, 3, 4, 5, 6, 7, 8, 9 };
        auto gathered_even = bw::gather(vint.begin(),
            vint.end(), bw::midit(vint), bw::is_even);
        for(const auto& el : vint) cout << el;
        cout << '\n';
    }
```

다음과 같이 짝수들이 가운데 모여 있습니다:

    1302468579

gather() 함수는 단지 짝수만 포함하는 반복자 쌍을 반환합니다:

```
    auto& [it1, it2] = gathered_even;
    for(auto it{ it1 }; it < it2; ++it) cout << *it;
    cout << '\n';
```

    02468

• 우리는 피벗 지점을 begin() 혹은 end() 반복자로 특정할 수 있습니다:

```
    bw::gather(vint.begin(), vint.end(), vint.begin(), bw::is_even);
    for(const auto& el : vint) cout << el;
    cout << '\n';
    bw::gather(vint.begin(), vint.end(), vint.end(), bw::is_even);
    for(const auto& el : vint) cout << el;
    cout << '\n';
```

출력

    0246813579
    1357902468

• gather() 알고리즘은 반복자 기반입니다. 따라서 어떤 컨테이너에도 적용할 수 있습니다. 다음은 숫자로 된 문자열을 사용한 예입니다:

```
    string jenny{ "867-5309" };
    bw::gather(jenny.begin(), jenny.end(), jenny.end(), bw::is_even_char);
```

```
for(const auto& el : jenny) cout << el;
cout << '\n';
```

모든 짝수 자릿수가 문자열 끝으로 이동하였습니다:

```
7-539860
```

How it works...

gather() 함수는 std::stable_partition() 알고리즘을 사용하여 서술에 매칭되는 요소들을 피벗 지점으로 이동시킵니다.

gather()는 stable_partition() 함수를 두 번 호출하는데, 한 번은 서술을 사용하고 다른 한 번은 서술의 부정(negated)을 사용합니다:

```
template <typename It, typename Pred>
pair<It, It> gather(It first, It last, It pivot, Pred pred) {
    return { stable_partition(first, pivot, not_fn(pred)),
        stable_partition(pivot, last, pred) };
}
```

두 번의 stable_partition() 호출로부터 반환된 반복자는 쌍 형태로 반환됩니다.

연속된 공백 제거하기

예제 파일: chap11/delws.cpp

사용자로부터 입력을 받을 때 문자열에 과도한 연속 공백 문자가 포함되는 경우는 흔합니다. 이 레시피에서는 탭이나 기타 공백 문자가 포함됐을 때 연속된 공백을 제거하는 함수에 대해 소개합니다.

How to do it...

이 함수는 std::unique() 알고리즘을 레버리지하여 문자열에 있는 연속된 공백 문자를 제거합니다.

- bw 네임스페이스에 공백을 찾는 함수로 시작합니다:

```cpp
template<typename T>
bool isws(const T& c) {
    constexpr const T whitespace[]{ " \t\r\n\v\f" };
    for(const T& wsc : whitespace) {
        if(c == wsc) return true;
    }
    return false;
}
```

이 템플릿 함수 isws()는 어떤 문자 타입에도 동작해야 합니다.

- delws() 함수는 std::unique() 알고리즘을 사용하여 string의 연속된 공백들을 제거합니다:

```cpp
string delws(const string& s) {
    string outstr{s};
    auto its = unique(outstr.begin(), outstr.end(),
        [](const auto &a, const auto &b) {
            return isws(a) && isws(b);
        });
    outstr.erase(its, outstr.end());
    outstr.shrink_to_fit();
    return outstr;
}
```

delws() 함수는 입력 문자열의 복사본을 만들고 연속된 공백을 제거한 다음 새로운 문자열을 반환합니다.

- main() 함수에서 string으로 이 함수를 호출합니다:

```cpp
int main() {
const string s{ "big bad \t wolf" };
const string s2{ bw::delws(s) };
cout << format("[{}]\n", s);
cout << format("[{}]\n", s2);
```

```
return 0;
}
```

```
[big     bad      wolf]
[big bad wolf]
```

How it works...

이 함수는 비교 람다와 std::unique() 알고리즘을 사용하여 string 객체에서 연속된 공백을 찾습니다.

비교 람다는 연속된 공백 문자를 발견했는지 확인하기 위해 isws() 함수를 호출합니다:

```
auto its = unique(outstr.begin(), outstr.end(),
    [](const auto &a, const auto &b) {
        return isws(a) && isws(b);
});
```

표준 라이브러리에 있는 isspace() 함수를 사용할 수 있지만 이 함수는 int에서 char로의 좁은 형변환에 의존하는 표준 C 함수입니다. 이는 일부 최신 C++ 컴파일러에서 경고를 발생시킬 수 있으며, 명시적인 형변환이 없으면 동작이 보장되지 않습니다. isws() 함수는 템플릿 타입을 사용하여 어떤 시스템에서도, 그리고 std::string의 어떤 특수화에도 동작합니다.

숫자를 단어로 변환하기

예제 디렉터리: chap11/numword

필자는 그동안 많은 프로그래밍 언어를 사용해왔습니다. 새로운 언어를 배울 때는 그 언어의 미묘한 점을 경험할 수 있는 프로젝트를 선호합니다. numword 클래스는 이러한 목적으로 필자가 가장 좋아하는 연습 중 하나입니다. 이를 몇 년 동안 수십 가지 언어로 작성했으며, C와 C++언어로도 여러 번 작업하였습니다.

numword는 숫자를 단어로 표현하는 클래스입니다. 은행과 회계 응용 프로그램에서 유용할 수 있습니다. 사용법은 다음과 같습니다:

```
int main() {
bw::numword nw{};
    uint64_t n;
    nw = 3; bw::print("n is {}, {}\n", nw.getnum(), nw);
    nw = 47; bw::print("n is {}, {}\n", nw.getnum(), nw);
    n = 100073; bw::print("n is {}, {}\n", n,
        bw::numword{n});
    n = 1000000001; bw::print("n is {}, {}\n", n,
        bw::numword{n});
    n = 123000000000; bw::print("n is {}, {}\n", n,
        bw::numword{n});
    n = 1474142398007; bw::print("n is {}, {}\n", n,
        nw.words(n));
    n = 999999999999999999; bw::print("n is {}, {}\n", n,
        nw.words(n));
    n = 1000000000000000000; bw::print("n is {}, {}\n", n,
        nw.words(n));
}
```

```
n is 3, three
n is 47, forty-seven
n is 100073, one hundred thousand seventy-three
n is 1000000001, one billion one
n is 123000000000, one hundred twenty-three billion
n is 1474142398007, one trillion four hundred seventy-four billion one hundred
forty-two million three hundred ninety-eight thousand seven
n is 999999999999999999, nine hundred ninety-nine quadrillion nine hundred
ninety-nine trillion nine hundred ninety-nine billion nine hundred ninety-nine
million nine hundred ninety-nine thousand nine hundred ninety-nine
n is 1000000000000000000, error
```

How to do it...

이 레시피는 상용 코드를 제작하면서 만든 실습에서 가져왔습니다. 이러한 이유로 세 개의 파일을 포함합니다.

- numword.h는 numwords 클래스의 헤더/인터페이스 파일입니다.
  - numword.cpp는 numwords 클래스의 구현 파일입니다.
  - numword-test.cpp 파일은 numwords 클래스를 테스트하기 위한 응용 프로그램 파일입니다.

클래스에는 180개의 라인이 있으며, 여기서는 중요한 부분만 언급하겠습니다. 전체 소스 코드는 아래 깃허브에서 확인할 수 있습니다.

- https://github.com/Youngjin-com/CPP-STL/tree/main/chap11/numword

- numword.h 파일에서 클래스를 bw 네임스페이스에 넣고 몇 가지 using 문을 선언합니다:

```
namespace bw {
using std::string;
using std::string_view;
using numnum = uint64_t;
using bufstr = std::unique_ptr<string>;
```

우리는 코드 전반에서 string 및 string_view 객체를 사용합니다. uint64_t는 매우 큰 숫자를 저장할 수 있기 때문에 주요 정수 타입으로 사용됩니다. 클래스 이름이 numword이므로, 정수 타입의 별칭은 numnum으로 지었습니다. bufstr은 주요 출력 버퍼입니다. 이는 unique_ptr로 래핑된 문자열이며, 자동적인 RAII 준수를 위한 메모리 관리를 처리합니다.

- 다양한 목적을 위한 몇 가지 상수도 가지고 있습니다:

```
constexpr numnum maxnum = 999'999'999'999'999'999;
constexpr int zero_i{ 0 };
constexpr int five_i{ 5 };
constexpr numnum zero{ 0 };
constexpr numnum ten{ 10 };
constexpr numnum twenty{ 20 };
constexpr numnum hundred{ 100 };
constexpr numnum thousand{ 1000 };
```

maxnum 상수는 '999경 999조 999억 999만 999'를 의미하며, 대부분의 용도에서 충분한 값입니다.

나머지 numnum 상수들은 코드에서 리터럴 사용을 피하기 위해 사용됩니다.

- 주된 자료 구조는 string_view 객체로 구성된 constexpr 배열이며, 출력에 사용되는 단어들을 나타냅니다. string_view 클래스는 이러한 상수들에 적합한데, 최소한의 오버헤드로 캡슐화를 제공하기 때문입니다:

```
constexpr string_view errnum{ "error" };
constexpr string_view _singles[] {
    "zero", "one", "two", "three", "four", "five",
    "six", "seven", "eight", "nine"
};
constexpr string_view _teens[] {
    "ten", "eleven", "twelve", "thirteen", "fourteen",
    "fifteen", "sixteen", "seventeen", "eighteen",
    "nineteen"
};
constexpr string_view _tens[] {
    errnum, errnum, "twenty", "thirty", "forty",
    "fifty", "sixty", "seventy", "eighty", "ninety",
};
constexpr string_view _hundred_string = "hundred";
constexpr string_view _powers[] {
    errnum, "thousand", "million", "billion",
    "trillion", "quadrillion"
};
```

단어들은 숫자를 단어로 변환하는 데 유용하도록 여러 단락으로 그룹화됩니다. 많은 언어가 유사한 방식으로 구분되므로, 이 구조는 다른 언어로도 쉽게 적용될 수 있습니다.

- numword 클래스는 몇 개의 private 멤버를 갖습니다:

```
class numword {
    bufstr _buf{ std::make_unique<string>(string{}) };
    numnum _num{};
    bool _hyphen_flag{ false };
```

- _buf는 출력 문자열 버퍼이며, unique_ptr에 의해 메모리가 관리됩니다.
- _num은 현재 수치 값을 저장합니다.
- _hyphen_flag는 변역 과정에서 단어 사이에 공백 대신 하이픈(–)을 삽입하는 데 사용됩니다.

- 다음의 private 메서드는 출력 버퍼를 조작하는 데 사용됩니다:

```
void clearbuf();
size_t bufsize();
void appendbuf(const string& s);
void appendbuf(const string_view& s);
void appendbuf(const char c);
void appendspace();
```

private 메서드인 pow_i()는 numnum 타입으로 x^y 를 계산하는 데 사용됩니다:

```
numnum pow_i(const numnum n, const numnum p);
```

pow_i()는 숫자 값의 일부를 구분하여 단어로 출력하는 데 사용됩니다.

- public 인터페이스에는 생성자와 words() 메서드를 호출하는 다양한 방법이 포함됩니다. words() 메서드는 numnum 타입의 값을 string으로 번역합니다:

```
numword(const numnum& num = 0) : _num(num) {}
numword(const numword& nw) : _num(nw.getnum()) {}
const char * version() const { return _version; }
void setnum(const numnum& num) { _num = num; }
numnum getnum() const { return _num; }
numnum operator= (const numnum& num);
const string& words();
const string& words(const numnum& num);
const string& operator() (const numnum& num) {
    return words(num); };
```

- 작업의 대부분은 구현 파일인 numword.cpp에 있는 words() 멤버 함수에서 진행합니다:

```
const string& numword::words( const numnum& num ) {
    numnum n{ num };
    clearbuf();
    if(n > maxnum) {
        appendbuf(errnum);
        return *_buf;
```

```cpp
        }
        if (n == 0) {
            appendbuf(_singles[n]);
            return *_buf;
        }
        // 1000의 거듭 제곱
        if (n >= thousand) {
            for(int i{ five_i }; i > zero_i; --i) {
                numnum power{ pow_i(thousand, i) };
                numnum _n{ ( n - ( n % power ) ) / power };
                if (_n) {
                    int index = i;
                    numword _nw{ _n };
                    appendbuf(_nw.words());
                    appendbuf(_powers[index]);
                    n -= _n * power;
                }
            }
        }
        // 백 단위
        if (n >= hundred && n < thousand) {
            numnum _n{ ( n - ( n % hundred ) ) / hundred };
            numword _nw{ _n };
            appendbuf(_nw.words());
            appendbuf(_hundred_string);
            n -= _n * hundred;
        }
        // 십 단위
        if (n >= twenty && n < hundred) {
            numnum _n{ ( n - ( n % ten ) ) / ten };
            appendbuf(_tens[_n]);
            n -= _n * ten;
            _hyphen_flag = true;
        }
        // 10~19 사이
        if (n >= ten && n < twenty) {
            appendbuf(_teens[n - ten]);
            n = zero;
```

```
        }
        // 한 자리
        if (n > zero && n < ten) {
            appendbuf(_singles[n]);
        }
        return *_buf;
    }
```

해당 함수의 각 부분은 10의 거듭제곱의 나머지로 숫자의 일부를 제거하며, 천 단위의 경우 재귀적으로 처리합니다. 그리고 string_view 상수 배열에서 문자열을 가져와 추가합니다.

• appendbuf()에는 세 가지 오버로드가 있습니다. 그중 하나는 string을 추가합니다:

```
    void numword::appendbuf(const string& s) {
        appendspace();
        _buf→append(s);
    }
```

다른 하나는 string_view를 추가합니다:

```
    void numword::appendbuf(const string_view& s) {
        appendspace();
        _buf→append(s.data());
    }
```

마지막은 단일 문자를 추가합니다:

```
    void numword::appendbuf(const char c) {
        _buf→append(1, c);
    }
```

appendspace() 메서드는 컨텍스트에 따라 공백 문자 혹은 하이픈을 추가합니다:

```
    void numword::appendspace() {
        if(bufsize()) {
            appendbuf( _hyphen_flag ? _hyphen : _space);
            _hyphen_flag = false;
```

```
        }
    }
```

- numword-test.cpp 파일은 bw::numword 클래스를 위한 시험 환경으로 formatter 특수화를 포함합니다:

```
template◇
struct std::formatter<bw::numword>: std::formatter<unsigned> {
    auto format(const bw::numword& nw, std::format_context& ctx) {
        bw::numword _nw{nw};
        return format_to(ctx.out(), "{}", _nw.words());
    }
};
```

이것으로 bw::numword 객체를 format() 함수에 직접 넘길 수 있습니다.

- 다음은 formatter를 이용하여 출력하는 print() 함수입니다:

```
namespace bw {
    template<typename ... Args> constexpr void print(
        const std::string_view str_fmt, Args& ... args) {
        std::cout << std::vformat(str_fmt,
            std::make_format_args(args ... ));
    }
};
```

이것으로 format()을 cout으로 파이핑(piping)하는 대신, print("{ }\n", nw)를 사용할 수 있습니다. 이와 같은 함수는 C++23 표준에 포함될 예정이며, 현재는 간단하게 직접 구현하여 사용할 수 있습니다.

- main() 함수에서는 기능 확인을 위해 bw::numword 객체와 uint64_t를 선언합니다:

```
int main() {
    bw::numword nw{};
    uint64_t n{};
```

```
    bw::print("n is {}, {}\n", nw.getnum(), nw);
    ...
```

numword 객체는 0으로 초기화되었고, print()문으로 결과를 출력합니다:

```
n is 0, zero
```

• 다양한 방법으로 numword를 호출해 봅시다:

```
nw = 3; bw::print("n is {}, {}\n", nw.getnum(), nw);
nw = 47; bw::print("n is {}, {}\n", nw.getnum(), nw);
 ...
n = 100073; bw::print("n is {}, {}\n", n, bw::numword{n});
n = 1000000001; bw::print("n is {}, {}\n", n, bw::numword{n});
 ...
n = 474142398123; bw::print("n is {}, {}\n", n, nw(n));
n = 1474142398007; bw::print("n is {}, {}\n", n, nw(n));
 ...
n = 999999999999999999; bw::print("n is {}, {}\n", n, nw(n));
n = 1000000000000000000; bw::print("n is {}, {}\n", n, nw(n));
```

출력

```
n is 3, three
n is 47, forty-seven
...
n is 100073, one hundred thousand seventy-three
n is 1000000001, one billion one
...
n is 474142398123, four hundred seventy-four billion one hundred forty-two
million three hundred ninety-eight thousand one hundred twenty-three
n is 1474142398007, one trillion four hundred seventy-four billion one hundred
forty-two million three hundred ninety-eight thousand seven
...
n is 999999999999999999, nine hundred ninety-nine quadrillion nine hundred
ninety-nine trillion nine hundred ninety-nine billion nine hundred ninety-nine
million nine hundred ninety-nine thousand nine hundred ninety-nine
n is 1000000000000000000, error
```

How it works...

이 클래스는 자료 구조가 주된 역할을 합니다. string_view 객체를 배열로 구성함으로써 스칼라 값을 해당하는 단어로 쉽게 변환할 수 있습니다:

```
appendbuf(_tens[_n]); // 예를 들어 _tens[5] = "fifty"
```

나머지는 거의 수학적 연산입니다:

```
numnum power{ pow_i(thousand, i) };
numnum _n{ ( n - ( n % power ) ) / power };
if (_n) {
    int index = i;
    numword _nw{ _n };
    appendbuf(_nw.words());
    appendbuf(_powers[index]);
    n -= _n * power;
}
```

There's more...

필자는 numword 클래스를 활용하여 시간을 단어로 번역하는 유틸리티를 별도로 만들었습니다. 출력은 다음과 같습니다:

```
$ ./saytime
three past five
```

시험 모드에서는 다음과 같이 출력됩니다:

```
$ ./saytime test
00:00 midnight
00:01 one past midnight
11:00 eleven o'clock
12:00 noon
13:00 one o'clock
12:29 twenty-nine past noon
```

```
12:30 half past noon
12:31 twenty-nine til one
12:15 quarter past noon
12:30 half past noon
12:45 quarter til one
11:59 one til noon
23:15 quarter past eleven
23:59 one til midnight
12:59 one til one
13:59 one til two
01:60 OOR
24:00 OOR
```

구현은 독자들에게 실습으로 남겨두겠습니다.

영어

한글

예제로 배우는
C++ STL

1판 1쇄 발행 2025년 4월 15일

저 자 | 빌 와인먼
발행인 | 김길수
발행처 | (주)영진닷컴
주 소 | ⊚ 08510 서울특별시 금천구 디지털로9길 32
           갑을그레이트밸리 B동 1001호
등 록 | 2007. 4. 27. 제16-4189호

ⓒ 2025. (주)영진닷컴

ISBN 978-89-314-7940-9